Sebastian Klipper

Information Security Risk Management

Edition <kes>

herausgegeben von Peter Hohl

Mit der allgegenwärtigen Computertechnik ist auch die Bedeutung der Sicherheit von Informationen und IT-Systemen immens gestiegen. Angesichts der komplexen Materie und des schnellen Fortschritts der Informationstechnik benötigen IT-Profis dazu fundiertes und gut aufbereitetes Wissen.

Die Buchreihe Edition <kes> liefert das notwendige Know-how, fördert das Risikobewusstsein und hilft bei der Entwicklung und Umsetzung von Lösungen zur Sicherheit von IT-Systemen und ihrer Umgebung.

Herausgeber der Reihe ist Peter Hohl. Er ist darüber hinaus Herausgeber der <kes>– Die Zeitschrift für Informations-Sicherheit (s.a. www.kes.info), die seit 1985 im SecuMedia Verlag erscheint. Die <kes> behandelt alle sicherheitsrelevanten Themen von Audits über Sicherheits-Policies bis hin zu Verschlüsselung und Zugangskontrolle. Außerdem liefert sie Informationen über neue Sicherheits-Hard- und -Software sowie die einschlägige Gesetzgebung zu Multimedia und Datenschutz.

Konfliktmanagement für Sicherheitsprofis
Von Sebastian Klipper

Security Awareness
Von Michael Helisch und Dietmar Pokoyski

Mehr IT-Sicherheit durch Pen-Tests
Von Enno Rey, Michael Thumann und Dominick Baier

Der IT Security Manager
Von Heinrich Kersten und Gerhard Klett

ITIL Security Management realisieren
Von Jochen Brunnstein

IT-Sicherheit kompakt und verständlich
Von Bernhard C. Witt

IT-Risiko-Management mit System
Von Hans-Peter Königs

Praxis des IT-Rechts
Von Horst Speichert

IT-Sicherheitsmanagement nach ISO 27001 und Grundschutz
Von Heinrich Kersten, Jürgen Reuter und Klaus-Werner Schröder

Datenschutz kompakt und verständlich
Von Bernhard C. Witt

Profikurs Sicherheit von Web-Servern
Von Volker Hockmann und Heinz-Dieter Knöll

www.viewegteubner.de

Sebastian Klipper

Information Security Risk Management

Risikomanagement mit ISO/IEC 27001, 27005 und 31010

Mit 31 Abbildungen, 10 Tabellen und 14 Fallbeispielen

PRAXIS

Bibliografische Information der Deutschen Nationalbibliothek
Die Deutsche Nationalbibliothek verzeichnet diese Publikation in der
Deutschen Nationalbibliografie; detaillierte bibliografische Daten sind im Internet über
<http://dnb.d-nb.de> abrufbar.

Das in diesem Werk enthaltene Programm-Material ist mit keiner Verpflichtung oder Garantie irgendeiner Art verbunden. Der Autor übernimmt infolgedessen keine Verantwortung und wird keine daraus folgende oder sonstige Haftung übernehmen, die auf irgendeine Art aus der Benutzung dieses Programm-Materials oder Teilen davon entsteht.

Höchste inhaltliche und technische Qualität unserer Produkte ist unser Ziel. Bei der Produktion und Auslieferung unserer Bücher wollen wir die Umwelt schonen: Dieses Buch ist auf säurefreiem und chlorfrei gebleichtem Papier gedruckt. Die Einschweißfolie besteht aus Polyäthylen und damit aus organischen Grundstoffen, die weder bei der Herstellung noch bei der Verbrennung Schadstoffe freisetzen.

1. Auflage 2011

Alle Rechte vorbehalten
© Vieweg+Teubner Verlag | Springer Fachmedien Wiesbaden GmbH 2011

Lektorat: Christel Roß | Maren Mithöfer

Vieweg+Teubner Verlag ist eine Marke von Springer Fachmedien.
Springer Fachmedien ist Teil der Fachverlagsgruppe Springer Science+Business Media.
www.viewegteubner.de

Das Werk einschließlich aller seiner Teile ist urheberrechtlich geschützt. Jede Verwertung außerhalb der engen Grenzen des Urheberrechtsgesetzes ist ohne Zustimmung des Verlags unzulässig und strafbar. Das gilt insbesondere für Vervielfältigungen, Übersetzungen, Mikroverfilmungen und die Einspeicherung und Verarbeitung in elektronischen Systemen.

Die Wiedergabe von Gebrauchsnamen, Handelsnamen, Warenbezeichnungen usw. in diesem Werk berechtigt auch ohne besondere Kennzeichnung nicht zu der Annahme, dass solche Namen im Sinne der Warenzeichen- und Markenschutz-Gesetzgebung als frei zu betrachten wären und daher von jedermann benutzt werden dürften.

Umschlaggestaltung: KünkelLopka Medienentwicklung, Heidelberg
Gedruckt auf säurefreiem und chlorfrei gebleichtem Papier
Printed in Germany

ISBN 978-3-8348-1360-2

Dank

> *„Begegnet uns jemand, der uns Dank schuldig ist, gleich fällt es uns ein. Wie oft können wir jemandem begegnen, dem wir Dank schuldig sind, ohne daran zu denken!"*
> *Johann Wolfgang von Goethe*

Zunächst gilt natürlich allen mein Dank, die mich bei der Arbeit an diesem Buch unterstützt haben.

Dr. Michael Pietsch danke ich für die Unterstützung bei der Ideensammlung zur Verknüpfung von Buch und Internet und deren Umsetzung.

Dr. Jörg Kümmerlen danke ich für die moralische und fachliche Unterstützung beim Abschnitt zu den Risikomanagement-Tools.

Besonderer Dank gilt meinen Kunden und Lesern, die mich mit Projektaufträgen und dem Kauf meiner Bücher bei der Arbeit am Thema Security Management unterstützen.

Vorwort

> *„Nichts geschieht ohne Risiko, aber ohne Risiko geschieht auch nichts."*
> Walter Scheel

Die Geschichte dieses Buchs begann vor etwa einem Jahr, als ich es selbst kaufen wollte. Sie haben ganz Recht, da war es noch gar nicht geschrieben. Ich war auf der Suche nach einem Buch, das sich explizit mit dem Management von Sicherheitsrisiken auf Basis des ISO/IEC-Standards 27005 beschäftigt. Meine Vorstellung war es, ein Buch zu finden, in dem das Thema Risikomanagement als integraler Bestandteil der ISO/IEC Normenreihe 27000 verstanden und beschrieben wird. Ich musste feststellen, dass es so ein Buch noch nicht gibt und beschloss daher, es selbst zu schreiben.

Motivation

Hierzu gehörte insbesondere die Frage, welche Standards der ISO/IEC-Normenreihen für die Implementierung eines Risikomanagementsystems wichtig sind und welche nicht. Will man dieser Frage auf den Grund gehen, indem man die Standards selbst zu Rate zieht, belaufen sich die Investitionskosten schnell auf einige

Welche Norm ist die passende?

tausend Euro. Das Buch will diese Standards natürlich keinesfalls ersetzen. In der Regel sollten Sie einige davon trotzdem erwerben. Besonders die Standards 27001, 27002 und 27005 dürfen in keiner Grundausstattung fehlen, wenn Sie sich ernsthaft mit ISO/IEC 27000 auseinandersetzen wollen.

Von der Theorie zur Praxis

Der reine Kauf von Standards und deren Lektüre führt jedoch auch nicht zwangsläufig zum Erfolg. Daher war eine weitere wichtige Frage, die ich mir stellte, wie sich die generischen Formeln eines Standards in die Praxis übertragen lassen und welche Möglichkeiten es gibt, auf der ISO-Klaviatur zu improvisieren. Niemandem ist geholfen, wenn man Standards vom Blatt abliest. Die eigentliche Kunst ist es, sie im eigenen Unternehmen oder dem Unternehmen des Kunden umzusetzen.

Der Mensch steht im Mittelpunkt ...

Ich werde mich daher nicht nur der Frage widmen, was die Standards vorschlagen, sondern ebenso erörtern, wie sich die Anforderungen und Vorschläge eines Standards mit den anderen Zwängen, Zielen, Prioritäten und Risiken eines Unternehmens oder einer Behörde in Einklang bringen lassen. Wie schon in meinem ersten Buch *„Konfliktmanagement für Sicherheitsprofis"* [1] steht dabei der Mensch im Mittelpunkt. Spitze Zungen fügen diesem geflügelten Wort gerne folgenden Halbsatz hinzu: *„...und damit allen im Weg"*. Richtig muss es heißen:

> *Der Mensch steht im Mittelpunkt ... jeder Sicherheitsbetrachtung!*

Wie schwierig es ist, die Frage nach der praktischen Umsetzung ausschließlich anhand des Standards zu beantworten, zeigt sich bei einem kleinen Test: Der gesamte Risikomanagementprozess soll laut Standard durch die Kommunikation von Informationssicherheitsrisiken überspannt werden.

ISO/IEC 27005
11. Kommunikation von Informationssicherheitsrisiken:
<u>*Tätigkeit:*</u> *Informationen zu Risiken sollen zwischen den Entscheidungsträgern und anderen Prozessbeteiligten ausgetauscht und/oder geteilt werden.*

Vorwort

Erläutert wird diese Tätigkeit im Standard auf nur einer Seite. Das reicht natürlich in der Praxis kaum aus, um vor einer Bruchlandung bewahrt zu werden.

Daher wird das Buch regelmäßig die durch die Standards eingetretenen Pfade verlassen und nach weiteren Wegen suchen, auf denen Sie ihre Ziele erreichen können. Ein eigenes Kapitel beschäftigt sich so zum Beispiel mit der Frage, ob man ISO/IEC 27005 in einem IT-Grundschutzprojekt einsetzen kann, in dem eine erweiterte Risikoanalyse notwendig ist.

Eingetretene Pfade verlassen

Im Grunde ging es bei der Arbeit an diesem Buch also darum, die Fragen zu beantworten, die sich mir selbst bei meinen Projekten als Security-Consultant gestellt hatten. Sie erinnern sich, dass ich das Buch ursprünglich kaufen und nicht selbst schreiben wollte. Ergänzt wurden sie durch Fragen, die sich in zahlreichen Gesprächen ergeben haben, die ich während der Recherche mit Anwendern der ISO/IEC 27000 Familie geführt habe.

Meine Hoffnung ist es, dass die Schnittmenge mit Ihren Fragen dadurch besonders groß ist und Sie in dem Buch die Antworten finden, die Sie in Ihrem täglichen Schaffen weiterbringen. Sollten trotzdem Fragen offen geblieben sein, möchte ich Sie einladen, auf der Webseite zum Buch mit mir und anderen Anwendern in Kontakt zu treten:

Möglichst große Schnittmenge

http://psi2.de/Risikomanagement-das-Buch
(Webseite mit Anwenderforum zum Buch)[1]

Ich wünsche Ihnen viel Spaß beim Lesen und viel Erfolg bei der Anwendung in der Praxis.

Sebastian Klipper

Oktober 2010

---

[1] Zur Bedeutung des grafischen Codes rechts neben dem Hinweis auf die Webseite zum Buch beachten Sie bitte Erklärung zu QR-Codes auf Seite 9.

Inhaltsverzeichnis

1	Einführung	1
	1.1 Wie wir uns entscheiden	1
	1.2 ISMS – Managementsysteme für Informationssicherheit	3
	1.3 Schritt für Schritt	6
	1.4 Hinweise zum Buch	8
2	Grundlagen	13
	2.1 Sprachgebrauch, Begriffe und Besonderheiten der Übersetzung	14
	2.1.1 Begriffe aus ISO/IEC 27001	16
	2.1.2 Begriffe aus ISO/IEC 27002	18
	2.1.3 Begriffe aus ISO/IEC 27005	19
	2.1.4 Übersicht der explizit definierten Begriffe	21
	2.2 Entscheidend ist die Methodik	23

	2.3	Der Ansatz der ISO	25
		2.3.1 Die Entwicklung der ISO-Standards	26
		2.3.2 Der PDCA-Zyklus	29
	2.4	Die ISO 31000 Familie	31
		2.4.1 Risikomanagement mit ISO 31000	31
		2.4.2 Von der Theorie zur Praxis: ISO/IEC 31010	35
	2.5	Die ISO/IEC 27000 Familie	39
		2.5.1 Familienübersicht	39
		2.5.2 Weitere Security-Standards	43
	2.6	Abgrenzung zum BSI IT-Grundschutz	43
	2.7	Was ist Risikomanagement?	46
		2.7.1 Typische Bedrohungen der Informationssicherheit	47
		2.7.2 Typische Schwachstellen der Informationssicherheit	50
		2.7.3 Ursache und Wirkung	51
		2.7.4 SANS Risikoliste	53
	2.8	ExAmple AG - Die Firma für die Fallbeispiele	55
	2.9	Die ISO/IEC 27000 Familie in kleinen Organisationen	59
	2.10	Zusammenfassung	60
3		ISO/IEC 27005	63
	3.1	Überblick über den Risikomanagement-Prozess	64
	3.2	Festlegung des Kontexts	66
	3.3	Risiko-Assessment	70
		3.3.1 Risikoidentifikation	72
		3.3.2 Risikoabschätzung	76
		3.3.3 Risikobewertung/ Priorisierung	78
	3.4	Risikobehandlung	81
	3.5	Risikoakzeptanz	89
	3.6	Risikokommunikation	90

	3.7	Risikoüberwachung/ -überprüfung 93
	3.8	Zusammenfassung 96
4	ISO 27005 und BSI IT-Grundschutz 99
	4.1	Die Vorgehensweise nach IT-Grundschutz 100
	4.2	BSI-Standard 100-3 102
	4.3	Die IT-Grundschutz-Kataloge 105
	4.4	Zusammenfassung 107
5	Risiko-Assessment 109
	5.1	Methodensteckbriefe 110
	5.2	Merkmale 111
	5.3	Gruppierungen 112
	5.4	Brainstorming 114
	5.5	Strukturierte und semistrukturierte Interviews 116
	5.6	Die Delphi-Methode 118
	5.7	Checklisten 120
	5.8	Vorläufige Sicherheitsanalyse (Preliminary Hazard Analysis PHA) 122
	5.9	HAZOP-Studie (HAZard and OPerability) 124
	5.10	HACCP-Konzept (Hazard Analysis and Critical Control Points) 128
	5.11	SWIFT-Technik (Structured "What if") 130
	5.12	Szenario-Analysen 132
	5.13	Business Impact Analysen (BIA) 134
	5.14	Ursachenanalyse (Root Cause Analysis RCA) 136
	5.15	Auswirkungsanalysen (FMEA und FMECA) 138
	5.16	Fehler- und Ereignisbaumanalyse (FTA und ETA) 140
	5.17	Ursache-Wirkungsanalysen 142
	5.18	Bow Tie Methode 144
	5.19	Zuverlässigkeitsanalyse (Human Reliability Assessment HRA) 146

	5.20	Risikoindizes	148
	5.21	Auswirkungs-Wahrscheinlichkeits-Matrix	150
	5.22	Entscheidungsmatrizen	152
	5.23	Zusammenfassung	154
6	**Risikokommunikation**		**155**
	6.1	Theoretische Grundlagen	156
	6.2	Das besondere an Risiken	161
	6.3	Konfliktpotential	163
	6.4	Kommunikationsmatrix	165
	6.5	Zusammenfassung	169
7	**Wirtschaftlichkeitsbetrachtung**		**171**
	7.1	Pacta sunt servanda	173
	7.2	Wirtschaftlichkeitsprinzipien	174
	7.3	Kosten-Nutzen-Analysen	176
	7.4	Pareto-Prinzip	177
	7.5	Total Cost/ Benefit of Ownership (TCO/ TBO)	179
	7.6	Return on Security Investment (ROSI)	182
	7.7	Stochastischer ROSI	183
	7.8	Return on Information Security Invest (ROISI)	186
	7.9	Zusammenfassung	189
8	**Die 10 wichtigsten Tipps**		**191**
	8.1	Hören Sie aufmerksam zu	192
	8.2	Achten Sie auf die Usability	192
	8.3	Reden Sie nicht nur von Risiken	192
	8.4	Denken Sie wirtschaftlich	193
	8.5	Der Weg ist das Ziel	193
	8.6	Schauen Sie über den Tellerrand	194
	8.7	Übernehmen Sie Verantwortung	194
	8.8	Geben Sie Verantwortung ab	194

8.9	Der Empfänger macht die Nachricht	195
8.10	Verbeißen Sie sich nicht ;-)	195

Interessante Tools und Frameworks — 197

- Steckbriefe 198
- Übersicht 199
- Security Risk Management Guide (SRMG) 200
- Security Assessment Tool (MSAT) 202
- Common Vulnerability Scoring System (CVSS) 204
- Risk Management Framework chaRMe 206
- Weitere Tools 208
    - Secricon Risk Management Software 208
    - Lumension Risk Manager 209
    - Proteus 209
    - Modulo Risk Manager (NG) 210
    - STEAM 210
    - risk2value 211
    - BPSResolver ERM 211
    - Risk Watch 212
    - Risk Management Studio 212
    - RA2 Art of Risk 213
    - OCTAVE 213
- Zusammenfassung 214

Sachwortverzeichnis — 215

Abkürzungsverzeichnis — 223

Literaturverzeichnis — 227

GNU General Public License — 231

1 Einführung

"Es ist unmöglich, ein unnötiges Risiko einzugehen. Denn ob das Risiko unnötig war, findet man erst heraus, wenn man es längst eingegangen ist."
Giovanni Agnelli

1.1 Wie wir uns entscheiden

Sie halten das Buch „*Information Security Risk Management mit ISO/IEC 27005*" in den Händen und stehen möglicherweise vor der Frage: *„Direkt kaufen, erst mal ein wenig durchblättern oder sofort wieder weg legen?"* Für manchen Zeitgenossen ist diese Frage der einzige Grund weiterhin in Buchhandlungen zu gehen, statt in Online-Shops einzukaufen: Es geht darum, erst einmal ins Buch zu schauen, es einer ersten Vor-Ort-Prüfung zu unterziehen und erst dann zu entscheiden, ob sich der Kauf wohl lohnen könnte. Letztlich geht es darum, das Risiko zu verringern, mit dem Kauf vollständigen Schiffbruch zu erleiden.

„drive-by"-Risikoanalyse	In meinem Buch „Konfliktmanagement für Sicherheitsprofis" [1] habe ich diese Art von Schnellprüfung *„drive-by"*-Risikoanalyse genannt. Die Frage, wie wir Menschen Risikoentscheidungen treffen, ist nämlich wirklich spannend. Warum gibt es Menschen, die auf der einen Seite Brücken über hunderte Meter tiefe Schluchten bauen und sich auf der anderen Seite mit einer halb in Russisch geschriebenen Phishing-Mail die Zugangsdaten zu ihrer Bank stehlen lassen? Warum sind Menschen gleichzeitig so schlau und doch so dumm? Das liegt daran, dass wir uns bei unseren Entscheidungen auf zwei Systeme des Denkens stützen: ein automatisches und ein reflektierendes [2].
Automatisches System	Das automatische System kommt z.B. zum Zuge, wenn Menschen sich jeden Tag durch einen Berg von E-Mails klicken. Hier kann es schnell passieren, dass das automatische System die Oberhand gewinnt. Das Logo der eigenen Bank und deren Corporate Design legen den Risiko-Schalter um und schon werden die Zeilen mit dem russischen Akzent vom automatischen System ins Unterbewusste verbannt. Ohne Scheu kramen jeden Tag tausende Menschen, wie schon hunderte Male zuvor, die Zettel mit den PINs und TANs heraus und geben drei davon in das Eingabefeld einer dubiosen Web-Seite ein. Auf diese Weise klickt das automatische System die Menschen Tag für Tag durch die E-Mail-Fluten.
Bauchgefühl	Würden die Opfer die Gefahr erkennen, würde das reflektierende System sie dazu veranlassen, die Phishing-Mail genau zu prüfen und ihnen würden die Rechtschreibfehler auffallen. Sie würden merken, dass in der Adresszeile des Browserfensters nicht die Adresse der Bank steht, sondern eine ganz andere und sie würden merken, dass die Seite auch kein Sicherheitszertifikat zur Verfügung stellt. Viele zu viele Menschen verlassen sich auf ihr Bauchgefühl und das automatische System übernimmt die Entscheidungen. Bei einer Umfrage, die ich 2009 in der Zeitschrift <kes> veröffentlicht habe [3], hatten immerhin 36% der befragten IT-Sicherheitsfachleute gesagt, dass Sie sich bei der Planung ihrer IT-Sicherheitsprojekte auf ihr Bauchgefühl verlassen. Die *„drive-by"*-Risikoanalysen spielen also nicht nur bei der individuellen Entscheidungsfindung eine Rolle, sondern auch im Security Management.
	Gerade wenn es um Sicherheit geht, sollte man sich jedoch nicht auf das Bauchgefühl verlassen. Die Komplexität heutiger Informationssysteme ist ohnehin schwer verdaulich. Das damit verbunde-

ne Bauchgefühl muss also zwangsläufig unangenehm sein und es verursacht schon seit vielen Jahren den Ruf nach Unterstützung bei der schwierigen Aufgabe des Managements von Informationssicherheit. In komplexen Informationssystemen, wie wir sie heute kennen, lässt sich die Flut an Informationen unmöglich mit dem fehlerbehafteten automatischen System abarbeiten.

Das reflektierende System hingegen tritt in Erscheinung, wenn sich ein Mensch schwierigen Entscheidungen stellt. Diese Entscheidung trifft er bewusst und kontrolliert. — Reflektierendes System

Auf dem Weg zu einer Zertifizierung nach ISO/IEC 27001 [4] muss jedes Unternehmen ein Risikomanagementsystem einführen. Auf welchen Standard man sich abstützt, und welchen Anforderungen er genügen muss, ist dabei nicht festgelegt und hängt nicht zuletzt von den Wünschen des Unternehmens oder der Behörde und der Person des Auditors ab.

Zu einem solchen Risikomanagementsystem gehört es, Risiken festzustellen und dann festzulegen, wie mit ihnen umgegangen werden soll. Nicht zuletzt geht es darum, eine leistungsfähige Risikokommunikation zu etablieren. Während sich ISO 27001 nur am Rande mit dieser für die ISO-Zertifizierung wichtigen Frage auseinandersetzt, ist ISO/IEC 27005 [5] genau dafür ausgelegt. Dieses Buch erläutert den Standard, ordnet ihn in die ISO/IEC 27000 [6] Familie ein und gibt Ihnen Tools und Frameworks an die Hand, mit denen Sie ein Risikomanagementsystem aufbauen können.

1.2 ISMS – Managementsysteme für Informationssicherheit

Bevor man jedoch mit dem Management von Risiken für die Informationssicherheit beginnen kann, müssen gewisse Voraussetzungen geschaffen werden. Information Security Risk Management besteht also nicht losgelöst von anderen Sicherheitsbemühungen. Im Gegenteil: es ist integraler Bestandteil eines Managementsystems für Informationssicherheit (ISMS) und nicht etwa eine beliebige Erweiterung. — ISMS

Die Auswahl von Sicherheitsmaßnahmen basiert in einem ISMS auf Entscheidungen, die auf Grundlage von Kriterien zur Risikobehandlung oder gar zur Risikoakzeptanz getroffen werden. Wie sie zustande kommen, damit befasst sich das Risikomanage- — Auswahl von Maßnahmen ment. Nicht zuletzt spielen dabei nationale und internationale Gesetze eine Rolle, was üblicherweise unter dem Begriff Compliance zusammengefasst wird.

Risikomanagementprozess

An dieser Stelle wollen wir einen ersten Blick auf eine Grafik werfen, die uns im Verlauf des Buches noch einige Male begegnen wird. Sie ist noch nicht vollständig, aber wir werden sie im Laufe des Buchs mit Inhalt füllen:

Abbildung 1:
Der erste Grundriss des Risikomanagementprozesses (nach [5])

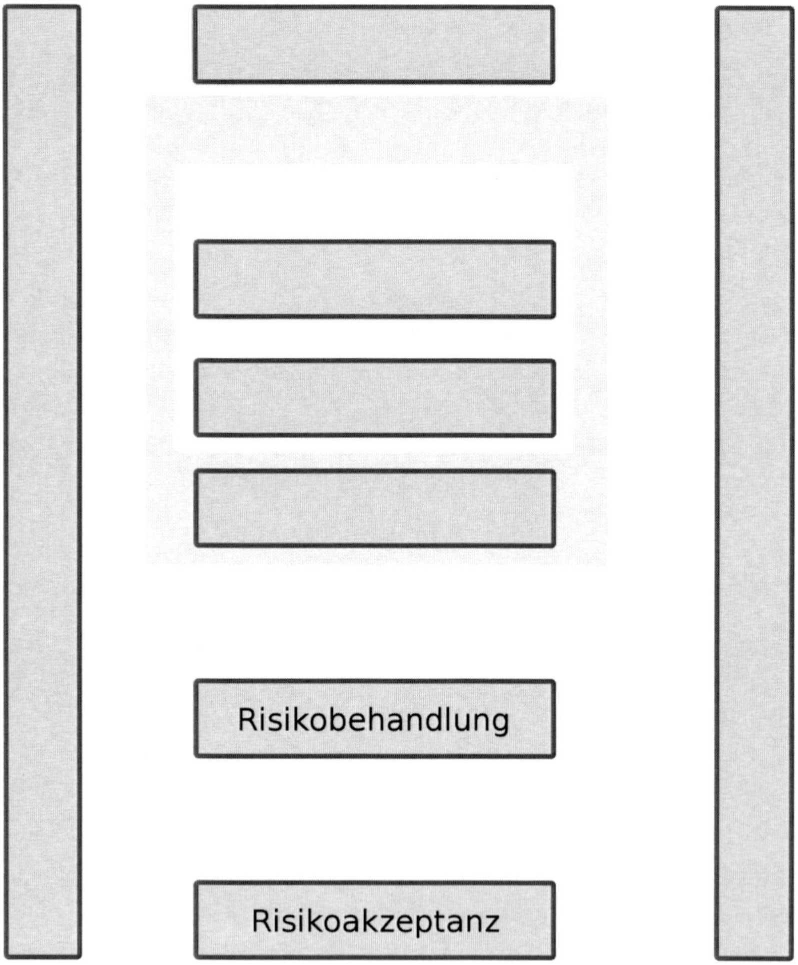

[Diagramm mit leeren Feldern und den beschrifteten Feldern "Risikobehandlung" und "Risikoakzeptanz"]

Black-Box Risikomanagement

Es ist wichtig zu erkennen, dass die zwei ersten Felder, die in der Grafik zum Risikomanagementprozess gefüllt wurden, ganz unten stehen. Die Felder Risikobehandlung und Risikoakzeptanz sind die entscheidenden Schnittstellen zum ISMS, mit dem der Risikomanagementprozess in Verbindung steht. Die weiteren Felder bilden für das ISMS quasi eine Black-Box, denn Risiken werden immer irgendwie behandelt oder akzeptiert. Wie diese Entscheidung zustande kommt variiert unter Umständen beträchtlich. Wenn Sie allerdings nicht auf soliden Füßen steht, ist die Wirksamkeit des ganzen ISMS in Frage gestellt.

Daher gehört Risikomanagement auch zu jedem ISMS. Die Standards ISO/IEC 27001 und 27002 sind jedoch recht zurückhaltend, wenn es darum geht zu klären, wie Risikomanagement aussehen soll. ISO/IEC 27005 ist daher in gewisser Weise der Inhalt für die Black-Box. Führen Sie sich jedoch vor Augen, dass Risikomanagement nicht etwa ein kleines Add-On ist, sondern eine beachtliche Aufgabe. Allein der Blick auf die Seitenzahl der Standards macht diesen Trend deutlich:

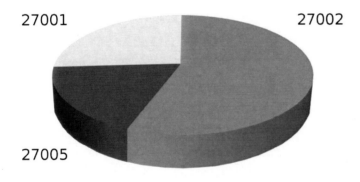

Abbildung 2: Gewichtung der Standards anhand ihrer Seitenzahl

Nun ist es natürlich nicht statthaft, die Wichtigkeit eines Standards beziehungsweise den Aufwand bei dessen Umsetzung anhand der Seitenzahl zu bestimmen. Sie sollten jedoch bedenken, dass Sie sich etwas Eigenes einfallen lassen müssen, wenn Sie sich dagegen entscheiden, die Risikomanagement-Black-Box mit ISO 27005 zu füllen.

Am Ende kann es eigentlich nur einen Schluss geben: Wer ein ISMS etabliert, kommt nicht mit ISO/IEC 27001 aus und wird daher auf den Code of Practice aus ISO/IEC 27002 zurückgreifen. Und wer den Code of Practice einsetzt muss sich etwas zum Risikomanagement einfallen lassen. Was liegt da näher, als den passenden Standard aus der ISO/IEC 27000 Familie zu verwenden. Dabei können die Standards jeweils nur schwer voneinander losgelöst betrachtet werden.

Hand in Hand

Wenn Sie jetzt nach den dazwischenliegenden Nummern 27003 und 27004 fragen, stellen Sie keine ganz unberechtigte Frage. Die

ISO/IEC 27003 und 27004

Standards befassen sich mit Implementierung und Design eines ISMS beziehungsweise mit dessen Bewertung. Das sind natürlich durchaus wichtige Themen, wenn es um ein ISMS geht. Sie bilden jedoch beide kein neues Stück vom Kuchen, sondern eher Zuckerguss und Sahne. Beides natürlich auch wichtig, aber nicht unverzichtbar. Sie sollten nicht vergessen, dass es für den ISO/IEC 27000 Kuchen noch jede Menge Schokoraspel, Candy und Marzipan-Figürchen gibt:

https://psi2.de/RM-Liste-des-SC27
(Liste der Security-Standards
des ISO/IEC Subcommittee 27)[2]

1.3 Schritt für Schritt

Lassen Sie uns nun einen Blick darauf werfen, was Sie in diesem Buch inhaltlich erwartet. Wenn Sie bereits einige Erfahrung mit der ISO/IEC 27000 Familie haben, finden Sie hier eine Orientierung, welche Abschnitte für Sie besonders interessant sind und wo Sie welchen Stoff schneller finden können.

Kapitel 1

Das erste Kapitel (Sie vermuten richtig: das ist das Kapitel, das Sie gerade lesen) soll Ihnen helfen, sich zum Thema Risikomanagement zu orientieren und einen gedanklichen **Einstieg** zu finden. Darüber hinaus enthält es im Abschnitt 1.4 einige technische Hinweise und Tipps, wie Sie mit dem Buch am effektivsten arbeiten können, ohne viel Zeit mit Blättern zu verbringen.

Kapitel 2

Im zweiten Kapitel sollen die **Grundlagen** vermittelt werden, die benötigt werden, um mit der ISO/IEC 27000 Familie arbeiten zu können. Dafür müssen wir uns zunächst auf die verwendeten Begriffe einigen und die Standards in einen Zusammenhang setzen. Um das zu erreichen ist es unumgänglich, sich damit auseinanderzusetzen, wie ISO-Standards entstehen, und wie sie aufeinander aufbauen. Am Ende dieses Grundlagenkapitels sollten Sie auf dem ISO-Terrain ein gewisses Maß an Trittsicherheit

---

[2] Zur Bedeutung des grafischen Codes rechts neben dem Hinweis auf die Webseite zum Buch beachten Sie bitte Erklärung zu QR-Codes auf Seite 9.

gesammelt haben. Es sollte klar sein, dass ISO/IEC 27005 nicht im luftleeren Raum schwebt, sondern großflächige Schnittstellen mit der ISO/IEC 27000 Familie und den Standards der 31000er Reihe hat. Am Ende des Kapitels stehen die ersten kleineren Fallbeispiele, die den Praxisbezug herstellen.

Bezogen auf den Titel des Buches ist Kapitel 3 das Herzkreislaufsystem des Risikomanagements. Der **Risikomanagementprozess** hält die Aktivitäten in gelenkten Bahnen und sorgt für eine gleichmäßige Verteilung von Informationen. Die Bruchstücke dieses Prozesses werden wir bereits in den ersten beiden Kapiteln zusammentragen und sie danach zu einem vollwertigen Gesamtkonzept zusammenfügen. Die nachfolgenden Kapitel bauen darauf auf und ergänzen dieses Herzkreislaufsystem um wichtige Organe und Körperteile. Denn das, was Sie in Ihrem Unternehmen oder Ihrer Behörde zu einem funktionierenden System führt, ist in ISO/IEC 27005 allein nicht enthalten. — Kapitel 3

Die Verwendung von ISO/IEC 27005 im **BSI IT-Grundschutz** ist eine Möglichkeit, die Grundschutz Vorgehensweise zu ergänzen. Hier können aber beide Welten voneinander lernen und sich gegenseitig ergänzen. Insbesondere die Grundschutzkataloge sind ein wertvoller Ideenpool, auf den es sich lohnt, einen genaueren Blick zu werfen, was wir in diesem Kapitel auch tun werden. — Kapitel 4

Kapitel 5 befasst sich mit den Inhalten des Standards **ISO/IEC 31010** und gibt Ihnen für eine Auswahl der dort vorgestellten Methoden jeweils einen Steckbrief an die Hand, der Ihnen die Auswahl der für Sie passenden Methode erleichtern soll. Hier gibt es kein falsch oder richtig. Eine Assessment-Methode, die in einen Unternehmen ein voller Erfolg war, kann im anderen Unternehmen in einem Fiasko enden. Die Chance, dass Sie sich für die richtige Methode entscheiden, steigt mit jeder Methode, die Sie kennen. — Kapitel 5

Ein oft vernachlässigtes Thema ist die **Risikokommunikation**. Man kann fast den gesamten Risikomanagementprozess im stillen Kämmerlein durchziehen, ohne darüber mit jemandem zu sprechen. So kommt man schnell zu Ergebnissen, deren Wert aber anzuzweifeln ist und sich sicher kaum an der Realität messen lassen kann. Wäre es anders müsste man Managementsysteme für Informationssicherheit nicht vor Ort auditieren. Eine Dokumentenprüfung würde dann völlig ausreichen. Wir wissen, dass das nicht so ist. Im Gegenteil können die Abweichungen zwischen der — Kapitel 6

Theorie der Konzepte und der Realität vor Ort erheblich sein. Will man diese Lücke verkleinern muss man in die Rolle des Verkäufers schlüpfen, und lernen, sich und das Produkt Risikomanagement besser zu verkaufen. Kapitel 6 setzt sich daher von der menschlichen Seite mit dem Thema Risikokommunikation auseinander und verzichtet bewusst auf eine weitere Verkomplizierung des Status quo.

Kapitel 7

Das Thema, das in Kapitel 7 beschrieben wird, ist eines der am schlechtesten erforschten im Security-Umfeld. Welche Kosten verursachen **Sicherheitsinvestitionen** und welchen Nutzen bringen sie. Statistische Daten gibt es wenig und wenn, dann beziehen sie sich naturgemäß auf die Vergangenheit – in einem Umfeld, in dem sich Angriffsvarianten, Schwachstellen und Möglichkeiten von Verteidigern und Angreifern rasend schnell verändern ist das keine gute Basis für eine aussagekräftige Entscheidungsgrundlage.

Was hilft es, Ende des Jahres 2010 zu wissen, wie hoch der Schaden durch Botnets im Jahre 2009 war, wenn man einen Return on Security Invest (ROSI) für die nächsten drei Jahre berechnen will. Wer weiß, ob Botnets in drei Jahren überhaupt noch eine Rolle spielen?

Kapitel 8

In diesem Kapitel werfen wir einen Blick auf einige Software-**Tools**, die den Risikomanagement-Prozess erleichtern sollen. Dabei soll der Blick für die Möglichkeiten der Softwareunterstützung geöffnet werden. Ein abschließender Überblick ist weder sinnvoll noch möglich. Kapitel 8 wird daher nur einige Produkte exemplarisch herausgreifen und sie ähnlich wie in Kapitel 5 als Steckbrief mit den wichtigsten Eckdaten vorstellen.

Kapitel 9

Am Ende des Buchs stehen schließlich **die 10 wichtigsten Tipps** zum Management von Informationssicherheitsrisiken. Sie bilden den Extrakt der bis dahin behandelten Themen und gehen dabei über die rein fachliche Ebene hinaus. Auch wenn sich Standards und Methoden über die Jahre ändern, einige Punkte sind gleich geblieben, seit sich Menschen in den unterschiedlichsten Kulturen mit Risiken auseinandersetzen müssen.

1.4 Hinweise zum Buch

Notizen, Notizen!

Die meisten von uns haben in der Schule gelernt, nichts in Bücher zu schreiben. Das halte ich für einen großen Fehler. Wahrschein-

1.4 Hinweise zum Buch

lich könnte man den Notenschnitt an deutschen Schulen deutlich heben, wenn Schüler in ihre Bücher schreiben dürften. Ich möchte Sie daher einladen, sich im Buch Notizen zu machen. Sie werden das Buch dann wahrscheinlich nicht mehr gebraucht verkaufen können, aber Sie erhöhen den Wert für sich dadurch um ein Vielfaches.

Lesen Sie dieses Buch am besten immer mit einem Stift in der Hand. Streichen Sie an, was immer Ihnen gefällt, und streichen Sie durch, was für Ihre konkrete Situation uninteressant ist. Wenn die Stelle in einem Jahr für Sie wichtig wird, werden Sie sie schnell wiederfinden. Streichen Sie nicht nur an und durch; kommentieren Sie und nummerieren Sie sich Denkschritte am Rand mit. So werden auch eher theoretische Abschnitte zum ganz praktischen Arbeitsabschnitt. Welchen Vorteil sollte man sonst haben, ein Buch zu kaufen? Nutzen Sie diese Möglichkeiten.

Am Rand des Buchs finden Sie regelmäßig Stichworte, die es Ihnen erleichtern sollen, wichtige Stellen wiederzufinden und das Buch als Nachschlagewerk zu nutzen. So können Sie die Kapitel nach den Stichworten am Rand überfliegen. Wichtige Stichworte, die als Wegweiser am Rand auftauchen, können Sie auch über das Stichwortverzeichnis nachschlagen. So finden Sie schnell, wonach Sie suchen.

Stichworte

Zusätzlich zu den Stichworten werden Icons verwendet, um auf besondere Dinge hinzuweisen. Eines dieser Icons haben Sie bereits auf der ersten Seite dieses Kapitels kennen gelernt. Die Sprechblase verweist auf ein Zitat einer bestimmten Person. Neben der Orientierungshilfe durch die Icons sind diese Hinweise auch immer vom sonstigen Text freigestellt und grau hinterlegt. Im Folgenden sehen Sie die verwendeten Icons und die zugehörige Bedeutung:

Icons

> *http://psi2.de/Risikomanagement-das-Buch*
> *(Hinweis auf eine Webseite)*

> *Zitat oder Hinweis auf einen Standard, ein Buch o.Ä.*

Beachten Sie, dass die Original-Zitate aus den Standards in Englisch verfasst sind. In diesem Buch wurden sie durch den Autor selbst ins Deutsche übertragen. Diese Übersetzungen dienen ausschließlich der besseren Lesbarkeit dieses Buchs und ersetzen keinesfalls den Original-Text. Insbesondere können Übersetzungsfehler – auch bei größter Sorgfalt – nicht ganz ausgeschlossen werden. Das Problem der richtigen Übersetzung ist nämlich nicht nur ein rein theoretisches, sondern von ganz praktischer Bedeutung. Daher widmet sich das Buch in einem eigenen Abschnitt dem Themenfeld *„Sprachgebrauch, Begriffe und Besonderheiten der Übersetzung"*.

Quellenangaben

Das Buch enthält zahlreiche Quellenangaben und Literaturhinweise. Sie erscheinen im Text in [eckigen Klammern] und verweisen auf das Literaturverzeichnis ab Seite 227.

Online-Quellen und QR-Codes

Bei Online-Quellen und Verweisen ins Internet wurde jeweils eine URL angegeben. Die Links des Buches verweisen so ausnahmslos auf die Domain der Webseite zum Buch, von wo aus direkt auf die entsprechende Internetadresse weitergeleitet wird. Dadurch können die Links des Buches nicht veralten und regelmäßig aktualisiert werden. Das ist insbesondere bei den zahlreichen Web-Tipps von Vorteil. Auch wenn das Buch nicht mehr ganz so neu ist, werden Sie so stets den neuesten Tipp zur Vertiefung des Themas im Internet bekommen.

Alle Links des Buchs können darüber hinaus auf der Webseite zum Buch oder mit einem QR-Code-Reader in Ihrem Smart-Phone als Linkliste aufgerufen werden:

https://psi2.de/RM-Liste-der-Links
(Linkliste auf der Webseite zum Buch)

Auf diese Weise habe ich versucht, das Papier-Medium Buch mit den Möglichkeiten des Internets zu verbinden. Die Leser dieses Buchs sind dafür also in gewisser Weise die *„Versuchskaninchen"* und ich würde mich sehr über Ihr Feedback freuen, ob der Versuch gelungen ist. Diese Rückmeldung ist mir besonders wichtig, da ich den Ansatz gerne weiterentwickeln möchte. Im Frühjahr 2011 wird dann ebenfalls im Vieweg+Teubner Verlag das Buch *„Soft-Skills für Freelancer"* erscheinen, das diese Linie noch konsequenter

1.4 Hinweise zum Buch

verfolgen wird. Vielleicht sind dann ja sogar ein paar Ideen von Ihnen mit dabei.

Die Webseite zum Buch wurde mit einer Foren-Software erstellt und bietet daher die Möglichkeit, mit dem Autor, anderen Lesern und den sonstigen Nutzern des Portals in Verbindung zu treten. Sie wurde bereits vor dem Schreiben des Buchs erstellt und sollte bis zum Erscheinungstermin bereits eine Reihe zusätzlicher Informationen für Sie bereithalten. Die Webseite wurde so ausgelegt, dass Sie sie auch mit modernen Smartphones nutzen können.

Webseite zum Buch

2 Grundlagen

"Wenn Sie denken, Technologie kann Ihre Sicherheitsprobleme lösen, dann verstehen Sie die Probleme nicht und Sie verstehen die Technologie nicht."
Bruce Schneier

Wenn Sie sich mit dem Management von Informationssicherheit auseinandersetzen wollen, müssen Sie sich vor allem einer Sache bewusst werden: Keine Technologie dieser Erde wird Ihre Sicherheitsprobleme lösen. Technologie verschafft Ihnen vielleicht an einer Stelle einen gewissen Vorsprung vor den Angreifern, an einer anderen Stelle jedoch reißt sie neue Lücken auf. Im schlimmsten Fall macht sie für einen Angreifer sogar den besonderen Reiz aus, gerade Ihre Systeme anzugreifen. Firmen wie Microsoft können davon sicher ein Lied singen. Im Rahmen von Sicherheitsmanagement ist Technologie nur ein Mittel zum Zweck, ein Werkzeug. Ganz so, wie ein Bildhauer Hammer und Meißel benutzt – Hammer und Meißel stehen niemals im Mittelpunkt seines Schaffens.

Voraussetzungen

Die Skulptur der Securitas[3]

Die Aufgabe eines Künstlers ist es – zum Beispiel – eine Skulptur zu gestalten, sie mit Inhalt zu füllen. Für das Aufstellen in seiner Galerie sind andere zuständig. Sobald die Skulptur fertiggestellt ist, geht es für den Bildhauer nicht darum, sich in den Details der fertigen Skulptur zu verlieren, hier und da an ihr zu feilen und so in einem Projekt ohne Ende zu versanden. Seine Aufgabe ist es, wieder neu zu beginnen. Dabei gleicht seine Tätigkeit einem Prozess, in dem die Erfahrungen der Vergangenheit immer auch die Zukunft gestalten. Irgendwann wird seine Galerie voller Skulpturen sein. Manche Figuren bleiben dort sehr lange stehen, andere werden rasch ausgetauscht und hier und da steht sogar die Skulptur eines anderen Künstlers. Er wird versuchen, seine Skulpturen in ein Gesamtkonzept zu integrieren und aufeinander abzustimmen. Niemals jedoch wird er nur noch fremde Skulpturen aufstellen oder immer dieselben Skulpturen herstellen. Dann wäre er ein Handwerksbetrieb oder ein Skulpturenhändler, aber eben kein Bildhauer mehr. Wenn ihm die Ideen ausgehen oder den Besuchern seiner Galerie die Skulpturen einfach nicht gefallen, dann hilft es nichts, wenn er seine Werkzeuge austauscht.

Um das Zitat vom Kapitelbeginn aufzugreifen: Wenn dieser Künstler denkt Werkzeuge könnten seine Probleme lösen, dann versteht er weder seine Probleme noch sein Werkzeug.

Was Sie in diesem Kapitel erfahren

In Kapitel 2 erfahren Sie die Grundlagen der Kunst, sich von der Technologie zu lösen und über die eigentlichen Probleme im Bereich der Sicherheit nachzudenken. Sie erhalten dazu einen Überblick über das Thema Management von Informationssicherheit im Ganzen und Sie bekommen das nötige Fundament, auf dem wir in den folgenden Kapiteln aufbauen, wenn wir uns – ausgehend von den Risiken – mit den Herausforderungen der Informationssicherheit beschäftigen.

2.1 Sprachgebrauch, Begriffe und Besonderheiten der Übersetzung

Bevor wir endgültig durchstarten können müssen wir noch eine Sache erledigen, die gerne vernachlässigt wird: Wir müssen uns

---

[3] Securitas ist die römische Göttin der Sicherheit. Sie garantierte den öffentlichen und privaten Bestand des römischen Reiches.

2.1 Sprachgebrauch, Begriffe und Besonderheiten der Übersetzung

auf ein gemeinsames Vokabular verständigen. Ebenso wichtig ist es, sich klar und treffend auszudrücken. Das kann jedoch nur gelingen, wenn man nicht dieselben Worte für unterschiedliche Dinge verwendet. Dies gilt insbesondere dann, wenn Sicherheitsexperten unter sich sind. Sie sprechen leider oft nicht dieselbe Sprache und verstehen sich nicht richtig, obwohl sie sich objektiv richtig ausgedrückt haben. In diesem Fall ist jedoch entscheidend, wie der Empfänger einer Nachricht sie subjektiv versteht. Selbst Sicherheitsexperten sprechen nicht immer vom selben Thema, obwohl sie dieselben Worte benutzen – das ist ein Problem, für das es unterschiedliche Gründe gibt, die hier nicht genauer erörtert werden sollen. Diesen Sachverhalt habe ich bereits in meinem ersten Buch näher beleuchtet, auf das ich Sie an dieser Stelle aufmerksam machen möchte:

Sebastian Klipper
Konfliktmanagement für Sicherheitsprofis
Auswege aus der Buhmann-Falle
für IT-Sicherheitsbeauftragte, Datenschützer und Co.
Vieweg+Teubner, 2010

Ein Grund für diesen Begriffswirrwarr sind die Schwierigkeiten bei der Übersetzung aus dem Englischen. Da fast alle hier zitierten Standards ursprünglich in Englisch vorliegen, gilt es die Begriffe richtig ins Deutsche zu übertragen und sich auf einen einheitlichen Sprachgebrauch zu einigen. Hierzu gehen wir die Begriffe der Standards ISO/IEC 27001, ISO/IEC 27002 und ISO/IEC 27005 systematisch durch.

Bei einigen Begriffen ist es möglich, die englischen Begriffe beizubehalten. So ist es durchaus sinnvoll, auch im Deutschen von „Controls" statt von „Maßnahmen" zu sprechen. Die Grenzen sind hier sicher fließend. Ein weiteres Beispiel wären die Worte Incident und Vorfall.

Auch ist es möglich, die deutschen Übersetzungen der Standards zu verwenden. Man sollte sich jedoch nicht zu viel von diesen Übersetzungen erwarten. Da wird „normative references" schon mal mit „normative Verweisungen" übersetzt und Risiken mal „abgeschätzt", mal „eingeschätzt" und mal „bewertet", wobei beides – „estimation" und „assessment" – jeweils mit „einschätzen" übersetzt

Offizielle Übersetzung

wird. Die deutsche Übersetzung kann das Original daher kaum ersetzen und sorgt stellenweise sogar für Verwirrung.

In diesem Abschnitt werden die Begriffe – ausgehend von den englischen Standards – übersetzt und festgelegt. Am Seitenrand finden Sie in alphabetischer Reihenfolge die englischen Originalbegriffe und im Text daneben die jeweilige Übersetzung, bei der die Verständlichkeit jeweils im Vordergrund stand. Insbesondere soll dadurch die Anzahl der ähnlich klingenden Begriffe reduziert werden.

Gleichzeitig wird dieser Abschnitt bereits dazu genutzt, die Bedeutung der Begriffe transparent zu machen und am Ende der Definitionen werden die Begriffe mit Hilfe einer Mind-Map visualisiert.

Gehen wir nun in den Abschnitten 2.1.1, 2.1.2 und 2.1.3 die Begriffe durch, die in den Standards jeweils in einem Abschnitt zu Begriffsdefinitionen eingeführt werden.

2.1.1 Begriffe aus ISO/IEC 27001

Asset — Als Asset wird alles bezeichnet, was für eine Organisation einen Wert hat [7]. Vereinfacht handelt es sich also um die **Werte** der Organisation. Vielfach hört man jedoch auch den englischen Originalbegriff. Beide Begriffe sind möglich und erlaubt. Auch in diesem Buch werden Sie synonym verwendet.

Availability — Die **Verfügbarkeit** ist gegeben, wenn einer berechtigten Entität auf Verlangen Zutritt, Zugang oder Zugriff gewährt wird [7].

Confidentiality — Die **Vertraulichkeit** ist gegeben, wenn eine Information niemals gegenüber einem unberechtigten Individuum, einer Entität oder einem Prozess verfügbar gemacht oder offengelegt wird [7]. Vertraulichkeit beschränkt also die Verfügbarkeit.

Information Security — Mit **Informationssicherheit** bezeichnen die Standards den Erhalt von Vertraulichkeit, Integrität und Verfügbarkeit. Darüber hinaus werden jedoch auch Authentizität, Zurechenbarkeit, Nichtabstreitbarkeit und Verlässlichkeit unter dem Begriff zusammengefasst [8].

Information Security Event — Ein **Informationssicherheitsereignis** ist ein identifiziertes Ereignis, dass auf eines der folgenden Dinge hindeutet [9]:

2.1 Sprachgebrauch, Begriffe und Besonderheiten der Übersetzung

⇒ einen möglichen Bruch der Informationssicherheits-Leitlinie,
⇒ einen Fehler der Schutzmaßnahmen oder
⇒ eine bisher unbekannte Situation, die sicherheitsrelevant sein könnte.

Ein **Informationssicherheitsvorfall** besteht aus einem oder mehreren unerwünschten oder unvorhergesehenen Informationssicherheitsereignissen, die mit einer hohen Wahrscheinlichkeit eine Beeinträchtigung der Geschäftstätigkeit bedeuten oder die Informationssicherheit bedrohen [9]. — Information Security Incident

Ein **Managementsystem für Informationssicherheit ISMS** ist der Teil eines übergreifenden Managementsystems, der Informationssicherheit unter Berücksichtigung von Risiken — Information Security Management System

⇒ plant,
⇒ einrichtet, betreibt,
⇒ überwacht, überprüft,
⇒ aufrechterhält und verbessert[4].

Bestandteile dieses Managementsystems sind die Aufbauorganisation, Richtlinien, Planung, Verantwortlichkeiten, Verfahrensweisen, Prozesse und Ressourcen [4].

Die **Integrität** eines Werts ist gegeben, wenn der Schutz seiner Richtigkeit und Vollständigkeit gewährleistet ist [7]. — Integrity

Das nach der Risikobehandlung verbleibende Risiko nennt man **Restrisiko** [10]. — Residual Risk

Risikoakzeptanz ist die Entscheidung ein bekanntes Risiko zu akzeptieren [10]. Beachte: Risikoakzeptanz und Risikoübernahme bezeichnen unterschiedliche Aktivitäten im Prozessverlauf. — Risk Acceptance

Während der **Risikoanalyse** werden Quellen für Risiken systematisch identifiziert und abgeschätzt [10]. — Risk Analysis

Das **Risiko-Assessment** besteht aus der Risikoanalyse und der Risikobewertung/ Priorisierung [10]. — Risk Assessment

Hierbei handelt es sich um einen der Fälle, wo die englische Originalbezeichnung Missverständnisse von vorneherein vermeidet. Eigentlich sollte das Wort „assessment" mit „einschätzen"

---

[4] Entsprechend den vier Phasen des Plan-Do-Check-Act-Zyklus (siehe Abschnitt 2.3.2 auf Seite 18).

oder „*abschätzen*" übersetzt werden, was – wie weiter oben bereits geschildert – zu Missverständnissen bei der Übersetzung von „*estimation*" führt.

Risk Evaluation — Während der **Risikobewertung/ Priorisierung** (offizielle Übersetzung lautet nur Risikobewertung[5]) werden die zuvor identifizierten und abgeschätzten Risiken mit den Basiskriterien abgeglichen, um deren Bedeutung zu bewerten [10].

Risk Management — Unter **Risikomanagement** versteht man die koordinierten Aktivitäten zur Steuerung und Kontrolle einer Organisation unter Berücksichtigung von Risiken [10].

Risk Treatment — Mit **Risikobehandlung** wird der Prozess bezeichnet, bei dem Maßnahmen ausgewählt und eingerichtet werden, die sich auf die Risiken auswirken [10].

Statement of Applicability — Das **Statement of Applicability** (SoA) beschreibt die Control Objectives und die Controls die innerhalb des betrachteten ISMS relevant und anwendbar sind [8]. Diese basieren auf dem Ergebnis aus Risiko-Assessment und Risikobehandlung. Darüber hinaus sind juristische und behördliche Anforderungen, vertragliche Verpflichtungen und die geschäftlichen Anforderungen an die Informationssicherheit zu berücksichtigen.

2.1.2 Begriffe aus ISO/IEC 27002

Control — Controls sind **Maßnahmen** des Risikomanagements [8]. Das sind:

⇒ Policies
⇒ Verfahrensweisen
⇒ Richtlinien
⇒ Aufbauorganisation

Diese können in unterschiedliche Kategorien unterteilt werden:

⇒ Organisatorisch
⇒ Technisch
⇒ Management
⇒ Juristisch

„*Control*", „*Measure*", „*Safeguard*" und „*Countermeasure*" werden in den Standards synonym als Begriff für Maßnahmen verwendet.

---

[5] Gemäß Standard liegt am Ende dieses Schritts eine priorisierte Liste mit Risiken vor.

Der englische Begriff **Control** wird immer dann empfohlen, wenn es um ein explizites Control aus einem Standard geht.

Also zum Beispiel beim Zitieren von Punkt 12.5.5 aus ISO/IEC 27002:

ISO/IEC 27002
12.5.5 Outsourced software development
Control
Outsourced software development should be supervised and monitored by the organization.

Richtlinien stellen klar, was gemacht werden muss, um die Ziele der Policies zu erreichen und treffen Aussagen dazu, wie das zu erfolgen hat [7]. — Guideline

Als **Informationsverarbeitungseinrichtung** bezeichnet man Systeme, Dienste oder Infrastrukturen zur Informationsverarbeitung oder die Gebäude und Räume, in denen sie sich befinden [8]. — Information Processing Facilities

Eine **Policy** (oder deutsch: **Leitlinie**) ist eine formelle Absichtsbekundung und Weisung des Managements [8]. — Policy

Als **Risiko** bezeichnet man die Kombination aus Wahrscheinlichkeit und Konsequenzen eines Ereignisses [10]. — Risk

Personen oder Organisationen, die bezüglich eines Sachverhalts unabhängig von den Beteiligten agieren, werden als **Dritte** bezeichnet [11]. — Third Party

Eine mögliche Ursache für einen unerwünschten Vorfall, der negative Auswirkungen auf ein System oder die Organisation haben kann, wird als **Bedrohung** bezeichnet [7]. — Threat

Eine **Schwachstelle** bezüglich eines Werts oder mehrerer Werte, die durch eine oder mehrere Bedrohungen ausgenutzt werden kann [7]. Auch im Deutschen wird vielfach von Vulnerabilities beziehungsweise von Vulnerability-Management gesprochen. — Vulnerability

2.1.3 Begriffe aus ISO/IEC 27005

Unter einem Impact versteht man die **Auswirkung** auf die erreichte Höhe der Unternehmensziele [5]. — Impact

Information Security Risk	Als **Informationssicherheitsrisiko** bezeichnet man das Potential, dass die Bedrohung einer Schwachstelle ausgenutzt werden kann und der Organisation so Schaden zugefügt wird. Das Risiko wird als Kombination aus Wahrscheinlichkeit eines Ereignisses und dessen Konsequenzen gemessen [5].
Risk Avoidance	Die Entscheidung, sich einem Risiko gar nicht erst auszusetzen oder es durch Maßnahmen zu vermeiden, bezeichnet man als **Risikovermeidung** [10].
Risk Communication	Unter **Risikokommunikation** versteht man den Austausch von Informationen zu Risiken zwischen den Entscheidungsträgern und anderen Prozessbeteiligten [10].
Risk Estimation	Die **Risikoabschätzung** bezeichnet den Prozess, bei dem die Werte einer Organisation mit den Wahrscheinlichkeiten und Konsequenzen eines Risikos in Verbindung gebracht werden [10]. In diesem Zusammenhang verwendet der Standard den Begriff Aktivität (activity) statt Prozess (process). Das gilt auch für die beiden Begriffe *„likelihood"* und *„probability"*, was aber im Deutschen beides mit *„Wahrscheinlichkeit"* übersetzt wird.
Risk Identification	Mit **Risikoidentifikation** bezeichnet man den Prozess, bei dem Risiken gesucht, aufgelistet und charakterisiert werden [10]. Auch hier gilt, dass der Standard den Begriff Aktivität (activity) statt Prozess (process) verwendet.
Risk Reduction	Unter **Risikoreduktion** versteht man die Reduzierung der Wahrscheinlichkeit und/ oder der Konsequenzen eines Risikos [10].
Risk Retention	Unter **Risikoübernahme** versteht man gemäß [10] allgemein die Übernahme des Schadens oder des Gewinns, der sich aus einem Risiko ableitet. Im Kontext von Informationssicherheitsrisiken im Speziellen sollen jedoch nur Schäden berücksichtigt werden. Beachte: Risikoübernahme und Risikoakzeptanz bezeichnen unterschiedliche Aktivitäten im Prozessverlauf.
Risk Transfer	Man spricht von **Risikotransfer**, wenn der mögliche Schaden eines Risikos mit einer anderen Organisation geteilt wird. Auch hier werden mögliche Gewinne – wie in [10] vorgegeben – nicht berücksichtigt.

2.1.4 Übersicht der explizit definierten Begriffe

Diese in den Standards formell eingeführten Begriffe sind in Abbildung 3 in einem Vorschlag für eine Mindmap dargestellt. Als Ursprung dient der Begriff der Informationssicherheit, von dem aus zu den drei Punkten Werte, ISMS und Vorfall verzweigt wird. Die auch als Schutzziele der Informationssicherheit bezeichneten Begriffe Verfügbarkeit, Integrität und Vertraulichkeit finden sich bei den Werten und ein Vorfall besteht aus einem oder mehreren Ereignissen.

Mindmap

Alle anderen Begriffe finden sich direkt unterhalb des Knotens ISMS. Die gezeigte Mindmap ist als Vorschlag zu verstehen. Es entspricht durchaus dem Ziel des Mindmappings, dass Sie sich die Mühe machen und sich bei Bedarf eine eigene Mindmap zeichnen, anhand derer Sie die Begriffe ordnen. Auch Sie werden feststellen, dass die meisten Begriffe, denen man noch ein „*Risiko*" voranstellen müsste, sinnvollerweise unterhalb des Knotens ISMS angesiedelt werden sollten.

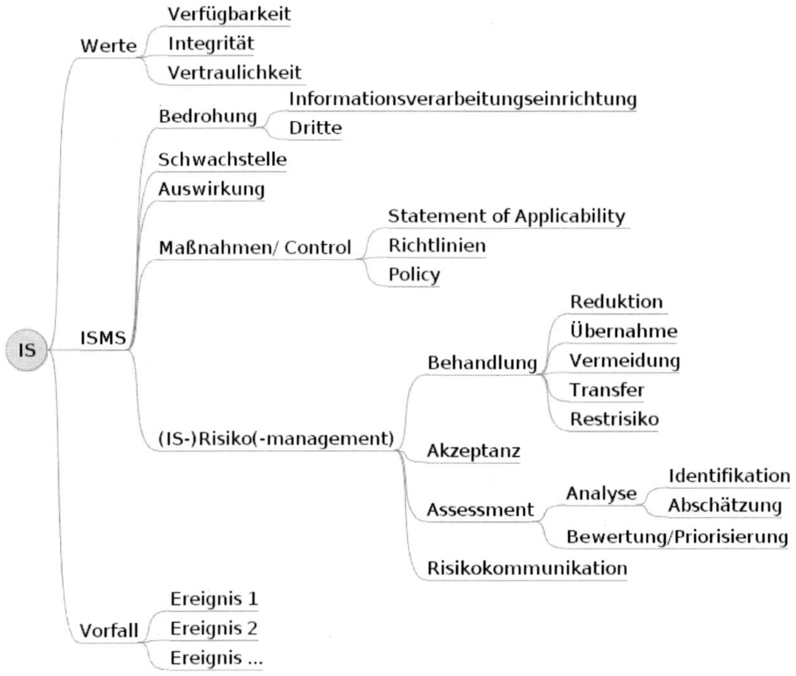

Abbildung 3: Mindmap zur Informationssicherheit mit den verwendeten Begriffen aus den Standards

Wir können nun Abbildung 1 von Seite 4 um diese Begriffe ergänzen und erhalten so ein fast vollständiges Bild. In dem erweiterten Grundriss fehlen weiterhin die Verbindungen zwischen den Elementen und mehrere Entscheidungsknoten. Viel augenscheinlicher fehlen jedoch noch zwei weitere Begriffe, die in den Definitionen der Standards nicht explizit aufgeführt sind.

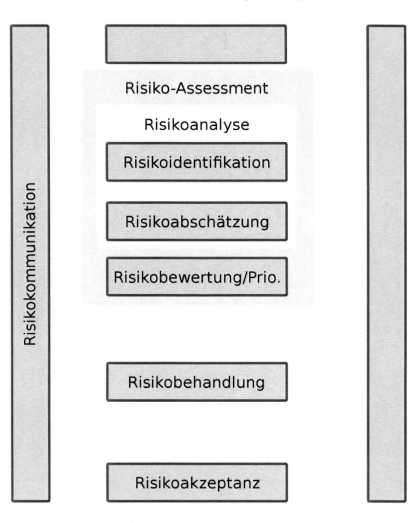

Abbildung 4: Der erweiterte Grundriss des Risikomanagementprozesses (nach [5])

Es handelt sich bei den fehlenden Begriffen um das *„Context Establishment"* und das *„Risk Monitoring and Review"*. Ersteres gehört in das obere lehrstehende Feld, während letzteres – wie die Risikokommunikation – an der Seite des Grundrisses eingezeichnet wird.

Context Establishment

Die **Festlegung des Kontexts** wird in ISO/IEC 27005 als Bestandteil des Risikomanagementprozesses eingeführt und dient quasi als

Kapitelüberschrift. Die unter dem Begriff behandelten Punkte decken explizit mehrere Anforderungen[6] aus ISO/IEC 27001 ab.

Auch beim Begriff **Risokoüberwachung und -überprüfung** handelt es sich um eine Kapitelüberschrift aus ISO/IEC 27005. Hierzu zählen die Überwachung und Überprüfung von Risikofaktoren (z.B. Werte, Auswirkungen, Bedrohungen, Schwachstellen und Eintrittswahrscheinlichkeiten) und die Überwachung, Überprüfung und Verbesserung des Risikomanagementprozesses.

Risk Monitoring and Review

2.2 Entscheidend ist die Methodik

Nachdem nun die wichtigsten Begriffe geklärt sind, können wir uns an die Arbeit machen und inhaltlich durchstarten. *„Inhaltlich"*, das bedeutet beim Thema Risikomanagement *„methodisch"*.

Es geht um die Methodik...

Wie bei allen Managementthemen stehen Detailfragen im Hintergrund. Es geht nicht darum, wie die Firewall zu konfigurieren ist; es geht nicht darum, welchen Kriterien eine Virenschutzlösung entsprechen muss und es geht auch nicht darum, welche Skills ein Risikomanager mitbringen muss. Das wäre auch von Unternehmen zu Unternehmen viel zu unterschiedlich, als dass es sich lohnen würde darüber Bücher zu schreiben. Man bräuchte für jede Branche, für jede Behördenform und für unterschiedlichste Organisationsgrößen jeweils ein eigenes Buch.

...nicht um die Details

Viel wichtiger ist die Frage, wie man zu diesen branchen-, behörden- und organisationsspezifischen Kriterien kommt. Wir werden es daher im Verlauf dieses Buchs immer mit Prozessen zu tun haben und nur selten mit Projekten. Das ist ein schwieriger Punkt, da heute fast alles in Projekten abgewickelt wird – sogar Prozesse. Im Zweifelsfall wird mit dem Projekt dann eben ein Prozess implementiert.

Der Weg ist das Ziel

Projekte verlaufen linear. Es gibt ein Anfang und ein Ende und dazwischen einen Projektplan. Die Projektbeteiligten befinden sich dabei an irgendeiner Stelle des Plans und schreiten dem Ende entgegen. Dabei kommt es vor allem darauf an, die Arbeitsschritte abzuschließen. (Abbildung 5).

Projekte

---

[6] 4.2.1 a) Define the scope and boundaries of the ISMS
 4.2.1 b) Define an ISMS policy
 4.2.1 c) Define the risk assessment approach

Abbildung 5:
Einfacher
Projektplan

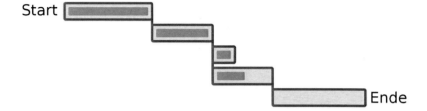

Prozesse

Projektpläne sehen es nicht vor, einen Schritt immer wieder neu starten zu müssen. Der Unterschied bei Prozessen liegt darin, dass die einzelnen Schritte immer wieder gestartet werden und eigentlich permanent laufen und auf Input warten. Natürlich gibt es auch hier mindestens einen Einstiegspunkt, mit dem man beginnen kann. Das muss aber nicht sein. Es können auch mehrere Einstiegspunkte sein oder man startet den Prozess quasi ausgehend von einer virtuellen Keimzelle und baut ihn nach und nach aus. (Abbildung 6)

Abbildung 6:
Beispiel für
einen Prozess

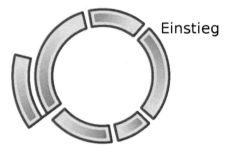

Ausgehend vom Standpunkt einer üblichen Definition von Geschäftsprozessen ist das nicht ganz richtig. Dort werden Prozessbeschreibungen oft in der Art von Projektplänen verstanden, an deren Ende ein Pfeil zum Start eingezeichnet wird.

Risikomanage-
mentprozess

Das kann im Sinne des Risikomanagements jedoch fatale Folgen haben. Stellen Sie sich vor, Sie würden ein sehr komplexes Risikomanagementsystem betreiben und auf diese Weise vorgehen und schaffen pro Jahr einen Prozessdurchlauf. Immer im Mai des Jahres überprüfen Sie zwei Wochen lang, ob es neue Bedrohungen für Ihr Informationssystem gibt. Ist das sinnvoll? Was machen Sie, wenn im Juni eine neue Bedrohung auftaucht? Warten Sie dann erst bis zum Mai des nächsten Jahres? Natürlich nicht. Man muss immerzu nach neuen Bedrohungen Ausschau halten und sofort reagieren, wenn Sie auftauchen. In den Standards wird dieser Punkt unter dem Begriff „*Monitoring*" zusammengefasst.

Der Risikomanagementprozess hat also gewisse Eigenschaften, die bei anderen Prozessen nicht so wichtig sind oder gar keine Relevanz haben. Will man die Etablierung eines Risikomanagements unbedingt als Projekt aufsetzen, so muss klar sein, dass an dessen Ende der Start des Prozesses steht. Gewissermaßen startet der Ingenieur am Ende der Entwicklungsphase den Motor.

Das Projekt „Einführung Risikomanagementprozess"

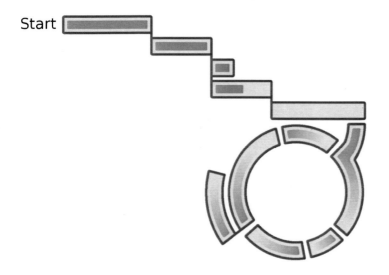

Abbildung 7: Vom Projekt in den Prozess

Dieser eigentlich triviale Sachverhalt sollte jedem Beteiligten – insbesondere dem Management – klar gemacht werden. Auch nach Einführung eines Risikomanagementsystems für Informationssicherheit wird es keinen Tag X geben, an dem der CISO verkündet, ab jetzt sei alles sicher. Er wird höchstens sagen können, dass man auf Unsicherheit gezielt und planvoll reagieren kann und genau weiß, auf welche Risiken man sich einlassen will und auf welche lieber nicht.

Führen Sie sich also noch einmal vor Augen: Der Risikomanagementprozess ist kein Geschäftsprozess nach dem Strickmuster: *„links rein ins Prozessdiagramm, rechts raus".*

2.3 Der Ansatz der ISO

Die nächsten zwei Seiten werden gar nichts mit Risikomanagement zu tun haben. Sie sind nichts weiter als Allgemeinbildung und man kommt gut zurecht, ohne sie zu lesen. Wir werden danach jedoch sehen, wofür wir dieses Wissen nutzen können.

Unter Umständen kann Ihnen dieses Stück Allgemeinbildung einige hundert Euro sparen.

Umfangreicher Ansatz

Werfen wir also einen Blick auf die Art und Weise, wie sich die ISO/IEC Standards an die Herausforderungen machen, die wir bisher besprochen haben. Soviel vorneweg: Der Ansatz ist gründlich. Die ISO (International Organization for Standardization) ist der weltgrößte Entwickler und Herausgeber von Industriestandards. Nach eigenen Angaben hat sie bisher über 18000 internationale Standards entwickelt und jedes Jahr kommen etwa 1100 neue hinzu.

https://psi2.de/RM-ISO-Suche
(Suche nach ISO-Standards)

Masse statt Klasse?

Spontan fragt man sich, ob hier vielleicht die Klasse der Masse untergeordnet wird. Dieser Gefahr begegnet die ISO mit einem ausgeklügelten Entwicklungsprozess, den alle Standards durchlaufen müssen, bevor sie letzten Endes auf den Markt kommen. Dabei richtet sie sich an den Anforderungen der Wirtschaft aus und stimmt über die Entwicklung der Standards in speziellen Komitees unter Anderem darüber ab, ob ein möglicher Standard eine globale Relevanz haben könnte.

2.3.1 Die Entwicklung der ISO-Standards

Entwicklung

Die Entwicklung selbst verläuft in einem mehrstufigen Prozess, der über die Dokumente Draft International Standard (DIS) und Final Draft International Standard (FDIS) zum endgültigen Standard führt. Nur in Ausnahmefällen können einzelne Stufen im sogenannten *„fast track"* übersprungen werden.

Sechs Stufen

Die Standards werden von den Komitees in den folgenden sechs Stufen entwickelt:

⇒ Stufe 1: Vorschlag
Auf dieser Stufe wird Einigkeit darüber erzielt, ob ein Standard überhaupt benötigt wird.

⇒ Stufe 2: Vorbereitung
Auf dieser Stufe wird ein Arbeitsentwurf für die späteren Entwicklungsstufen erstellt.

2.3 Der Ansatz der ISO

⇒ Stufe 3: Komitee
Am Ende dieser Stufe steht der Draft International Standard (DIS). Im *„fast track"* kann dieser ohne die bisherigen Stufen vorgelegt werden.

⇒ Stufe 4: Nachfrage
Der DIS wird nun für fünf Monate von den ISO-Mitgliedern geprüft. Am Ende dieser Stufe steht der Final Draft International Standard (FDIS). Auch dieses Dokument kann im *„fast track"* ohne die bisherigen Stufen vorgelegt werden.

⇒ Stufe 5: Billigung
Nun wird der FDIS an die ISO-Mitglieder verteilt, die sich innerhalb von zwei Monaten für oder gegen den Standard entscheiden müssen. Ein Standard wird schließlich mit ⅔-Mehrheit angenommen.

⇒ Stufe 6: Veröffentlichung
Wenn die vorangegangenen Stufen erfolgreich waren, wird der Standard veröffentlicht.

Diese sechs Stufen werden in etlichen Zwischenstufen durchschritten, die hier nicht im Detail aufgelistet werden sollen. Auf der ISO-Webseite finden Sie eine Übersicht:

https://psi2.de/RM-ISO-Stage-Codes
(Detaillierte Liste der Entwicklungsstufen)

Quasi als siebte Stufe werden die Standards einer regelmäßigen Prüfung unterzogen, die dazu führen kann, dass ein Standard bestätigt, überarbeitet oder zurückgezogen wird. Bei relativ neuen Standards (wie z.B. ISO/IEC 27005:2008) wäre dieser Schritt nach spätestens drei Jahren durchzuführen. Bei Standards, die bereits ein Mal überprüft wurden, ist das alle fünf Jahre erforderlich. — Siebte Stufe

Kommen wir nun zurück zu der Frage, warum es wichtig ist, das zu wissen? Im Grunde kommt man auch ohne dieses Wissen aus. Das gilt bis zu dem Zeitpunkt, an dem man in der Liste der verfügbaren Standards (siehe Link auf Seite 6) nur auf einen Entwurf trifft. Von den im Mai 2010 aufgeführten 156 Standards betrifft das immerhin 57, davon allein 20 aus der ISO/IEC 27000 — Warum sollte ich das wissen?

Familie. Dort findet sich zum Beispiel auch ISO/IEC FCD 27005[7], der im Mai 2010 erneut mit Stufe 4 begonnen hat. Wenn Sie sich dieses Buch nach seinem Erscheinen Ende 2010 gekauft haben und über Risikomanagement nachdenken, kann es für Sie sinnvoller sein, sich den Final Draft (FDIS) zu kaufen, der – wie Sie jetzt wissen – sehr nahe am später veröffentlichten Dokument ist. Eventuell können Sie mit dem Kauf aber auch noch einige Wochen Warten und Sie halten gleich das Endergebnis in Händen. Wie versprochen: Unter Umständen kann Ihnen dieses Stück Allgemeinbildung also einige hundert Euro sparen.

RSS-Feeds

Sie können die Entwicklung der Standards auch komfortabel via RSS-Feed verfolgen und so immer auf dem aktuellsten Stand bleiben, zum Beispiel:

https://psi2.de/RM-ISO27005-RSS
(RSS-Feed zum Stand von ISO/IEC FCD 27005)

Abkürzungen

Ein anderes Problem sind die vielen Abkürzungen auf der ISO-Webseite und insbesondere in der Betitelung der Standards beziehungsweise der zugehörigen Entwürfe (zum Beispiel DIS, FDIS und FCD). Sie finden eine Liste mit den Erklärungen unter folgendem Link:

https://psi2.de/RM-ISO-Abkürzungen
(Liste der auf iso.org verwendeten Abkürzungen)

Das ISO-Netzwerk

Ein weiteres wichtiges Element beim Verständnis der ISO-Standards ist das Wissen um deren hierarchischen Aufbau. Aufmerksame Leser haben das schon bei den Begriffsdefinitionen gesehen. Viele Begriffe des Risikomanagements von Informationssicherheit werden nicht in ISO/IEC 27005 selbst definiert, sondern in ISO Guide 73. Auf diese Weise bilden die Standards eine inhaltliche Kette. Sie verweisen aber auch immer wieder nach links

---

[7] FCD steht für Final Committee Draft

und rechts, so dass es sinnvoller ist von einem Netzwerk zu sprechen.

Neben ISO Guide 73 spielt ISO 20000 [12] eine wichtige Rolle für die Standards, die wir hier betrachten. ISO 20000 befasst sich mit Service Management in der IT und beinhaltet – ebenso wie ITIL – einen Anteil Information Security Management. Er integriert dabei wiederum die Standards ISO 9001 (Qualitätsmanagement) und ISO 14001 (Environmental Management Systems).

2.3.2 Der PDCA-Zyklus

Auf dem Weg über ISO 20000 erhielt auch der PDCA-Zyklus in die Standards der ISO 27000 Familie Einzug, der als Grundstruktur aller weiteren Überlegungen zu betrachten ist (siehe Abbildung 8).

⇒ Plan (Festlegen)
⇒ Do (Umsetzen und Durchführen)
⇒ Check (Überwachen und Überprüfen)
⇒ Act (Instandhalten und Verbessern)

PDCA-Zyklus

Auf der linken Seite stehen die Erwartungen und Anforderungen bestimmter Interessensgruppen, die den PDCA-Zyklus beeinflussen. Auf der rechten Seite sehen Sie das gewünschte Ergebnis der gemachten Anstrengungen.

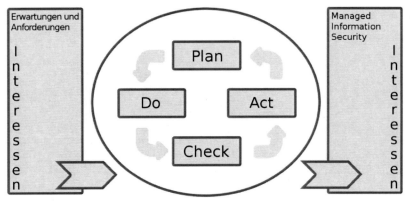

Abbildung 8: PDCA-Zyklus (nach [8])

Bereits in ISO/IEC 27001 wird nicht nur von Informationssicherheit gesprochen: Risikomanagement gehört von Anfang an klar mit zu den Aufgaben eines ISMS. ISO/IEC 27005 geht dann detaillierter darauf ein, wie das zu erfolgen hat. Das bedeutet, dass der Risikomanagementprozess nicht etwa alleine dasteht. Im Gegenteil: die beiden Prozesse sind eng miteinander verwoben. Will man Sie unbedingt getrennt voneinander darstellen, dann sollten man sie parallel veranschaulichen (siehe Tabelle 2-1).

Plan Der ISMS-Prozess verlangt in der Prozess-Phase *„Plan"*, dass Ziele, Prozesse und Verfahren festzulegen sind, die für das Risikomanagement benötigt werden. Von den Inhalten des Grundrisses zum Risikomanagement (siehe Seite 22) gehören hierzu vor allem die in der Mitte stehenden Stichworte Festlegung des Kontexts, Risiko-Assessment, Risikobehandlung und Risikoakzeptanz.

Do In der Prozess-Phase *„Do"* geht es schlicht darum, den Plan in die Tat umzusetzen, im Sinne des Risikomanagements also darum, die festgelegte Behandlung der Risiken anzuwenden.

Check Die Prozess-Phase *„Check"* dient einerseits zur Überwachung, ob der Plan richtig umgesetzt wird, andererseits aber auch zur Überprüfung, ob der Plan noch richtig ist.

Act Die dabei gemachten Erkenntnisse gilt es schließlich in der Prozess-Phase *„Act"* umzusetzen und das Risikomanagement dadurch im Betrieb aufrechtzuerhalten und zu verbessern.

Tabelle 2-1: Ausrichtung des Risikomanagementprozesses auf den ISMS-Prozess (nach [5])

ISMS Prozess	Information Security Risk Management
Plan	Festlegung des Kontexts Risiko-Assessment Planen der Risikobehandlung Risikoakzeptanz
Do	Umsetzen der Risikobehandlung
Check	Risikoüberwachung und -überprüfung
Act	Risikomanagement aufrechterhalten und verbessern

An dieser Stelle soll noch nicht weiter ins Detail gegangen werden. Vorher müssen wir der Frage nachgehen, auf welcher ISO-Grundlage das Risikomanagement als Einzeldisziplin steht.

2.4 Die ISO 31000 Familie

Ausgangspunkt der Suche nach den Grundlagen des Risikomanagements bildet ISO Guide 73 beziehungsweise das ISO Komitee, das für diesen Standard verantwortlich ist. In der Liste der Standards des Technical Management Boards finden sich – neben ISO Guide 73 – zwei weitere Standards, die sich mit dem Management von Risiken beschäftigen: Die Familie der 31000er Standards ist nicht sehr groß, bisher gibt es nur diese zwei Standards, die dazugehören. Sie bilden die ISO-Grundlage für das Risikomanagement. Es handelt sich um ISO 31000 [13] (Risk management – Principles and guidelines) und ISO/IEC 31010 [14] (Risk management – Risk assessment techniques). Wir werden diese beiden Standards im Folgenden genauer unter die Lupe nehmen.

Technical Management Board

Die Gesamtliste der Standards des Technical Management Boards finden Sie unter der folgenden URL:

https://psi2.de/RM-Liste-des-TMB
(Liste der Management-Standards des ISO Technical Management Boards)

2.4.1 Risikomanagement mit ISO 31000

Schaut man sich ISO 31000 genauer an, stellt man fest, dass dieser später erschienen ist als ISO/IEC 27005. Die Grundlage kam also verspätet, wenn man so will. Dadurch ergeben sich kleinere Abweichungen zwischen den Standards, zum Beispiel was den Risikomanagement-Prozess angeht. Hier wird zum Beispiel die Risikoidentifikation nicht als Teil der Risikoanalyse dargestellt.

An dieser Stelle sollen die Prinzipien für ein effektives Risikomanagement aus ISO 31000 besprochen werden. In ISO/IEC 27005 werden diese zwar berücksichtigt, jedoch leider nicht explizit genannt.

Prinzipien

Risikomanagement schafft und beschützt Werte.

Wir steigen gleich zu Beginn der Prinzipien an einer wichtigen Stelle ein: Im Kontext von Informationssicherheitsrisiken werden

Wertbezogen

gemäß Standard keine Gewinne sondern nur Schäden berücksichtigt. Ist das sinnvoll? Was sagt ISO 31000 dazu?

Hier wird Risikomanagement als der Garant für Wertzuwachs gesehen. Erreicht wird das durch Verbesserung von Safety und Security, Compliance, Umweltschutz, Qualitätssicherung, Projektmanagement und so weiter. Es wird nicht klar, warum das beim Management von Risiken, die die Informationssicherheit betreffen anders sein sollte. Im Gegenteil: dieser Ansatz ist kontraproduktiv und spiegelt wieder, was jeder Sicherheitsprofi kennt: Sicherheit kostet nur. An diesem Vorurteil wird sich jedoch sicher nichts ändern, wenn man bereits per Definition ausschließt, dass es anders sein könnte.

Stochastischer Return on Security Investment

Ich kann nur davon abraten, sich auf dieses Glatteis zu begeben. Insbesondere weil neuere Forschungen zeigen, dass sehr wohl Gewinne erwirtschaftet werden können. Als Beispiel sei hier schon einmal der stochastische ROSI (Return on Security Investment) genannt:

https://psi2.de/RM-PDF-SROSI
(Verfahren zur Wirtschaftlichkeitsanalyse von IT-Sicherheitsinvestitionen; pdf-Datei [15])

Dieser Punkt ist immens wichtig, wenn es darum geht, um Budgets zu streiten oder das Management von der Bedeutung eines Risikomanagementsystems zu überzeugen. Das vorliegende Buch wird sich dieser Thematik in Kapitel 7 widmen.

Risikomanagement ist Bestandteil aller Unternehmensprozesse.

Prozessbezogen

Das bedeutet, dass es kein Stand-Alone-Risikomanagement gibt. Risikomanagement ist Bestandteil aller strategischen Planungen, aller Projekte und Change-Management-Aktivitäten.

Risikomanagement ist Teil der Entscheidungsfindung.

Entscheidungsbezogen

Daher richtet sich Risikomanagement an den Erfordernissen von Entscheidungsträgern aus, um ihnen die benötigten Entscheidungsgrundlagen zu liefern.

2.4 Die ISO 31000 Familie

Risikomanagement adressiert gezielt Unsicherheiten.

Risikomanagement setzt sich explizit mit Fragen der Wahrscheinlichkeit von Ereignissen, beziehungsweise der Unsicherheit bezüglich deren Wahrscheinlichkeit auseinander und liefert den Entscheidern dadurch wichtige Informationen. — *Wahrscheinlichkeitsbezogen*

Risikomanagement ist systematisch, strukturiert und zeitgerecht.

Dadurch trägt Risikomanagement zur Effektivität insgesamt bei und hilft, beständige, vergleichbare und verlässliche Ergebnisse zu erzielen. — *Ergebnisbezogen*

Risikomanagement basiert auf allen verfügbaren Informationen.

Hierzu zählen insbesondere statistische Daten, Erfahrung, Feedback der Prozessbeteiligten, Beobachtungen, Vorhersagen und Expertenwissen. Dabei wird nicht vernachlässigt, dass diese Informationen voneinander abweichen oder sogar falsch sein können. — *Informationsbezogen*

Risikomanagement ist maßgeschneidert.

Das bedeutet, dass sich Risikomanagement an der spezifischen internen und externen Situation eines Unternehmens oder einer Behörde ausrichtet. — *Situationsbezogen*

Risikomanagement beachtet soziale und kulturelle Faktoren.

Hierzu zählt, alle Fähigkeiten, Wahrnehmungen und Absichten von Menschen zu berücksichtigen, die in irgendeiner Verbindung mit der betrachteten Organisation stehen. — *Kulturbezogen*

Risikomanagement ist transparent und einbeziehend.

Es gilt die Bedeutung des Risikomanagements dadurch zu stärken, dass alle Prozessbeteiligten – insbesondere jedoch die Entscheidungsträger – zeitgerecht mit einbezogen werden. Dieses Involvement berücksichtigt deren Interessen und macht die Kriterien zur Risikobehandlung transparent. — *Bedeutungsbezogen*

Risikomanagement ist dynamisch, iterativ und reagiert gezielt auf Änderungsprozesse.

In einer sich ändernden Welt ändern sich auch stets die Rahmenbedingungen unter denen Risiken identifiziert und bewertet wurden. Daher müssen auch alle Anstrengungen im Bereich des Risikomanagements auf diese Änderungsprozesse ausgerichtet sein. — *Änderungsbezogen*

Zukunfts-
bezogen

Risikomanagement erleichtert die kontinuierliche Verbesserung.

Risikomanagement muss strategisch darauf ausgerichtet sein, mit der Organisation mitzuwachsen und diese dabei zu unterstützen.

Die Prinzipien im Überblick

Diese Prinzipien sollten natürlich nicht nur für Risikomanagement im Allgemeinen, sondern im Besonderen auch für das Management von Informationssicherheitsrisiken gelten. Dies gilt insbesondere für das erste Prinzip, dass Risikomanagement nicht nur Werte beschützt, sondern diese auch schafft.

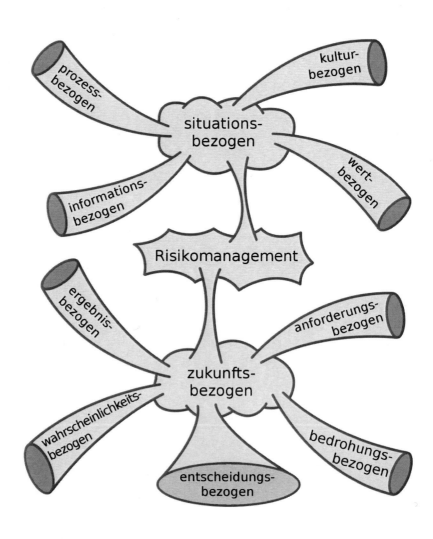

Abbildung 9: Mindmap der Prinzipien des Risikomanagements

Abbildung 9 stellt diese Prinzipien des Risikomanagement noch einmal als Mindmap dar. Sie teilt die Prinzipien in zwei Kategorien: Erstens in einen Komplex aus Prinzipen, die sich besonders auf die Gegenwart beziehen und einen Komplex aus Prinzipien, die ihren Schwerpunkt auf die Gestaltung der Zukunft legen.

2.4.2   Von der Theorie zur Praxis: ISO/IEC 31010

Während ISO 31000 sich mit der Methode, dem Prozess und der Idee hinter den Anstrengungen des Risikomanagements auseinandersetzt, befasst sich ISO/IEC 31010 [14] mit der Praxis. Dadurch stellt ISO/IEC 31010 auch Techniken zur Verfügung, die in ISO/IEC 27005 keine Berücksichtigung finden, da es auch hier eher um die theoretischen Überlegungen geht.

Die in diesem Standard vorgestellten Methoden sind nicht zertifizierungsrelevant. Sie liefern auch keine scharfe Aussage dazu, ob eine der beschriebenen Methoden für eine bestimmte Situation unumgänglich ist. Von daher ist ISO/IEC 31010 als Ideengeber zu verstehen, um sich intensiver mit dem Thema Risiko-Assessment auseinanderzusetzen.	Übersicht
Die wichtigste Zielsetzung beim Risiko-Assessment ist es, Risiken verstehen und die potentiellen Auswirkungen auf die eigene Geschäftätigkeit einschätzen zu können. Hierzu gehört es auch, dieses Verständnis innerhalb des Unternehmens oder der Behörde richtig zu kommunizieren. Wir werden uns mit dem Thema Risikokommunikation in Kapitel 6 widmen.	
Der Weg dorthin beginnt mit der Risikoidentifikation und zwar ausgehend von den Zielen der Behörde oder des Unternehmens, nicht etwa mit der vorhandenen IT-Ausstattung – ein Fehler, der gerne gemacht wird. Schließlich geht es nicht darum einen Server abzusichern, sondern die Geschäftsprozesse, die durch diesen Server unterstützt werden.	Risikoidentifikation
Schon zu diesem Zeitpunkt muss jeweils die Frage nach Ursache und Wirkung eines bestimmten Risikos gestellt werden. Ohne diese Informationen besteht die Gefahr, dass der gesamte Risikomanagementprozess generisch wird. Es ist eine Sache, ob man einen Hackerangriff als Risiko erkennt und eine andere ob man weiß, welche Motive den Hacker leiten und welche Auswirkungen sein Angriff haben könnte. Beschäftigt man sich nur mit dem Risiko Hackerangriff als solches, dann driftet man vom	Ursache und Wirkung

eigentlichen Problem ab und beginnt damit, die IT-Ausstattung abzusichern, statt sich mit den Geschäftsprozessen auseinanderzusetzen.

Methoden ISO/IEC 31010 stellt hierfür unterschiedlichste Methoden zur Verfügung, die jeweils in der einen oder anderen Situation besonders gut geeignet sind. Wo, das hängt von Ihren Anforderungen ab. Wenn es darum geht, konzernweit vergleichbare Ergebnisse zu erhalten, werden Sie sicher nach Methoden Ausschau halten, die sehr strukturiert vorgehen und dazu geeignet sind belastbare Aussagen zu treffen. Wenn Sie besonders auf das Wissen von Experten zurückgreifen wollen, bieten sich teamorientierte Methoden und Expertenbefragungen an, oder sie möchten durch induktive Argumentation zu einer Einschätzung kommen.

Risikoanalyse Bei der Risikoanalyse unterscheidet der Standard drei grundsätzliche Gruppen: qualitative, semi-quantitative und quantitative Analysemethoden.

Qualitativ ⇒ Eine qualitative Analyse beurteilt Risiken meist in Kategorien wie *„gering"*, *„mittel"* und *„hoch"*. Sie eignen sich besonders zur schnellen Risikoanalyse oder dann, wenn sich Risiken in keine feiner abgestimmte Skala einordnen lassen.

Semiquantitativ ⇒ Semiquantitative Analysemethoden versuchen insbesondere die Auswirkungen und Wahrscheinlichkeiten in numerischen Skalen zu fassen, um das Risiko-Level formelbasiert zu beschreiben.

Quantitativ ⇒ Die quantitativen Methoden rechnen schließlich mit konkreten finanziellen Werten. Rein optisch die präziseste Vorgehensweise. Allerdings leidet der Aussagegehalt finanziell bewerteter Risiken unter der Unsicherheit zukünftiger Ereignisse, die sich selbst bei bester Datenbasis nicht vermeiden lässt. Diese Unsicherheit muss bei der Analyse berücksichtigt und bewertet werden.

Risikobewertung/ Priorisierung Die Risikobewertung/ Priorisierung baut auf diesen Erkenntnissen auf und versucht nun festzulegen, wie und ob ein Risiko durch bestimmte Sicherheitsmaßnahmen abgedeckt werden soll. Da Sicherheitsmaßnahmen in Behörden und Unternehmen im Allgemeinen mit anderen Projekten um begrenzte Ressourcen konkurrieren, geht es letzten Endes auch um die Festlegung einer

2.4 Die ISO 31000 Familie

Prioritätsreihenfolge. Ebenso gilt es zu bewerten, welche alternativen Handlungsmöglichkeiten man hat.

Die einfachste Art der Bewertung ist es, festzulegen, ob ein Risiko behandelt werden soll oder nicht: eine simple Ja-Nein-Entscheidung also. In vielen Fällen ist die Situation allerdings nicht so simpel. Dadurch haben sich Ansätze durchgesetzt, die einen Graubereich definieren, in dem die Ja-Nein-Grenze durch die Definition von Prioritäten flexibel verschoben werden kann. Dieser Ansatz findet sich beispielsweise im ALARP[8]-Prinzip (siehe Abschnitt 5.21) wieder, dessen Ziel es ist, die Vorgehensweise auszuwählen, bei der Risiken so weit reduziert werden, wie das vernünftigerweise praktikabel ist.

Ein Interessanter Aspekt von ISO/IEC 31010 ist die Berücksichtigung von Lebenszyklusphasen – eine Parallele zum IT-Grundschutz des BSI. Der ISO-Standard unterscheidet die drei Phasen Konzept und Definition, Realisierung bis hin zur Aussonderung. In jeder dieser Phasen können unterschiedliche Methoden des Risiko-Assessments nötig werden.

<small>Lebenszyklusphasen</small>

Ausgehend von diesen Grundüberlegungen werden mehrere Kriterien vorgestellt, die helfen sollen, die Frage zu beantworten, welche Methode in welcher Situation am besten passt. Beispielsweise stellt sich die Frage, ob die Ressourcen zur Durchführung einer Methode vorliegen. Die schönsten Methoden lassen sich nicht realisieren, wenn die benötigten Mittel fehlen. Sollte das kein Problem darstellen, gilt es zu wissen, wie groß die enthaltene Unsicherheit der Bewertung ist und so weiter.

<small>Welche Methode passt?</small>

ISO/IEC 31010 unterscheidet dazu mehrere Methodentypen und ordnet sie in Anhang A in den Risiko-Assessmentprozess ein:

<small>ISO/IEC 31010 Anhang A</small>

⇒ Risikoidentifikation
⇒ Risikoabschätzung – Anteil Auswirkungen
⇒ Risikoabschätzung – Anteil Wahrscheinlichkeit
⇒ Risikoabschätzung – Anteil Risikolevel
⇒ Risikobewertung/ Priorisierung

Darüber hinaus werden die Methoden nach den folgenden Faktoren bewertet:

⇒ Komplexität des Betrachtungsobjekts und der Methode

---

[8] As low as reasonably practicable

⇒ Umfang der Unsicherheit bezüglich des Ergebnisses
⇒ Ressourcenbedarf
⇒ Qualitative oder Quantitative Methode

Abbildung 10: Mindmap der Techniken des Risiko-Assessments

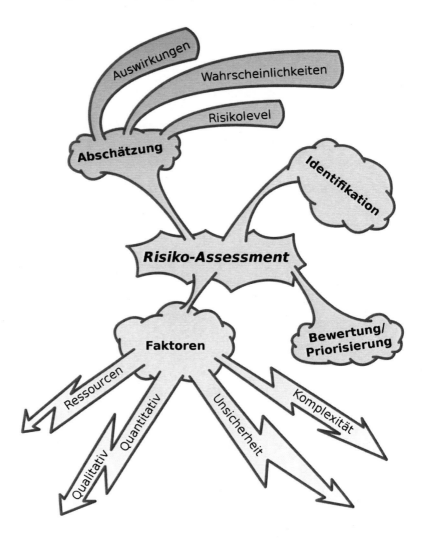

Wir werden in Kapitel 5 auf diese Typen und Faktoren zurückkommen. Da ISO/IEC 31010 jedoch nicht speziell auf Risiken in der Informationssicherheit ausgerichtet ist, muss diese Bewertung an die Belange eines Risikomanagements von Informationssicherheit angepasst werden. Manche Methoden werden daher in Kapitel 5 abweichend vom Standard bewertet und einige sind gänzlich zu verwerfen. In Abbildung 10 sehen Sie eine Mindmap über die

Möglichkeiten, mit denen man sich der Aufgabe des Risiko-Assessments stellen kann.

2.5 Die ISO/IEC 27000 Familie

Die bisher vorgestellten Standards zum Risikomanagement sind in Ihrer Ausrichtung nicht an einer bestimmten Fachrichtung des Risikomanagements ausgerichtet. Sie richten sich also gleichermaßen an Projekt- Finanz- oder Sicherheitsrisiken aus und sind daher auch nicht im vollen Umfang geeignet das Management von Informationssicherheitsrisiken zu unterstützen. Damit beschäftigen sich die spezialisierten Standards der ISO/IEC 27000 Familie, insbesondere der Standard ISO/IEC 27005. Verschaffen wir uns zunächst einen Überblick über die Familie.

Management von Informationssicherheitsrisiken

https://psi2.de/RM-Liste-des-SC27
(Liste der Security-Standards
des ISO/IEC Subcommittee 27)[9]

2.5.1 Familienübersicht

Der erste Schwung Standards, den wir kurz betrachten wollen beschäftigt sich mit Information Security Management und dem dazugehörigen ISMS (Information Security Management System). Sie bilden in gewisser Weise einen Kern von Publikationen, an denen man kaum vorbeikommt:

Information Security Management

ISO/IEC 27000 (Overview and vocabulary) liefert einen allgemeinen Überblick und klärt einige wichtige Begriffe. Da man im Grunde auch ohne ihn auskommt, war der Standard eine ganze Zeit lang kostenlos zu haben, was sich aber mittlerweile geändert hat.

27000

ISO/IEC 27001 (Requirements) liefert dann die konkreteren Regelungen, wie ein ISMS auszusehen hat. Nach den Anforderun-

27001

---

[9] Zur Bedeutung des grafischen Codes rechts neben dem Hinweis auf eine Webseite siehe Erklärung zu QR-Codes auf Seite 9.

gen dieses Standards kann man ein ISMS bei Bedarf zertifizieren lassen.

27002 — In ISO/IEC 27002 (Code of practice) wird es dann endgültig konkret. In den Schritten *Control*, *Implementation Guidance* und *Other Information* werden hier alle für ein ISMS wichtigen Maßnahmen detailliert beschrieben.

27003 — ISO/IEC 27003 (Implementation guidance) befasst sich mit der Frage, welchen Weg man am besten einschlagen sollte, wenn man ein ISMS einführen möchte. Die bisher genannten Standards listen einfach auf, während 27003 sich auch mit der richtigen Reihenfolge und der Erstellung eines konkreten Projektplans auseinandersetzt.

27004 — ISO/IEC 27004 (Measurement) widmet sich einem Problem, vor dem man steht, wenn man schon einen großen Teil des Weges hinter sich hat. Wie stellt man fest, wo man mit einem bereits implementierten ISMS steht? Nach welchem Maß kann man Informationssicherheit messen.

27005 — ISO/IEC 27005 (Information security risk management) präzisiert, was in ISO/IEC 27002 noch auf eineinhalb Seiten abgehakt wurde. Das trifft übrigens für viele der weiteren Standards zu. Sie dienen meistens der Vertiefung eines bereits angesprochenen Themas.

Auditing und Zertifizierung — **Der zweite Schwung Standards** dreht sich um das Thema Auditing und Zertifizierung. Im Fokus steht also der Qualitätssicherungsgedanke für das ISMS durch Auditoren:

27006 — ISO/IEC 27006 (Requirements for bodies providing audit and certification) wird die meisten von Ihnen nicht betreffen. Es sei denn, sie möchten wissen, welchen Anforderungen Organisationen genügen müssen, die Audits und Zertifizierungen anbieten wollen, oder Sie gehören selbst einer solchen Organisation an.

27007 — Das gilt auch für ISO/IEC CD 27007 (Guidelines for auditing). Der Standard ist zwar noch nicht über das Entwurfsstadium hinaus, er wird aber schon bald die Richtschnur für Auditoren sein. Damit ist der Standard auch für jene interessant, die sich auf eine Zertifizierung vorbereiten wollen.

Ein Fehler, der bei Zertifizierungen immer wieder gerne gemacht wird, ist es, sich nur mit den Anforderungen an ein ISMS auseinanderzusetzen und darüber zu vergessen, nach welchem System der Auditor bei der Prüfung vorgeht. Studenten, die sich ausschließlich mit den Vorlesungen auseinandersetzen und die Musterklausuren links liegen lassen, machen denselben Fehler und landen nicht selten auf der Nase. Wichtig ist nicht, was im Buch steht, sondern das, wonach in der Klausur gefragt wird.

Auch ISO/IEC WD 27008 (Guidance for auditors on ISMS controls) befindet sich noch im Entwurfsstadium und befasst sich mit den Tätigkeiten eines Auditors mit dem Schwerpunkt auf der Überprüfung von Controls. — 27008

Im dritten Schwung Standards folgt nun eine ganze Reihe von Dokumenten, die sich weiteren Themen widmen. Dies können – wie bei ISO/IEC 27003 – ziemlich gut abgrenzbare Bereiche sein, aber auch – wie bei ISO/IEC 270035 – Präzisierungen zu Abschnitten aus ISO/IEC 27002: — Weitere Standards

ISO/IEC NP 27010 (Information security management for inter-sector and inter-organizational communications). Aufgrund des sehr frühen Entwurfsstadiums lässt sich noch nicht sagen, was genau uns der Standard liefern wird. Der Schwerpunkt wird jedoch darauf liegen, verschiedene ISMS innerhalb einer Organisation miteinander zu synchronisieren und aufeinander abzustimmen. Es handelt sich also um einen Standard, der mit zunehmender Verbreitung von Managementsystemen nach ISO/IEC 27001 an Bedeutung gewinnen wird. — 27010

Besonders auf Telekommunikationsunternehmen zugeschnitten ist ISO/IEC 27011 (Guidelines for telecommunications organizations based on ISO/IEC 27002). Es handelt sich um angepasste Grundanforderungen an Vertraulichkeit, Integrität und Verfügbarkeit. — 27011

ISO/IEC FCD 27031 (Guidelines for ICT readiness for business continuity) befasst sich mit dem Thema Business Continuity Management, das in ISO/IEC 27001 und 27002 nur relative kurz angeschnitten wird. Unter dem Begriff ICT Readiness for Business Continuity (IRBC) wird dazu ein zusätzliches Framework aus Prozessen und Methoden eingeführt. — 27031

ISO/IEC CD 27032 (Guidelines for cybersecurity) befasst sich mit einem Begriff, der an sich schon schwer genug zu fassen ist: Cybersecurity. Der Committee Draft drückt es so aus: *„Cybersecurity befasst sich mit der Sicherheit im Cyberspace"*. Das Hilft nicht wirklich weiter – hier wird ein schwammiger Begriff mit einem noch schwammigeren erklärt. Die voraussichtlich behandelten Themen machen es griffiger. Es geht um Web 2.0 Anwendungen, Software as a Service, Blogging, Instant Massaging oder interkulturelle und damit grenz- und rechtsübergreifende Zusammenar- — 27032 beit im Web. Klar ist jedenfalls jetzt schon, dass der Begriff Cybersecurity nicht mit Internetsicherheit, Informationssicherheit oder dem Schutz Kritischer Infrastrukturen gleichgesetzt werden soll.

27033 Einen zusammenhängenden Block aus aktuell vier Teilstandards bilden die Standards ISO/IEC 27033-1 bis 27033-4 (Network security). Teil 1 (Overview and concepts) führt in die Tätigkeiten zur Netzwerksicherheit ein und liefert einen Überblick zum Thema. Gleichzeitig ist das der einzige Teil, der bei Erstellung dieses Buchs über das Entwurfsstadium hinausgekommen ist, wobei Teil 2 und Teil 4 die Standards ISO/IEC 18028-2 und ISO/IEC 18028-3 ablösen. Teil 2 (Guidelines for the design and implementation of network security) enthält konkrete Handlungsanweisungen zu Design und Einführung von Maßnahmen zur End-to-End-Netzwerksicherheit und Teil 3 (Reference networking scenarios) eine Reihe von Referenzszenarien mit typischen Bedrohungen, Risiken und Maßnahmen. Teil 4 (Securing communications between networks using security gateways) schließt hier nahtlos an Teil 3 an, nur mit einem speziellen Fokus auf Sicherheitsgateways.

27034 Einen weiteren Block aus mehreren Teilstandards bilden die Teile 1 bis 5 von ISO/IEC 27034 (Application security). In diesem Fall befinden sich alle Teile noch im Entwurfsstadium. Teil 1 (Overview and concepts) gibt einen Überblick über die Aspekte der Anwendungssicherheit. Die Teile 2 (Organization normative framework), 3 (Application security management process), 4 (Application security validation) und 5 (Protocols and application security controls data structure) führen schließlich einen umfangreichen Managementprozess zur Anwendungssicherheit ein. Dabei geht es jedoch explizit nicht darum, Anwendungsentwicklung als solche zu beschreiben. Die Reihe zielt besonders auf die Beschreibung eines Prozesses zur Entwicklung von Sicherheitsfunktionen innerhalb einer Anwendung. Dazu gehören: Spezifikation, Design, Entwicklung, Test, Einführung und Wartung.

27035 ISO/IEC CD 27035 (Information security incident management) soll ISO TR 18044 zu einem vollwertigen internationalen Standard werden lassen. Er beschreibt einen Managementprozess für Vorfälle in der Informationssicherheit, mit dem Ziel schnell, koordiniert und effektiv auf Sicherheitsvorfälle zu reagieren.

ISO/IEC NP 27036 (Guidelines for security of outsourcing) beschreibt nicht nur das Outsourcing von Informations- und Kommunikationstechnik, sondern auch die Sicherheitsaspekte, die beim Outsourcing anderer Geschäftsprozesse zu beachten sind.

27036

ISO/IEC NP 27037 (Guidelines for identification, collection and/or acquisition and preservation of digital evidence) befasst sich mit Forensik. Im Mittelpunkt steht dabei die Integrität von elektronischen Beweisen von der Beweissicherung über Aufbewahrung und Transport bis hin zu deren Auswertung.

27037

ISO/IEC NP 27038 (Specification for Digital Redaction) ist bei der Erstellung des Buchs noch so frisch, dass bisher keine weiteren Informationen in Erfahrung zu bringen waren.

27038

2.5.2 Weitere Security-Standards

Wie in jeder Familie, über die es sich lohnt ein Buch zu schreiben, gibt es auch in der ISO/IEC 27000 Familie Geschwister, die verschwiegen werden oder nicht bekannt sind. Neben den auf der Webseite veröffentlichten Standards, die wir im letzten Abschnitt kennen gelernt haben, gibt und gab es noch einige andere Pläne, die Reihe um zusätzliche Standards zu ergänzen. Entweder durch die Eingliederung eines bereits bestehenden Standards oder durch einen komplett neuen Entwurf. Die Familie ist ständig in Bewegung. Ein regelmäßiger Blick auf die Übersicht der Standards lohnt sich also in jedem Fall.

Verschwiegene Geschwister

Eines jedenfalls sollte nach dieser Auflistung klar sein: Wer bei ISO/IEC 27000 einsteigt, dem wird für eine lange Zeit nicht langweilig werden.

Wer dann immer noch Informationsbedarf hat, der kann sich mit weiteren Security Standards beschäftigen, die nicht in der Hoheit des Subcommittee 27 liegen. Diese sollen hier jedoch nicht Gegenstand der Betrachtung sein.

Entfernte Verwandte

2.6 Abgrenzung zum BSI IT-Grundschutz

„ISO 27001 auf der Basis von IT-Grundschutz" – so heißt die offizielle Formel des Bundesamts für Sicherheit in der Informationstechnik, mit der zum Ausdruck gebracht werden soll, dass das BSI eine

Akkreditierung durch die ISO nicht nötig hat. Auf der Webseite des BSI heißt es dazu:

> *„Das BSI ist als nationale Sicherheitsbehörde auf Gesetzesgrundlage zur Erteilung von Sicherheitszertifikaten für informationstechnische Systeme oder Komponenten ermächtigt (§9 BSIG , 14. August 2009). Im Gegensatz zu privatwirtschaftlichen Organisationen, ist daher eine Akkreditierung als Zertifizierungsstelle nicht angezeigt."*

Nationaler Alleingang

Damit entzieht sich das BSI der Kontrolle durch die ISO und macht sein ganz eigenes Ding. Ob ein BSI-Zertifikat von internationalen Geschäftspartnern anerkannt wird oder nicht, bleibt deren Wohlwollen anheimgestellt – ein typisch deutscher Alleingang. Darüber hinaus ist das BSI überzeugt, dass die IT-Grundschutz-Vorgehensweise zusammen mit den IT-Grundschutz-Katalogen und dessen Empfehlungen von Standard-Sicherheitsmaßnahmen inzwischen einen De-Facto-Standard für IT-Sicherheit darstelle. Für Deutschland kann man dieser Aussage zustimmen, international jedoch nicht.

Fehlende Synchronisation

Was bedeutet das konkret? Die Verweigerungshaltung des BSI sich einer Akkreditierung durch die ISO zu stellen kann für Sie im schlimmsten Fall bedeuten, dass Sie für einen internationalen Geschäftspartner ein Zertifikat einer akkreditierten Prüfstelle bereithalten müssen und von der deutschen Behörde mit der sie zusammenarbeiten nach IT-Grundschutz gefragt wird. Auf der BSI Webseite heißt es weiter:

> *„Die Integration von ISO 27001, der aus der BS 7799-2 hervorgegangen ist, macht diese ISO 27001-Zertifizierung auf der Basis von IT-Grundschutz besonders für eine international tätige Institution interessant."*

Unnötige Verunsicherung

Richtig! Da wäre es natürlich schön, wenn das Zertifikat auch eine internationale Anerkennung durch den Herausgeber der internationalen Standards genießen würde! Ohne diese unnötige Verunsi-

2.6 Abgrenzung zum BSI IT-Grundschutz

cherung der Verbraucher durch das BSI könnte die Anzahl erteilter Zertifikate bereits deutlich größer sein.

Wer in dieser Frage argumentiert, IT-Grundschutz sei umfangreicher und schwerer, der reduziert die ISO 27000 Familie auf ISO/IEC 27001. Dieser Standard wird vom BSI im BSI-Standard 100-1 *„Managementsysteme für Informationssicherheit"* umgesetzt. Die IT-Grundschutz-Vorgehensweise ist schließlich die Empfehlung zur Umsetzung. BSI-Standard 100-3 *„Risikoanalyse auf der Basis von IT-Grundschutz"* ist dann das Gegenstück zu ISO/IEC 27005. Bisher findet sich der Risikomanagementprozess aus ISO/IEC 27005 darin jedoch nicht wieder.

<small>Wer hat die härtere Norm</small>

Einzig die Grundschutzkataloge (vergleichbar mit den Controls) sind sehr umfangreich. Der Management Prozess, der durch die ISO 27000 Familie eingeführt werden soll, tritt so allerdings in den Hintergrund. Im Vordergrund steht die Dokumentation und Verwaltung von Sicherheitsmaßnahmen. Aktuell umfasst das Grundwerk der IT-Grundschutz-Kataloge immerhin 4150 Seiten.

<small>IT-Grundschutz-Kataloge</small>

Kritiker meinen BSI-Standard 100-3 hinke damit hinterher. Auf nur 23 Seiten findet man rund 10 Seiten Text. Der Rest wird von Beispielen und halbleeren Seiten verbraucht. Auf diesen wenigen Seiten wird eine Vorgehensweise beschrieben, mit der man eine Risikoanalyse durchführen kann, wenn man nach BSI IT-Grundschutz arbeitet. Im Grunde geht es darum, ausgehend von vorhandenen Gefährdungen zusätzliche Gefährdungen und Maßnahmen zu entwickeln. ISO/IEC 27005 geht hier deutlich weiter und etabliert ein Risikomanagementsystem für Informationssicherheit. Dazu gehören insbesondere die Prozessbestandteile Risikokommunikation und Risokoüberwachung und -überprüfung, die im BSI-Standard zu kurz kommen.

<small>Fehlende Substanz</small>

Diese kritischen Stimmen klingen ziemlich negativ und Freunde des BSI IT-Grundschutzes werden in einigen Punkten wiedersprechen. Mit den Worten des Berliner Bürgermeisters: *„Und das ist auch gut so!"* Der BSI IT-Grundschutz ist eine tolle Sache. Die Entwicklung und Aktualisierung der Grundschutzkataloge war und ist eine große Leistung. Das gilt insbesondere vor dem Hintergrund, dass die Standards ebenso wie die Kataloge weitestgehend aus Steuergeldern finanziert werden und kostenlos zur Verfügung stehen. Umso schöner wäre es, wenn es in Deutschland gelänge, die beiden Konkurrenzprodukte – was sie de

<small>Alles schlecht?</small>

facto sind – auf einer Ebene miteinander zu verbinden, die auch international Bestand hat.

Quo vadem? Bis dahin kann man international agierenden Unternehmen nur zu einer ISO-akkreditierten Zertifizierung raten. Dem steht natürlich nicht entgegen, die Gefährdungen und Maßnahmen aus den IT-Grundschutz-Katalogen zu verwenden. Ein Weg, der beispielsweise von den Entwicklern des Risikomanagement Frameworks chaRMe verfolgt wird, das wir im Anhang auf Seite 206 mit einem Steckbrief vorstellen.

Symbiose Wie man die beiden Standards ISO/IEC 27005 und BSI-Standard 100-3 miteinander verbinden kann, werden wir in Kapitel 4 ausführlich betrachten.

2.7 Was ist Risikomanagement?

Kommen wir zurück zu einer der zentralen Frage dieses Buchs. Bereits ISO/IEC 27002 [8] äußert sich an mehreren Stellen dazu, was Information Security Risk Management sein soll und wie es sich als Bestandteil eines ISMS ins Security-Puzzle einfügt. Bei der Definition des Begriffs wird hier – wie auch in den anderen Standards – der ISO Guide 73 [10] zitiert.

> *ISO Guide 73*
> *Definition 2.1*
> *Risikomanagement:* *Koordinierte Aktivitäten zur Steuerung und Kontrolle einer Organisation unter Berücksichtigung von Risiken.*

Diese Definition liefert noch keinen wirklichen Mehrwert, sollten doch alle Aktivitäten einer Organisation koordiniert sein und Risiken berücksichtigen. Möchte man wissen, was eine Aussage wirklich bedeutet – besonders für die eigene Situation – kann man sie neu formulieren und ins Gegenteil umkehren. Wir wollen in diesem Fall das Adjektiv und den Nachsatz ins Gegenteil verkehren.[10]

---

[10] Diese Technik funktioniert nicht immer. Oft erleichtert sie jedoch das Verständnis. Es geht dabei nicht um eine aussagenlogische Verneinung, sondern um eine Kreativitätstechnik.

2.7 Was ist Risikomanagement?

> *Umkehrung von Risikomanagement:* Unkoordinierte Aktivitäten zur Steuerung und Kontrolle einer Organisation ohne Berücksichtigung von Risiken.

Damit kommen wir der Sache schon näher. Wenn man es so formuliert, sieht man vor dem inneren Auge plötzlich planlose Manager, die ohne viel nachzudenken entscheiden, alle Unternehmensdaten von den verschlüsselten und sicheren Servern des Unternehmens in die ominöse Cloud zu transferieren, weil sie in einem Prospekt gelesen haben, dass man nur so als Unternehmen im 21. Jahrhundert bestehen könne.

Planlose Manager

Risikomanagement bedeutet also eine Organisation zu steuern und zu kontrollieren, und das am besten koordiniert und unter besonderer Berücksichtigung von Risiken. Im Grunde ist Risikomanagement damit nichts anderes als ganz normales Management – einzig der Fokus wird in besonderem Maße auf Risiken gelegt.

Der zitierte ISO Guide 73 befasst sich nicht mit einer speziellen Form des Risikomanagements. Er gilt ebenso für das Management von Finanzmarktrisiken. In der ISO/IEC 27000 Familie liegt der Schwerpunkt schließlich auf Risiken, die die Informationssicherheit betreffen.

Als Informationssicherheitsrisiko wird das Potential bezeichnet, dass eine Bedrohung ausgenutzt werden kann und der Organisation so Schaden zugefügt wird. Die Bedrohung wirkt dabei auf die Schwachstellen eines Assets oder Werts. Das Risiko wird dann als Kombination aus der Wahrscheinlichkeit eines Ereignisses und dessen Konsequenzen betrachtet. Schauen wir uns die Begriffe Bedrohung und Schwachstelle im Folgenden etwas genauer an.

Informationssicherheitsrisiko

2.7.1 Typische Bedrohungen der Informationssicherheit

ISO/IEC 27005 beschäftigt sich in Annex C in zwei Tabellen mit Beispielen für typische Bedrohungen der Informationssicherheit. Tabelle 1 befasst sich mit typischen Bedrohungsarten und Tabelle 2 mit dem Mensch als Quelle von Bedrohungen. Nicht nur hier, sondern auch in vielen anderen Fällen, in denen Beispiele von Bedrohungen aufgezählt werden, wird ein Fehler wiederholt, der fast schon Tradition zu haben scheint: Zwar ist sich alle Welt mehr

Der Fehler mit der Reihenfolge

oder weniger einig, dass der Mensch Risikofaktor Nummer eins ist, er taucht in der Betrachtung aber nie als erstes auf. Hier, wie auch im IT-Grundschutz des BSI steht die höhere Gewalt an erster Stelle.

Höhere Gewalt? Da brennt erst alles nieder, bevor es überflutet wird und anschließend von einem Erdbeben dem Erdboden gleich gemacht wird. Da fallen Flugzeuge vom Himmel, Klimaschwankungen lassen die Server ausfallen und sogar Vulkane brechen aus. Sogar Atomschläge werden aufgeführt, bevor der Blick auf den Menschen fällt. Selbst der Hinweis darauf, dass sich aus der Reihenfolge keine Prioritäten ableiten lassen, macht die Sache nicht besser – alphabetisch wird nämlich auch nicht sortiert.

Vergessen Sie höhere Gewalt! In diesem Buch wollen wir diese Reihenfolge bewusst durchbrechen und bei Risikofaktor Nummer eins beginnen und Tabelle 2 aus Annex C an den Anfang stellen, die sich mit dem Mensch als Risikoquelle befasst.

Vergessen Sie Terroristen! Und auch in dieser Tabelle wollen wir zunächst die von ISO/IEC 27005 vorgeschlagene Reihenfolge auf den Kopf stellen: Hacker, Kriminelle oder gar Terroristen stehen als Bedrohungsquelle nun mal nicht vor dem Innentäter. Unter dem Begriff „Insiders" führt Annex C die folgenden Arten von Innentätern als letzten Punkt auf:

⇒ Schlecht ausgebildete,
⇒ verärgerte,
⇒ böswillige,
⇒ fahrlässige,
⇒ unehrliche oder
⇒ gerade gekündigte Mitarbeiter.

Mit diesem Punkt sollte man sich zuallererst auseinandersetzen, bevor man sich um Vulkanausbrüche und Co. Gedanken macht. Selbst dann, wenn man ein Rechenzentrum am Fuße des Vesuvs betreibt.

Risikofaktor Nummer eins Wenn Sie sich durch den Kauf von ISO/IEC 27005 wichtige Erkenntnisse auf der Suche nach typischen Bedrohungen erhoffen, dann werden Sie aller Voraussicht nach enttäuscht. Wenn man von typischen Bedrohungen sprechen will, kann man das ohnehin nur in Bezug auf eine bestimmte Branche, eine bestimmte Region oder sonst einen weiteren Parameter tun. Nur so werden abstrakte Bedrohungen zu typischen Bedrohungen. Die einzige typische

2.7 Was ist Risikomanagement?

Bedrohung, die es branchenübergreifend und ohne weitere Parameter gibt, ist der Mensch.

Und der Mensch ist auch die Bedrohung, die man selten mit Standardmaßnahmen in den Griff bekommt. Von diesem Blickwinkel aus kann man die Reihenfolge im Standard fast schon als konsequent bezeichnen: Das Schwerste kommt zuletzt!

Das Schwerste kommt zuletzt

Nachdem wir uns das klar gemacht haben, können wir nun einen Blick auf die aufgeführten Bedrohungsarten aus Tabelle 1 in der Originalreihenfolge werfen:

Tabelle 1

⇒ Physikalische Schäden
⇒ Naturereignisse
⇒ Verlust von wichtigen Services
⇒ Behinderung durch Strahlung
⇒ Bloßstellung von Informationen
⇒ Technisches Versagen
⇒ Unerlaubte Handlungen
⇒ Gefährdung von oder durch erlaubte Funktionen

Tabelle 2 gliedert danach die Bedrohungsquelle Mensch in unterschiedliche Arten und befasst sich mit den möglichen Motiven:

Tabelle 2

⇒ Hacker, Cracker
   o Motive: Herausforderung, Selbstwertgefühl, Rebellion, Status, Geld
⇒ Computerkriminelle
   o Motive: Zerstörung, Änderung und Bloßstellung von Informationen, Geld
⇒ Terroristen
   o Motive: Erpressung, Zerstörung, Rache, politische Ziele, Medieninteresse
⇒ Industriespionage
   o Motive: Wettbewerbsvorteile, Spionage
⇒ Innentäter
   o Motive: Neugierde, Selbstwertgefühl, Spionage, Geld, Rache, unbeabsichtigte Fehler und Handlungen

Zusammenfassend lässt sich sagen, dass Annex C kaum zusätzliche Erkenntnisse liefert, die man nicht auch mit einer halben Stunde Brainstorming hinbekommen hätte – ein klarer Schwach-

Fazit

punkt im Standard. Gerade hier könnte die ISO mit konkreteren Aussagen trumpfen.

2.7.2 Typische Schwachstellen der Informationssicherheit

Schwachstellen sind greifbarer

Nachdem Annex C eher enttäuscht, befasst sich Annex D schließlich mit Beispielen für typische Schwachstellen der Informationssicherheit. Soviel vorweg: Annex D ist besser gelungen. Das mag zunächst damit zusammenhängen, dass Schwachstellen besser greifbar sind als Bedrohungen, denn Bedrohungen wirken immer ein wenig an den Haaren herbeigezogen.

Annex D unterscheidet die folgenden Arten:

- ⇒ Hardware
- ⇒ Software
- ⇒ Netzwerk
- ⇒ Personal
- ⇒ Standort
- ⇒ Organisation

Und wieder die Reihenfolge

Auch hier muss die Reihenfolge kritisch kommentiert werden. In einem Standard, dessen Überschrift Information Security Risk MANAGEMENT heißt, muss das Thema Organisation als erstes auftauchen und nicht zuletzt.

Die Gewichtung stimmt

Insgesamt listet der Standard hier über achtzig Schwachstellen auf, die von einer Bedrohung ausgenutzt werden können. Gut ein Drittel davon sind organisatorische Schwachstellen. Zumindest in dieser Gewichtung liegt der Standard richtig. Insgesamt wird dem Risikofaktor Mensch mehr Gewicht gegeben. So tauchen unter der Überschrift Software nicht nur Software-Schwachstellen auf. Unklare oder unvollständige Spezifikationen an die Softwareentwickler werden hier ebenso aufgeführt, wie unvollständige Dokumentation oder zu komplizierte User Interfaces. Auch unter der Überschrift Hardware werden eigentlich organisatorische Schwachstellen aufgeführt, wie zum Beispiel eine mangelhafte Kontrolle von Konfigurationsänderungen oder unzureichende Wartungszyklen. Feuer und Vulkanausbrüche spielen an dieser Stelle zumindest keine Rolle mehr.

2.7.3 Ursache und Wirkung

An dieser Stelle lohnt sich ein Blick auf die Unterscheidung zwischen Ursachen- und Wirkungsszenarien. Eigentlich eine Betrachtung die zum Thema Notfallplanung gehört, allerdings einen direkten Bezug zu Bedrohungen und Schwachstellen hat.

Bei Ursachenszenarien geht es darum, Notfallmaßnahmen zu planen, die auf Bedrohungen und Schwachstellen aufbauen. Die Generierung von Szenarien stützt sich dabei auf das Schadensereignis als solches, also beispielsweise den Brand im Rechenzentrum, ausgelöst durch die Zigarette im Papiermüll. Ursachenszenarien

Wirkungsszenarien überspringen diese Verknüpfung. Sie befassen sich mit den Folgen des Ereignisses und nicht mit dessen Ursache. Im Zentrum der Betrachtung stehen das nicht verfügbare Rechenzentrum und die Auswirkungen die das mit sich bringt – Überflutung, Brand oder Stromausfall – das ist dabei eher nebensächlich. Wenn man sich im Risikomanagement allerdings auf die kritischen Geschäftsprozesse stützt, ist es unerheblich, warum ein Geschäftsprozess nicht mehr funktioniert. Wichtig ist, wie er wieder in Gang kommt. Nur über diese Rückkopplung über den Geschäftsprozess kann die Frage beantwortet werden, ob eine Schwachstelle behoben werden muss oder nicht. Eine Bedrohung oder Schwachstelle, die keine wichtigen Geschäftsprozesse betrifft ist aus diesem Blickwinkel ganz anders zu behandeln, wie eine, an der gerade der wichtigste Prozess hängt. Wirkungsszenarien

Dabei die Ursache eines Ausfalls im Rechenzentrum zunächst außen vor zu lassen, ist in gewisser Weise eine Komplexitätsreduktion. Es lässt sich deutlich leichter abschätzen, wie oft ein Rechenzentrum überhaupt ausfällt (Wirkungsszenario), als sich im konkreten Fall ermitteln lässt, wie oft das durch eine Überschwemmung oder einen Hackerangriff geschieht. Komplexitätsreduktion

> **ISO/IEC 27005**
> **Annex E.1 High-Level Information Security Risk Assessment**
> Als Faustregel kann man sagen:
> Wenn der Mangel an Informationssicherheit zu signifikant negativen Konsequenzen für eine Organisation, ihre Geschäftsprozesse oder Werte führen kann, dann ist eine detailliertere zweite Iteration des Risiko-Assessments nötig, um potentielle Risiken zu identifizieren.

Auch aus Sicht der Erläuterungen aus ISO/IEC 27005 Annex E scheint es angebracht, zunächst von Wirkungsszenarien auszugehen und sich in erster Linie auf die Geschäftsprozesse zu konzentrieren. Welche Bedrohungen und Schwachstellen zu den resultierenden Wirkungen führen, ist dann eine Frage, die in einer weiteren Iteration des Risiko-Assessments oder bei der Auswahl der richtigen Risikobehandlung zu beantworten ist:

Abbildung 11:
Iteration des Assessments (nach [5])

Im nächsten Schritt geht es um die Entscheidung, ob ein vorhandenes Risiko – also die Kombination aus Wahrscheinlichkeit eines Ereignisses und dessen Konsequenzen – reduziert, übernommen, vermindert oder transferiert werden soll und ob diese Risikobehandlung zufriedenstellend ist. Auch hier ist es sinnvoll, zunächst vom Geschäftsprozess auszugehen und bei Bedarf einen oder mehrere Iterationsschritte einzufügen:

Abbildung 12:
Iteration der Risikobehandlung (nach [5])

Wir werden diese Überlegungen in Kapitel 3 ausführlich behandeln und in den Gesamtkontext des Risikomanagementprozesses stellen.

2.7 Was ist Risikomanagement?

2.7.4 SANS Risikoliste

Nach diesen Überlegungen bleibt die unbefriedigende Erkenntnis, dass ISO/IEC 27005 zwar brauchbare Aussagen dazu macht, wie ein Risikomanagementprozess aussehen sollte. Es fehlt jedoch eine Aussage dazu, wie die Risiken konkret aussehen können, die dort verarbeitet werden. Im Rahmen dieses Grundlagenkapitels wollen wir eine recht brauchbare Quelle betrachten, die seit einigen Jahren versucht, genau diese Lücke zu schließen: die Risikolisten des SANS-Instituts. Leider befassen sich die Listen hauptsächlich mit technischen Risiken. Die Datenbasis, auf die sich das Institut dabei stützt ist jedoch so valide und umfangreich, dass sie in diesem Bereich einmalig ist. TippingPoint liefert hierzu Intrusion Prevention Daten von mehr als 6000 Unternehmen und Behörden und Qualys die Daten zu Schwachstellen und Konfigurationsfehlern in mehr als 9 Millionen Systemen [16].

https://psi2.de/RM-SANS-Webseite
(Webseite des SANS-Instituts)

Das SANS-Institut ist nach eigenen Angaben der weltweit größte Anbieter von Trainings und Zertifikaten zur Informationssicherheit. Darüber hinaus stellt es umfangreiche Forschungsergebnisse kostenlos zur Verfügung und betreibt das Internet Storm Center.

Das SANS-Institut

Seit 2001 stellt SANS eine Liste mit den Top 20 Problemen, Bedrohungen und Risiken der Internetsicherheit zur Verfügung [17]. Im Jahr 2008 wurde die Liste in die Top 10 der Bedrohungen der Cyber-Security umbenannt [18]. Seit 2009 schließlich heißt sie „The Top Cyber Security Risks" [16].

Top Risiken

https://psi2.de/RM-SANS-Risiko-Liste
(SANS: „The Top Cyber Security Risks")[11]

---

[11] Die Liste ist leider neben dem englischen Original nur noch in einer portugiesischen Übersetzung erhältlich.

Top Risiken (2009)	Zwei Risiken sind laut SANS-Institut besonders hervorzuheben, auch wenn Unternehmen und Behörden sie nicht in den Griff zu bekommen scheinen:
Priorität 1	Größtes Problem bei den technischen Risiken stellt ungepatchte Anwendungssoftware da. Programme wie Adobe PDF Reader, QuickTime, Adobe Flash oder Office-Anwendungen bilden so den Haupt-Angriffsvektor auf Computer mit Internetzugang. In den meisten Fällen werden diese Schwachstellen über infizierte Webseiten ausgenutzt (siehe Priorität 2).
	Warum das funktioniert, hat allerdings gänzlich nichttechnische Gründe: Die Kombination aus ungepatchten Anwendungen und vertrauenswürdigen, aber infizierten Webseiten funktioniert nur über die Schnittstelle Mensch. Über Jahre hinweg wurde Anwendern gesagt, sie sollen Mails von unbekannten Quellen misstrauen. Niemand hat ihnen gesagt, dass sie Mails aus bekannten Quellen ebenso misstrauen sollen!
Priorität 2	An zweiter Stelle sieht das SANS-Institut ungepatchte Webserver. 60% der toolbasierten Angriffe im Internet versuchen Webserver anzugreifen. Das Ziel sind weniger die Webserver. Es geht in erster Linie darum, die Inhalte von vertrauenswürdigen Webseiten mit Schadsoftware zu infizieren, die gezielte Angriffe auf ungepatchte Anwendungssoftware ermöglicht.
	Ein Beispiel, wie gut das funktionieren kann, dokumentiert ein bekannt gewordener Fall der das News-Portal Timesunion.com betraf. Die auf der Webseite eingebundenen Comics des Dienstleisters King Features waren so präpariert, dass sie eine Schwachstelle in Adobe Reader und Acrobat 9.2 ausnutzten. Die Leser des News-Portals hatten keinerlei Veranlassung diesen Inhalten zu misstrauen.

https://psi2.de/RM-Comic-Vorfall
(Blog-Beitrag mit Links zu dem Vorfall)

Top Risiken (2008)	Die Top-10-Liste des Jahres 2008 befasste sich noch mit einem weiter gesteckten Fokus mit Risiken für die Informationssicherheit. Dies beinhaltete eine ausführliche Berücksichtigung des Risikofaktors Mensch. Bereits auf Platz 3 tauchte das Phishing auf, das die

Unachtsamkeit von Internetnutzern auszunutzen versucht und auf Platz 5 stehen die Gefahren durch Innentäter:

- ⇒ Steigende Anzahl von Angriffen auf vertrauenswürdige Webseiten, um Schwachstellen in Browsern anzugreifen
- ⇒ Professionellere und effektivere Botnets
- ⇒ Cyber-Spionage mittels Phishing durch gut ausgestattete Organisationen
- ⇒ Angriffe auf mobile Endgeräte
- ⇒ Innentäter
- ⇒ Identitätsdiebstahl
- ⇒ Spyware
- ⇒ Angriffe auf Web-Applikationen
- ⇒ Social Engineering Angriffe
- ⇒ Angriffe auf verwundbare Peripheriegeräte

Kombiniert man die Ergebnisse aus dem Jahr 2008 und 2009 bekommt man ein ziemlich gutes Bild von den aktuellen Risiken, denen die Informationssicherheit ausgesetzt ist. — Kombination (2008+2009)

2.8 ExAmple AG - Die Firma für die Fallbeispiele

Bereits in meinem Buch *„Konfliktmanagement für Sicherheitsprofis"* spielten die Fallbeispiele in der ExAmple AG. Schon dort werden die Vorteile eines Risikomanagementssystems aufgezeigt. Wenn man sich seiner Sache einigermaßen sicher ist, kann man sogar versuchen einen weiteren Schritt zu gehen und eine Zertifizierung anzustreben. Dieser Weg bietet eine Möglichkeit, sich die guten Leistungen im Team von externer Seite schwarz auf weiß bestätigen zu lassen. — Nicht zum ersten Mal

Die Zertifizierung von Organisationen bietet sich vor allem für abgegrenzte Teilbereiche im Unternehmen oder einer Behörde an, zum Beispiel für das Rechenzentrum oder einen wichtigen Geschäftsprozess. Aber auch in einem abgegrenzten Bereich ist der Weg von der Idee bis zum Zertifikat steinig und kann sich schnell bis zu einem Jahr oder darüber hinaus hinziehen.

In der ExAmple AG gibt es neben der Datenschutzbeauftragten Alice den IT-Sicherheitsbeauftragten Bob. Dave sorgt für die Sicherheit des Werksgeländes. Für das vorliegende Buch ist vor — Das Security-Team der ExAmple AG

allem Bobs Entscheidung interessant, sich eingehend mit der ISO/IEC 27000 Familie auseinander zu setzen.

https://psi2.de/RM-RFC2606
(example.com gemäß RFC 2606 Absatz 3.
Reserved Example Second Level Domain Names)

Die anderen Mitarbeiter

Die ExAmple AG ist ein Pharma-Unternehmen, das mit ganz normalen Sicherheitsproblemen zu kämpfen hat. Malory arbeitet im Vertrieb und verschickt regelmäßig per E-Mail diverse Spaß-Programme und unglaublich lustige Power-Point Präsentationen an die halbe Firma. Der Manager Ted verschickt gerne mal vertrauliche Dokumente über offene Kommunikationsverbindungen. Jeff aus der Forschungsabteilung öffnet so ziemlich jede SPAM-Mail, die er per Mail zugeschickt bekommt und der Forschungsleiter Damon will von Security ohnehin nichts wissen.

Fallbeispiel 1:
Bob geht einkaufen

Zuletzt war es dem IT-Sicherheitsbeauftragten Bob gelungen, den Vorstand davon zu überzeugen, dass es sich lohnen könnte, das Thema ISO 27000 genauer unter die Lupe zu nehmen. Bob hatte dazu ziemlich tief in die Trickkiste greifen müssen. Den letzten Ausschlag gaben jedoch die Zahlen, die Bob präsentiert hatte – finanzielle Argumente zählen bei jedem Chef (mehr dazu in Kapitel 7 – Wirtschaftlichkeitsbetrachtung). Seine Entscheidung lautet: „Wir machen ISO 27000!"

In drei Wochen will der Chef einen fertigen Projektplan. Ein Jahr nach Projektbeginn soll das aufgebaute ISMS zertifiziert werden. Bis dahin hat Bob nun alle Hände voll zu tun. Seine erste Aufgabe ist es, aus der ISO/IEC 27000 Familie die richtigen Standards auszuwählen, zu kaufen und auszuwerten.

Auf der ISO-Webseite ist er zunächst geschockt von den vielen Standards (siehe Aufstellung ab Seite 39). Was braucht man jetzt am nötigsten? Am allermeisten stören Ihn die Preise und die vielen Standards, die es noch gar nicht zu kaufen gibt. Will er alle

2.8 ExAmple AG - Die Firma für die Fallbeispiele

> verfügbaren Standards kaufen, muss er knapp 1600 CHF zahlen. Ein Teil davon wird sicher bald veraltet sein, weil die Neuentwürfe bereits vorliegen. Was also tun?
>
> Bob muss sich eine Tabelle machen und einen Überblick verschaffen[12]. <u>Unterstrichene</u> Standards befinden sich bereits in der Überarbeitung, <u><u>Doppelt unterstrichene</u></u> stehen kurz vor der Aktualisierung und ~~durchgestrichene~~ gibt es einfach noch nicht zu kaufen. Das Entwurfsstadium kann man jeweils an den genannten Kürzeln ablesen (CD, FCD, ...: vgl. Links auf Seite 27 und Seite 28).

Einkaufsliste

27000	(Overview and vocabulary)	CHF 98
<u>27001</u>	(Requirements)	CHF 130
<u>27002</u>	(Code of practice)	CHF 208
27003	(Implementation guidance)	CHF 168
27004	(Measurement)	CHF 158
<u>27005</u>	(Information security risk management)	CHF 158
27006	(Requirements for bodies providing audit and certification)	CHF 136
~~27007~~	CD (Guidelines for auditing)	n.v.
~~27008~~	WD (Guidance for auditors on ISMS controls)	n.v.
~~27010~~	NP (Information security management for inter-sector and inter-organizational communications)	n.v.
27011	(Guidelines for telecommunications organizations based on ISO/IEC 27002)	CHF 142
~~27031~~	FCD (Guidelines for ICT readiness for business continuity)	n.v.
~~27032~~	CD (Guidelines for cybersecurity)	n.v.
27033	(Network security)	
Teil 1	(Overview and concepts)	CHF 180
~~Teil 2~~	FCD (Guidelines for the design and implementation of network security) Vorgänger:	n.v. CHF 106
~~Teil 3~~	FCD (Reference networking scenarios)	n.v.
~~Teil 4~~	NP (Securing communications between networks using security gateways) Vorgänger:	n.v. CHF 106

---

[12] Stand: 20.06.2010 – Preise jeweils in Schweizer Franken bei Direktbezug über die ISO. Sie sollten für sich eine eigene Liste erstellen.

~~27034~~	*(Application security)*	
~~Teil 1~~	*FCD (Overview and concepts)*	*n.v.*
~~Teil 2~~	*NP (Organization normative framework)*	*n.v.*
~~Teil 3~~	*NP (Application security management process)*	*n.v.*
~~Teil 4~~	*NP (Application security validation)*	*n.v.*
~~Teil 5~~	*NP (Protocols and application security controls data structure)*	*n.v.*
~~27035~~	*CD (Information security incident management)*	*n.v.*
~~27036~~	*NP (Guidelines for security of outsourcing)*	*n.v.*
~~27037~~	*NP (Guidelines for identification, collection and/or acquisition and preservation of digital evidence)*	*n.v.*
~~27038~~	*NP (Specification for Digital Redaction)*	*n.v.*

Fortsetzung von Fallbeispiel 1

Bob ist die Liste der Standards durchgegangen und hat jetzt ein genaues Bild, welche Standards er zum Start benötigt. Von den Standards ≥ 27007 wurden bisher nur zwei veröffentlicht. 27011 passt nicht zur Pharmabranche und für 27033 und mögliche Vorgänger ist es aus seiner Sicht noch zu früh. Von den Standards ≤ 27006 interessieren Bob <u>27001</u>, <u>27002</u>, 27003 und <u>27005</u>. Denn allgemeinen Standard 27000 möchte er sich sparen. Zusammen kostet ihn das nur 664 CHF. Dass 27005 bald schon aktualisiert werden soll, ist ärgerlich aber nicht vermeidbar.

❖ ❖ ❖

Weitere Tipps zum Sparen und Hinweise zu weiteren Bezugsquellen für ISO-Standards finden Sie auf der Webseite zum Buch. Dorf finden Sie auch ein Anwenderforum und viele weitere Tipps:

http://psi2.de/Risikomanagement-das-Buch
(Webseite mit Anwenderforum zum Buch)

2.9 Die ISO/IEC 27000 Familie in kleinen Organisationen

Bei einem derartigen Umfang an Standards ist die Frage berechtigt, ab welcher Unternehmens- oder Behördengröße sich die Nutzung der ISO/IEC 27000 Familie lohnt. Die Reihe selbst sieht das wie folgt:

> ISO/IEC 27000
> **0.2 Die Familie der ISMS Standards**
> *"Die Familie der ISMS Standards ist dazu da, Organisationen aller Arten und Größen dabei zu unterstützen, ein ISMS zu implementieren und zu betreiben."*[13]
>
> ISO/IEC 27001
> **1.2 Anwendung**
> „Die in dieser Internationalen Norm festgelegten Anforderungen sind allgemeiner Natur und auf alle Organisationen anwendbar, unabhängig von Art, Größe und Beschaffenheit."

Die ISO hat die Standards also durchaus offen angelegt und fordert für ein sinnvolles ISMS nicht unbedingt eine Mindestgröße für ein Unternehmen. Das ist bei einem Prozessgesteuerten Ansatz durchaus sinnvoll. Selbst im kleinstmöglichen Unternehmen – also für einen Einzelunternehmer – kann sich die Verwendung der ISO/IEC 27000 Familie lohnen. Möglicherweise wird das ISMS nicht ganz so komplex ausfallen und sicher wird auch die Sicherheitsleitlinie kürzer sein, wie die von einem international agierenden Konzern. Der Grundgedanke ist jedoch der gleiche: Wie will das Unternehmen mir Informationssicherheitsrisiken umgehen. Je kleiner ein Unternehmen ist, desto existenzbedrohender können bereits kleinere Sicherheitsvorfälle sein. Wenn die Kinder auf dem Dorf die Kundendaten des ortsansässigen Steuerberaters ins Internet stellen, weil der sein WLAN nicht richtig abgesichert hat, kann das das Ende einer beruflichen Existenz sein. Wenn eine große Steuerprüfungsgesellschaft ebenso

Theoretisch auch für Einzelunternehmer

---

[13] Keine offizielle Übersetzung aus dem Englischen.

viele Datensätze verliert wird das zwar kein Zuckerschlecken, sicher aber auch nicht das Ende der Fahnenstange. Zum Beispiel:

Fallbeispiel 2:
Bobs Nebentätigkeit

Der IT-Sicherheitsbeauftragte Bob hat neben seinem Job bei der ExAmple AG ein kleines Gewerbe als Nebentätigkeit angemeldet. An Wochenenden und während seines Urlaubs betreut er die Server von kleinen Betrieben in der Gegend. Manchmal lässt er sich dabei von einem Freund aushelfen.

Natürlich musste sein Freund zuerst eine Verschwiegenheitsvereinbarung unterschreiben. Bob hat sich bei der Erstellung an ISO/IEC 27002 Abschnitt 6.1.5 orientiert:

"Maßnahme:
Anforderungen an Vertraulichkeits- und Verschwiegenheitsvereinbarungen (...) sollten identifiziert und regelmäßig überprüft werden.

Umsetzung:
(...) Die folgenden Punkte sollten berücksichtigt werden:
a) (...)
b) (...)"

Sie finden ein Beispiel für eine Vereinbarung, die den Anforderungen aus Abschnitt 6.1.5 genügt – neben anderen Musterdokumenten – auf der Webseite zum Buch: http://psi2.de/Risikomanagement-das-Buch.

Nun werden Sie sagen, dass eine Verschwiegenheitsvereinbarung noch kein ISMS macht und Sie haben natürlich recht damit. Inwieweit Bob sich die Zeit nimmt und ISO/IEC 27001, 27002 und 27005 vollständig durchackern will, dass liegt an ihm selbst. Jedenfalls steht ihm der Standard dabei nicht im Weg.

2.10 Zusammenfassung

Der Grundstein ist gelegt

Wir haben nun das nötige Rüstzeug beisammen, um uns im Detail mit dem Risikomanagementprozess auseinander zu setzen. Zunächst haben wir uns dazu einen gemeinsamen Wortschatz erarbeitet und uns anschließend kurz dem Prozessgedanken gewidmet und geklärt, wie die ISO über eine hierarchische

2.10 Zusammenfassung

Struktur von allgemeinen Prozessen zu spezialisierten Prozessen kommt: Von ISO 20000 und ISO/IEC 31000 zu den Prozessen der ISO/IEC 27000 Familie. In zwei kleinen Abstechern haben wir eine Abgrenzung zum BSI IT-Grundschutz vorgenommen und sind bei den Begriffen Bedrohung, Schwachstelle und Risiko erstmals über die trotz allem vorhandenen Grenzen der ISO-Standards hinausgegangen um vorhandene Lücken zu schließen. Zum Schluss haben wir in zwei kleinen Fallbeispielen erste praktische Anknüpfungspunkte behandelt.

3 ISO/IEC 27005

> *„A systematic approach to information security risk management is necessary to identify organizational needs regarding information security requirements and to create an effective information security management system (ISMS)."*
> ISO/IEC 27005

Wer ISO/IEC 27001 nutzt, kommt nicht ohne Risikomanagement aus. Weder bei der Implementierung eines ISMS noch bei dessen Betrieb. Im Grunde ist ein ISMS ohne ein Risikomanagementsystem gar nicht denkbar. Wie soll man – ohne sich seiner Risiken bewusst zu sein – wissen, welche Sicherheitsmaßnahmen man braucht und in welcher Priorität diese umzusetzen sind. Das ISO/IEC 27005 zu jeder Erstausstattung mit dazugehört, haben wir bereits im Fallbeispiel auf Seite 56 gesehen. ISO/IEC 27005 ist also weit mehr, als nur ein Standard unter vielen.

Einer unter vielen?

Im Grunde ist es unverständlich, warum der Risikomanagement-Prozess nicht bereits in ISO/IEC 27001 enthalten ist. Wahrscheinlich geht das jedoch auf die Entstehungsgeschichte der Standards zurück, mit der wir uns bereits in Teilen befasst haben. Da ISO/IEC 27001 aus dem britischen Standard BS 17799 hervorgegangen ist, konnte der Risikomanagementansatz der ISO erst im Nachhinein ergänzt werden.

Aufbau des Standards

Der Standard ISO/IEC 27005 gliedert sich in einen Textteil mit zwölf Abschnitten und sechs Anhängen. Die Abschnitte 1 bis 5 führen in die Thematik ein und klären Begriffe und Referenzen. Interessant wird es erst in den Abschnitten 6 bis 12, die den Risikomanagementprozess beschreiben. Die Anhänge liefern schließlich weitere, informative Hinweise zu ausgewählten Themen des Managements von Informationssicherheitsrisiken.

3.1 Überblick über den Risikomanagement-Prozess

Vom Grundriss zum Gesamtprozess

Den Grundriss des Risikomanagementprozesses haben wir bereits im Grundlagenkapitel aus den einzelnen Begriffen zusammengesetzt. Nun gilt es, die Zusammenhänge zwischen den Begriffen zu klären und den Prozess als Ganzes vorzustellen. Der Risikomanagementprozess setzt sich aus den folgenden Teilen zusammen:

- ⇒ Festlegung des Kontexts (Abschnitt 3.2)
- ⇒ Risiko-Assessment (Abschnitt 3.3)
    - o Risikoanalyse
        - Risikoidentifikation
        - Risikoabschätzung
    - o Risikobewertung/ Priorisierung
- ⇒ Risikobehandlung (Abschnitt 3.4)
- ⇒ Risikoakzeptanz (Abschnitt 3.5)
- ⇒ Risikokommunikation (Abschnitt 3.6) und
- ⇒ Risikoüberwachung/ -überprüfung (Abschnitt 3.7)

Hinzu kommen zwei Entscheidungspunkte, an denen zu bewerten ist, ob das Assessment beziehungsweise die Behandlung des Risikos zufriedenstellend ist.

3.1 Überblick über den Risikomanagement-Prozess

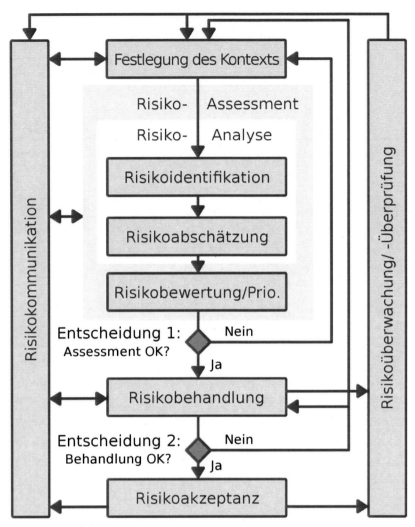

Abbildung 13: Der vollständige Risikomanagementprozess (nach [5])

Die Entscheidungspunkte 1 und 2 sorgen dafür, dass der Risikomanagementprozess für das Risiko-Assessment beziehungsweise für Risiko-Assessment und Risikobehandlung iterativ sein kann. Während dieser Schleifen kann die Tiefe und Genauigkeit mit jedem Durchlauf erhöht werden. Dadurch ist es möglich, den Prozess mit geringem Aufwand zu starten und die benötigte Detailtiefe erst nach und nach festzulegen.

Iteration

Während des gesamten Prozesses ist es notwendig, den Stand der Dinge innerhalb des Unternehmens oder der Behörde zu kommunizieren, also nicht erst am Ende eines Schleifendurchlaufs. Ein Punkt, der gerne vernachlässigt wird, weil er in der Unternehmensrealität schwer umzusetzen ist. Der Risikomanagementpro-

Risikokommunikation

zess ist also insbesondere ein Kommunikationsprozess und muss bereits während seiner Einführung als solcher an den Mann beziehungsweise die Frau gebracht werden. Kein Feld des Risikomanagementprozesses aus Abbildung 13 hat mehr Eingangs- und Ausgangspfeile wie das der Risikokommunikation. Ihr kommt eine zentrale Bedeutung zu.

ISO/IEC 27001

In den Anforderungen an ein ISMS legt ISO/IEC 27001 fest, dass Sicherheitsmaßnahmen innerhalb des Geltungsbereichs risikobasiert sein sollen. Wie genau das zu erfolgen hat wird nur am Rande behandelt. Diese Lücke schließt ISO/IEC 27005.

ISO/IEC 27001:
⇨ 3.4.2 a)

Immer dann, wenn sich der Risikomanagementprozess auf ISO/IEC 27001 bezieht, wird das in diesem Kapitel mit einem Vermerk am Rand veranschaulicht, so wie Sie es als Beispiel neben diesem Absatz sehen.

Tailoring

Die Auslagerung des Risikomanagementprozess ermöglicht es Unternehmen und Behörden, den standardkonformen Prozess an die eigenen Bedürfnisse anzupassen, ohne das bei einer Zertifizierung ausführlich begründen zu müssen. Wichtig ist, dass der Prozess für den Geltungsbereich des ISMS funktioniert und eine geeignete Grundlage für die gewählten Sicherheitsmaßnahmen liefert. Sie müssen also nicht alle Punkte übernehmen, wenn Sie nicht möchten.

In den folgenden Abschnitten gehen wir die Punkte nun Schritt für Schritt durch und schließen jeweils mit einem kleinen Fallbeispiel aus der ExAmple AG.

3.2 Festlegung des Kontexts

ISO/IEC 27001:
⇨ 4.2.1 a)
⇨ 4.2.1 b)
⇨ 4.2.1 c)
⇨ 4.2.1 d) 4
⇨ 5.2.1 a)

Zu Beginn des Risikomanagementprozesses gilt es den Kontext festzulegen. Ein Begriff, der so in ISO/IEC 27001 nicht auftaucht. Das Festlegen des Kontexts bezieht sich jedoch auf die Definition des Anwendungsbereiches und der Grenzen des ISMS, Definition der ISMS-Policy und die Definition der Vorgehensweise der Organisation für das Risiko-Assessment. Die folgenden Punkte sind bei der Festlegung des Kontexts zu berücksichtigen:

⇒ Anwendungsbereich und Grenzen
⇒ Rollen und Verantwortlichkeiten
⇒ Basiskriterien

3.2 Festlegung des Kontexts

Anwendungsbereich und Grenzen

Wenn Sie bereits ein ISMS betreiben, dann können Sie diesen Punkt zügig abhaken, da der Anwendungsbereich und die Grenzen des ISMS sich mit denen des Risikomanagementprozesses decken sollten. Wenn Sie diese Arbeit noch vor sich haben, weil Sie das ISMS von vorneherein mit ISO/IEC 27005 umsetzen, dann sollten Sie das gemäß ISO/IEC 27001 tun. Dort steht geschrieben:

> *ISO/IEC 27001*
> **4.2.1 Festlegen des ISMS**
> **a) Definition des Anwendungsbereiches und der Grenzen**
> *des ISMS, unter Berücksichtigung der Eigenschaften des Geschäfts, der Organisation, ihres Standortes, ihrer Werte (Assets) und ihrer Technologie, einschließlich der Details über und Rechtfertigung von jeglichen Ausschlüssen aus dem Anwendungsbereich.*

Nicht mehr und nicht weniger. Das war wohl auch den Autoren von ISO/IEC 27005 zu wenig, weshalb sie sich deutlich intensiver mit dem Thema auseinandersetzten und dem Thema sogar einen eigenen Anhang mit immerhin vier Seiten Text widmeten.

Die zentrale Frage lautet: Für wen und was soll das beschriebene Risikomanagement Anwendung finden? Es könnte sich um eine IT-Anwendung, eine IT-Infrastruktur, einen Geschäftsprozess oder einen ganzen Teil einer Aufbauorganisation handeln. Bei der Festlegung sollte man die folgenden Punkte berücksichtigen:

⇒ Geschäftsziele, Strategien und Leitlinien
⇒ Geschäftsprozesse
⇒ Aufbauorganisation
⇒ Rechtliche und vertragliche Rahmenbedingungen
⇒ Informationssicherheitsleitlinie
⇒ Allgemeines Risikomanagement
⇒ Informationen
⇒ Örtliche Gegebenheiten
⇒ Hemmnisse auf die Organisation
⇒ Erwartungshaltung aller Prozessbeteiligten
⇒ Soziokulturelles Umfeld
⇒ Schnittstellen zu anderen Bereichen und Projekten

Rollen und Verantwortlichkeiten

In engem Zusammenhang mit dem Geltungsbereich steht die Beschreibung der Rollen und Verantwortlichkeiten – passend zum beschriebenen Geltungsbereich. Hierzu zählt es auch, Eskalationsstufen und ähnliche Rahmenbedingungen zu definieren, die bisher nicht betrachtet wurden.

Basiskriterien

Je nach Geltungsbereich des Risikomanagements müssen einige Kriterien festgelegt werden, nach denen die Entscheidungen und Bewertungen des Risikomanagementprozesses getroffen werden sollen. Wie natürlich alle Phasen des Prozesses unterliegen diese Kriterien einem Wandel und können oder müssen sogar von Iteration zu Iteration angepasst werden.

Risikobewertung/ Priorisierung

Die Kriterien zur Bewertung von Risiken müssen eine ganze Reihe von Themen abdecken, die letztendlich die Richtung für den Risikomanagementprozess vorgeben. Zunächst einmal schlagen hier gesetzliche und vertragliche Rahmenbedingungen zu Buche. Ein Risiko das einen Gesetzesverstoß beinhaltet muss natürlich anders behandelt werden, wie eines, bei dem das nicht der Fall ist. Ebenso wichtig ist es, Kriterien festzulegen, die Einschätzung aller Prozessbeteiligten berücksichtigen. Die Marketingabteilung wird ein Website-Defacement sicher anders bewerten, wie die Finanzbuchhaltung – diese Unterschiede müssen berücksichtigt werden. Natürlich gehören hier auch die Klassiker der Informationssicherheit hinzu: Kritikalität, Verfügbarkeit, Vertraulichkeit und Integrität. Hier geht es allerdings hauptsächlich darum, eine geeignete Skala zu finden, nach denen man diese Kriterien bewerten möchte. Nicht zuletzt geht es darum, welche Reihenfolge aus der Bewertung der Kriterien erwachsen soll. Welches Risiko ist besonders wichtig, welches weniger. Beispielsweise ist es für eine Behörde bedeutend wichtiger sich an Gesetze zu halten, als für ein Wirtschaftsunternehmen. Daraus ergeben sich andere Prioritäten. In der Behörde wird ein Risiko, das sonst eher unproblematisch bewertet wird, jedoch gegen ein Gesetzt oder eine Vorschrift verstößt, trotzdem eine hohe Priorität haben.

Auswirkungen

Eine wichtige Fragestellung – wenn nicht die wichtigste – ist es, wie hoch die Auswirkungen eines Schadensfalls wären. Die Kriterien, die hierauf eine Antwort liefern stützen sich bereits zum Teil auf die Ergebnisse der Bewertungs- und Priorisierungskriterien, ergänzen diese aber auch um konkretere Angaben. Geht es

3.2 Festlegung des Kontexts

zuerst nur darum, festzustellen, ob mit dem Risiko ein Gesetzesverstoß verbunden ist, geht es jetzt auch um die Höhe der Strafandrohung. War zuvor nur wichtig festzustellen, ob ein Reputationsschaden eintreten kann geht es nun darum, ihn zu quantifizieren. Startet man den Risikomanagementprozess kann es daher sinnvoll sein, die Kriterien zur Bewertung der Auswirkungen erst bei der zweiten Iteration anzupacken.

Natürlich geht es bei der Festlegung der Basiskriterien nicht zuletzt darum, am Ende zu entscheiden, ob ein Risiko behandelt werden soll, oder ob – und unter welchen Umständen – es getragen werden soll. Hier geht es also darum, einen Rahmen zu definieren, unter dem Risiken regulär akzeptiert werden können. Die Entscheidung zur Risikoübernahme soll also nicht willkürlich sein. Auch hier handelt es sich wieder um eine Erweiterung der bisher vorgestellten Kriterien. Um beim Beispiel Gesetzesverstoß zu bleiben: Zuerst ging es darum, festzustellen, ob mit dem Risiko ein Gesetzesverstoß verbunden ist, danach um die Höhe der Strafandrohung. Jetzt gilt es noch festzulegen, wer dieses Risiko unter welchen Bedingungen eingehen kann.

Risikoübernahme

Betrachten wir nun ein kleines Fallbeispiel aus der ExAmple AG, in dem die bisher genannten Punkte deutlich gemacht werden sollen:

> *Der IT-Sicherheitsbeauftragte der ExAmple AG Bob steht vor der Aufgabe, den Kontext seines Risikomanagementsystems festzulegen. Da es bereits ein rudimentäres ISMS gibt, übernimmt die Beschreibung des Anwendungsbereichs und seiner Grenzen von dort. Das ISMS gilt für den gesamten Bereich des Hauptsitzes des Unternehmens, an dem sich auch Entwicklung, Buchhaltung, IT, Marketing und Vertrieb befinden. Die Beschreibung umfasst alle Prozesse, dieser Abteilungen und die Schnittstellen zu den weiteren Firmensitzen. Insbesondere wurden die Rollen und Verantwortlichkeiten beschrieben. So untersteht Bob seit kurzem nicht mehr dem Leiter der IT sondern als Stabsstelle direkt dem Chef.*
>
> *Bob hat eine Liste mit Kriterien erarbeitet. Hierzu gehört jeweils eine fünfstufige Skala für die Kritikalität, Verfügbarkeit, Vertraulichkeit und Integrität.*

Fallbeispiel 3: Kriterien-Workshop

Fortsetzung von Fallbeispiel 3

Für die rechtlichen Rahmenbedingungen hat Bob alle relevanten Gesetze in einer Checkliste erfasst, die für die ExAmple AG im Bereich Informationssicherheit gelten (zum Beispiel das Bundesdatenschutzgesetz). Bei der Risikobewertung ist hier jeweils festzustellen, ob ein Gesetzesverstoß vorliegt oder nicht.

Um die Einschätzung aller Prozessbeteiligten mit einfließen zu lassen und einer frühen Risikokommunikation gerecht zu werden, lädt Bob jeweils einen Vertreter der Abteilungen Entwicklung, Buchhaltung, IT, Marketing und Vertrieb zu einem Workshop ein. Ihn interessiert auch, wie er die vertraglichen Rahmenbedingungen in die Bewertung von Informationssicherheitsrisiken mit einfließen lassen kann. Daher ist auch ein Rechtsanwalt eingeladen, der die ExAmple AG in Vertragsfragen vertritt.

Den Vertretern der Abteilungen wird er vorschlagen, das diese für alle Risiken, die in einem Risiko-Assessment ermittelt werden jeweils durch jede Abteilung zu beurteilen ist, ob das Risiko für deren Abteilungsziele große, mittlere oder geringe Auswirkungen haben könnte. Auf diese Weise werden die Risiken bereits während des Assessments in die Abteilungen kommuniziert. Ebenso sollen die Abteilungen die Möglichkeit haben bei einem konkreten Risiko zu fordern, dass es besonders hoch priorisiert wird, auch wenn die Bewertung im Durchschnitt nicht so hoch ist.

Kriterien für die Risikoakzeptanz sollen erst in einer weiteren Iteration festgelegt werden, da Bob die Teilnehmer des Workshops nicht überfordern will. Dieses Eisen ist Bob noch zu heiß! Immerhin geht es dabei um so streitbare Themen wie eine Entscheidungsvollmacht bei Rechtsverstößen, zum Beispiel: Ordnungswidrigkeiten mit einem erwarteten Bußgeld bis 1000€ können Abteilungsleiter tolerieren, ab 1000€ muss der Vorstand entscheiden und Straftaten können von niemandem toleriert werden.

3.3 Risiko-Assessment

ISO/IEC 27001:
⇨ 4.2.1 d)
⇨ 4.2.1 e)

Auch das Risiko-Assessment nach ISO/IEC 27005 deckt wieder eine ganze Reihe von Anforderungen aus ISO/IEC 27001 ab. Wie Sie bereits in Abbildung 13 gesehen haben ist der Begriff Risiko-Assessment nichts weiter als der Oberbegriff für drei Phasen, von

3.3 Risiko-Assessment

denen die ersten beiden wiederum unter dem Oberbegriff Risikoanalyse zusammengefasst werden:

⇒ Risikoidentifikation ⎫
⇒ Risikoabschätzung   ⎬ Risikoanalyse
⇒ Risikobewertung/ Priorisierung

In den drei Phasen werden zunächst die Assets und die dazugehörigen Bedrohungen und Schwachstellen inklusive bereits umgesetzter Maßnahmen und möglicher Schadensauswirkungen bestimmt. Zuletzt werden sie nach den zuvor festgelegten Basiskriterien bewertet und priorisiert.

Auch hier kann man sich in einem ersten Anlauf auf die wichtigsten Risiken konzentrieren, um in weiteren Iterationen des Risiko-Assessments weiter ins Detail zu gehen. Diese Iteration ist nicht nur als Option zu verstehen, sondern durchaus als Standardvorgehensweise. Erstens, weil der Prozess sonst zum Projekt verkommt und zweitens weil es der Standard damit zumindest so ernst meint, dass er sich dem Thema in Annex E.1 eingehender widmet. — Iteration

Die Vorteile dieser Vorgehensweise liegen auf der Hand: Zunächst einmal wird man für einen unkomplizierten Start in ein Risiko-Assessment eher Unterstützung von den Prozessbeteiligten erhalten, als wenn man von vornherein zu sehr ins Detail geht. Darüber hinaus erhält man auf diese Art und Weise einen Überblick, welche Detailtiefe am Ende zum gewünschten Ziel führt. Hat man sich diesen nötigen Überblick verschafft, fällt es deutlich leichter Geld und Engagement an den Stellen zu investieren, wo es am meisten bewirken kann.

Nicht zu vernachlässigen ist eine solche Iteration aus dem Blickwinkel der Risikokommunikation. Mitarbeitern und Führungskräften soll der Risikomanagementprozess nicht zur Last fallen und von ihnen angenommen werden. Dabei ist es hilfreich, sie Stück für Stück an die Vorteile heranzuführen, die ein systematisches Vorgehen mit sich bringt. Wie so oft gilt auch hier, dass man besser nicht gleich mit der Tür ins Haus fallen sollte. — Risikokommunikation

3.3.1 Risikoidentifikation

Der erste Teil der Risikoanalyse ist die Risikoidentifikation[14]. Hinter dem Begriff steckt jedoch ein wenig mehr als nur die Identifikation von Risiken. Die Risikoidentifikation teilt sich in die folgenden Schritte:

- ⇒ Identifikation der Assets
- ⇒ Identifikation von Bedrohungen
- ⇒ Identifikation bereits umgesetzter Maßnahmen
- ⇒ Identifikation von Schwachstellen
- ⇒ Identifikation von Schadensauswirkungen

Identifikation der Assets und Prozesse

ISO/IEC 27001: Ziel dieser Phase ist eine Liste der Assets mit den dazugehörigen
⇨ 4.2.1 d) 1) Geschäftsprozessen, für die das Risikomanagement gelten soll. Hierzu gehört es auch, einen verantwortlichen Eigner für jedes Asset zu bestimmen. Meistens sollte das die Person sein, die den Wert des Assets als besonders wichtig einstuft.

ISO/IEC 27005 unterscheidet zwei verschiedene Arten von Assets: Zunächst sind da die Primary Assets, die als Geschäftsprozesse und Informationen bezeichnet werden können und solche, die nur der Unterstützung der Primary Assets dienen. Zu diesen unterstützenden Assets zählen zum Beispiel Hardware, Software und die Netzinfrastruktur.

Primary Assets Zu den Primary Assets zählen alle Geschäftsprozesse, die

- ⇒ unerlässlich bei der Erreichung der Geschäftsziele sind,
- ⇒ unerlässlich bei der Einhaltung gesetzlicher und vertraglicher Verpflichtungen sind oder
- ⇒ geheimhaltungsbedürftige Prozesse oder Prozessbestandteile enthalten.

Weiterhin gehören alle Informationen zu den Primary Assets, die

- ⇒ unerlässlich bei der Erreichung der Geschäftsziele sind,
- ⇒ den Datenschutzgesetzen unterliegen,

---

[14] Kapitel 5 befasst sich eingehend mit der Frage, wie man innerhalb des eigenen Unternehmens oder der Behörde für die man arbeitet zu adäquaten Informationen zur Risikoidentifikation kommt. Das gilt gleichermaßen für alle Schritte des Risikomanagements. Welche Techniken für welchen Schritt besonders geeignet sind, wird in dem Kapitel ebenfalls deutlich gemacht.

⇒ den strategischen Geschäftszielen dienen oder
⇒ bei ihrer Beschaffung, Speicherung, Verarbeitung o.Ä. hohe Kosten verursacht haben und nicht öffentlich zugänglich sind.

Zu den unterstützenden Assets zählen alle Dinge, die dazu geeignet sind, durch die Kombination einer Schwachstelle und einer Bedrohung zum Problem für eines der Primary Assets zu werden. Erst, wenn dieser Zusammenhang besteht, werden sie interessant für das Risikomanagement (siehe Tabelle 2).

Unterstützende Assets

Asset	Beispiele
Hardware	• Die Klassiker: Server, Clients und Peripherie • Datenträger als Speichermedium • Sonstige Medien (wie zum Beispiel Papier oder Dokumentationen)
Software	• Die Klassiker: Betriebssystem, Anwendungssoftware und Business-Applikationen • Spezifische Anwendungen (denken Sie zum Beispiel an die Excel-Makros, die in Ihrer Firma verwendet werden, von denen Sie nicht einmal wissen)
Netzwerk	• Die gesamte Netzinfrastruktur, die sich durch Protokolle der OSI-Schichten 2 und 3 beschreiben lässt[15].
Personal	• Die Klassiker: IT-Personal, Entwickler und Führungspersonal • Gerne vergessen werden Mitarbeiter mit besonderem Wissen und Fähigkeiten, die man nicht ohne weiteres ersetzen kann.
Standort	• Die Klassiker: Region, Gebäude und Versorgungsinfrastruktur

Tabelle 2: Beispiele für unterstützende Assets

---

[15] OSI-Referenzmodell: Schicht 7 – Anwendungsschicht; Schicht 6 – Darstellungsschicht; Schicht 5 – Kommunikationssteuerungsschicht Schicht 4 – Transportschicht; Schicht 3 – Vermittlungsschicht; Schicht 2 – Sicherungsschicht; Schicht 1 – Physikalische Schicht

Asset	Beispiele
	▪ Vorhandene Sicherheitszonen ▪ Zusätzliche Services (wie zum Beispiel Telefonvermittlung und/oder Verteiler
Organisation	▪ Die Klassiker: Konzern-/ Behördenhierarchie, Aufbauorganisation ▪ Projektorganisation und Unterauftragnehmer

Identifikation von Bedrohungen

ISO/IEC 27001: Ziel dieser Phase ist eine Liste der Bedrohungen, jeweils mit
⇨ *4.2.1 d) 2)* Angaben zum Typ der Bedrohung und der möglichen Quelle.

Weiter Informationen zu gängigen Bedrohungen und Annex C finden Sie weiter vorne im Buch in Abschnitt 2.7.1 – Typische Bedrohungen der Informationssicherheit.

Identifikation bereits umgesetzter Maßnahmen

Am Ende dieser Phase steht eine Liste der bereits umgesetzten oder zumindest bereits geplanten Maßnahmen und deren Status. Einerseits soll so geprüft werden, ob die Maßnahmen korrekt funktionieren, andererseits soll in der nächsten Phase geprüft werden, ob durch die umgesetzten Maßnahmen zusätzliche Schwachstellen entstehen. Die Maßnahmen sollten nach den folgenden Kriterien beurteilt werden:

⇒ Wirksamkeit bzw. Mechanismenstärke
⇒ Vollständigkeit bzw. Zuverlässigkeit
⇒ Richtigkeit

Vorausschauend Für die Maßnahmen muss beurteilt werden, ob sie in Zukunft gestrichen oder ersetzt werden sollen. Es ist auch denkbar, sie weiter beizubehalten, obwohl sie nach den obigen Merkmalen einen schlechten Status haben. Das kann zum Beispiel aus Kostengründen möglich oder sogar nötig sein. Die Begründung einer solchen Entscheidung steht jedoch erst später im Prozess an.

Identifikation von Schwachstellen

ISO/IEC 27001: Ziel dieser Phase ist eine Liste der Schwachstellen, jeweils mit
⇨ *4.2.1 d) 3)* ihrem Bezug zu den Assets, den Bedrohungen und bereits umgesetzten Maßnahmen. Zusätzlich ist eine Liste zu erstellen, in

3.3 Risiko-Assessment

der die Schwachstellen enthalten sind, für die zurzeit keine Bedrohung gesehen wird.

Einfaches Beispiel: In weniger mobilen Zeiten war es auf dem Land durchaus üblich die Haustüren unverschlossen zu lassen. Die Schwachstelle ist in diesem Fall die unverschlossene Tür, die beispielsweise durch einen Einbrecher bedroht wird. Es war für einen Einbrecher früher nicht ganz so einfach mal eben schnell eine Wohnung auf dem Land leer zu räumen und sich dann auf dem Fahrrad davonzustehlen, wenn er überhaupt eines hatte.

Unverschlossene Haustüren

Man muss an dieser Stelle zwischen zwei Fällen unterscheiden: Erstens, ob eine Schwachstelle tatsächlich unbedroht ist, oder ob es einfach nur unwahrscheinlich ist, dass sie ausgenutzt wird. Um beim Beispiel mit den unverschlossenen Haustüren zu bleiben, so ist der fremde Einbrecher in früheren Zeiten keine Bedrohung gewesen, während es eher unwahrscheinlich war, dass sich die Nachbarskinder etwas aus dem Haus gestohlen hätten.

Unbedroht oder eher unwahrscheinlich?

Aber war das Szenario mit einem Dieb auf dem Fahrrad wirklich unmöglich oder einfach nur noch unwahrscheinlicher als jenes mit den Nachbarskindern? Diese Frage ist berechtigt und die Grenzen sind fließend. Man sollte sich nicht zu leichtfertig dazu entschließen einer Bedrohung die Existenz abzusprechen. Immerhin besteht in der Phase Risikoabschätzung noch immer die Möglichkeit, von einer besonders geringen Wahrscheinlichkeit auszugehen.

Im Zweifelsfall für die Bedrohung

Weitere Informationen zu gängigen Schwachstellen und zu Annex D finden Sie weiter vorne im Buch in Abschnitt 2.7.2 – Typische Schwachstellen der Informationssicherheit.

Identifikation von Schadensauswirkungen

Mit den bisher erstellten Listen im Gepäck geht es in diesem letzten Schritt der Risikoidentifikation nun darum, eine Liste mit Szenarien von Informationssicherheitsvorfällen zu erarbeiten und zu ermitteln, welche Schadensauswirkungen diese haben könnten.

ISO/IEC 27001:
⇨ 4.2.1 d) 4)

Schadensauswirkungen können von unterschiedlicher Art sein. Dazu muss nicht gleich das ganze Geschäftsmodell einbrechen. Denken Sie zum Beispiel an SPAM. Durch eine SPAM-Mail entsteht kein unmittelbarer Schaden. Möglicherweise müssen jedoch leistungsfähigere Server beschafft werden weil die vorhandenen Server dem Ansturm nicht gewachsen sind. Ebenso wie solche Effektivitätseinbußen gehört auch ein Imageverlust zu den Schadensauswirkungen.

Direkte und indirekte Schadensauswirkungen	Schadensauswirkungen können dauerhaft oder zeitlich begrenzt sein und man unterscheidet nach direkten und indirekten Auswirkungen.

Versuchen Sie also über den Vorfall an sich hinauszudenken. Auch hier steht wieder eine ganze Reihe von Techniken zur Auswahl, die dabei unterstützen. Sie werden eingehend in Kapitel 5 vorgestellt.

3.3.2 Risikoabschätzung

Der zweite Teil der Risikoanalyse ist die Risikoabschätzung. Der Begriff selbst verdeutlicht die Herausforderung: Es geht vielfach darum zu schätzen. Das gilt insbesondere für den ersten Durchlauf der Risikoanalyse.

Qualitative Techniken	In dieser frühen Phase stehen die qualitativen[16] Techniken des Risiko-Assessments im Vordergrund. Diese können jedoch auch in späteren Iterationen ihre Berechtigung haben. Das ist zum Beispiel dann der Fall, wenn sich für ein Szenario einfach keine konkreten Zahlen ermitteln lassen beziehungsweise diese Ermittlung sehr kostspielig oder zeitaufwändig wäre. Man spricht von qualitativen Techniken, weil ohne konkrete Zahlenwerte gearbeitet wird. Das gilt für Schadensauswirkungen ebenso wie für die Wahrscheinlichkeiten. Üblich sind drei- oder fünfgeteilte Skalen (z.B.: gering – mittel – hoch).
Quantitative Techniken	Bei den quantitativen Techniken werden statt grober Werte konkrete Zahlen für Schadensauswirkungen und Wahrscheinlichkeiten eingesetzt. In den meisten Fällen stützt man sich dabei auf Zahlen aus der Vergangenheit, was in dem sich schnell ändernden IT-Umfeld natürlich mit einigen Unsicherheiten für die Zukunft verbunden ist. Unter Umständen liegt die Fehlergröße dadurch bei den quantitativen Techniken ebenso hoch, wie wenn man die qualitativ ermittelten Werte mit Konstanten ersetzt. Also zum Beispiel bei geringer Wahrscheinlichkeit einen Wert von 10%

---

[16] Wir haben im Grundlagenkapitel in Abschnitt 2.4.2 bereits die Unterscheidung von qualitativen, semiquantitativen und qualitativen Techniken des Risiko-Assessments dargestellt.

3.3 Risiko-Assessment

annimmt, bei mittlerer Wahrscheinlichkeit einen Wert von 33,3% und bei hoher Wahrscheinlichkeit einen Wert von 100%.[17]

Die Risikoabschätzung teilt sich in die folgenden drei Schritte:

⇒ Abschätzung der Auswirkungen
⇒ Abschätzung der Wahrscheinlichkeiten
⇒ Abschätzung des Risiko-Levels

Abschätzung der Auswirkungen

Ausgehend von den bisherigen Analyseergebnissen gilt es nun, die Auswirkungen auf die Geschäftstätigkeit abzuschätzen. Will man hier besonders aussagekräftige Ergebnisse einbringen, sollte man eine Business Impact Analyse (BIA) durchführen (siehe Abschnitt 5.13). Dabei werden einerseits die reinen Wiederherstellungskosten ermittelt und andererseits der durch einen Vorfall zu erwartende Gesamtschaden. Auch hier steht am Ende eine Auflistung der bewerteten Szenarien.

ISO/IEC 27001:
⇨ 4.2.1 e) 1)

Abschätzung der Wahrscheinlichkeiten

Nach der Abschätzung der Auswirkungen müssen die Szenarien nun nach ihrer Wahrscheinlichkeit beurteilt werden. Diese Aufgabe ist sicher eine der schwierigsten, mit denen man im Risikomanagementprozess konfrontiert wird. Wir haben die eingeschränkte Aussagekraft statistischer Erhebungen für die Zukunft bereits vorher angesprochen. Spätestens an dieser Stelle muss man dem hinzufügen, dass es noch schwieriger ist überhaupt statistische Daten zu finden. Die Schwierigkeit besteht hier insbesondere darin, dass Szenarien oftmals von einer ganzen Reihe von Faktoren abhängen, von denen jeder einzelne ein gewisses Maß an Unsicherheit mit sich bringt und dem Endergebnis so eine entsprechend potenzierte Unsicherheit anhaftet.

ISO/IEC 27001:
⇨ 4.2.1 e) 2)

Abschätzung des Risiko-Levels

Als Kombination aus Auswirkungen und Wahrscheinlichkeiten ist nun der Risiko-Level für die betrachteten Szenarien abzuschätzen. ISO/IEC 27005 Annex E stellt hierfür einige Methoden zur Risikoabschätzung bereit, die wir hier im Buch durch die Techniken aus ISO/IEC 31010 ergänzen (siehe Kapitel 5). Dabei handelt es sich ausschließlich um Matrix-basierte Methoden (siehe Ab-

ISO/IEC 27001:
⇨ 4.2.1 e) 3)

---

[17] Jeweils auf ein Jahr bezogen: 10% bedeutet ein Mal in 10 Jahren, 33,3% bedeutet alle drei Jahre und 100% bedeutet ein Mal im Jahr.

schnitt 5.21) mit qualitativen Skalen (z.B.: gering – mittel – hoch). Zur Analyse werden jeweils die in der Risikoanalyse betrachteten Größen in irgendeiner Kombination miteinander in Beziehung gesetzt. Also zum Beispiel der Business Impact eines Szenarios mit seiner Eintrittswahrscheinlichkeit. Auf diese Art kann für jedes Szenario ein Vektor ermittelt werden, anhand dessen man bei dem nächsten Schritt die Risiken bewerten und priorisieren kann.

3.3.3 Risikobewertung/ Priorisierung

ISO/IEC 27001:
⇨ 4.2.1 e) 4)

Man kann gar nicht oft genug betonen, wie viel Unsicherheit sich vom Beginn der Risikoanalyse bis hierher angesammelt hat. Nun ist es an der Zeit, klare Schnitte zu ziehen: Was ist Priorität eins, zwei oder drei? Welches Risiko kommt in welche Schublade?

Die Unsicherheit immer im Hinterkopf behalten

Selbst wenn man aus den qualitativen Skalen konkrete Zahlenwerte berechnet hat, sollte man immer im Hinterkopf behalten, dass diesen Zahlenwerten durchaus Schwankungsbreiten innewohnen, die unter Umständen eine Zuordnung zu allen drei Prioritäten ermöglichen. Vor allem sollte man das aus dem eigenen Hinterkopf in den Hinterkopf der Führungskräfte kommunizieren. Dass ein Ereignis statistisch nur alle hundert Jahre auftritt heißt ja noch nicht, dass es nicht morgen bereits soweit sein kann. Das gilt natürlich auch, wenn das Ereignis bereits im letzten Jahr eingetreten ist. Auch unter Verwendung von Wahrscheinlichkeiten kann niemand in die Zukunft sehen. So schlimm es sich auch anhört: Das einzige was man machen kann, ist die Trefferquote beim Raten zu erhöhen.

Bewertung

Die zuvor abgeschätzten Risiken müssen nun mit den Basiskriterien in Zusammenhang gebracht werden, die während der Festlegung des Kontexts erarbeitet wurden. Das Ergebnis bildet dann die Grundlage für die Festlegung der Risikobehandlung.

Übersicht

Am Ende dieses Abschnitts über das Risiko-Assessment wollen wir nun die bisherigen Listen und Dokumente im Zusammenhang betrachten, den ISO/IEC 27005 vorgibt. In Abbildung 14 sind die Listen jeweils mit einem Stichwort dargestellt. Die Pfeile stehen für

3.3 Risiko-Assessment

den Prozessverlauf und die grau hinterlegten Flächen stellen die Abschnitte dieses Kapitels dar.

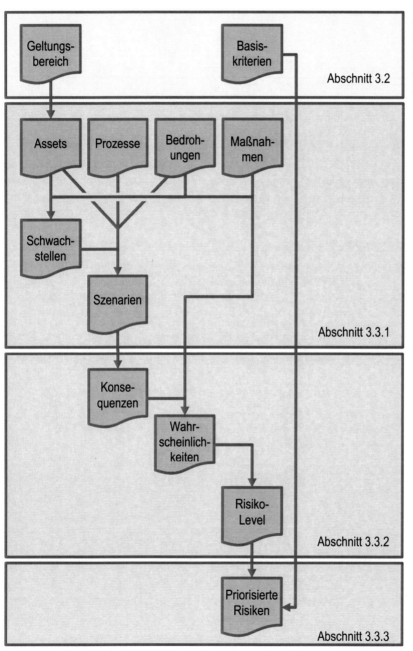

Abbildung 14: Die erstellten Listen des Risiko-Assessments im Zusammenhang

In dem nun folgenden Fallbeispiel geht es um ein High-Level Risiko-Assessment, wie es in ISO/IEC 27005 Annex E.1 für die erste Iteration des Risikomanagementprozesses vorgeschlagen wird:

Fallbeispiel 4:
High-Level Risiko-Assessment

Nach dem Kriterien-Workshop aus Fallbeispiel 3 möchte Bob nun ein High-Level Risiko-Assessment durchführen. Statt mit einer systematischen Analyse von Assets, Bedrohungen, Schwachstellen, etc. zu beginnen, kann Bob direkt mit den Konsequenzen starten. Das Assessment wird dadurch von einem Ursachen-Assessment zu einem Wirkungs-Assessment.

Das ISMS gilt für den Hauptsitz der ExAmple AG mit den Abteilungen Entwicklung, Buchhaltung, IT, Marketing und Vertrieb. Es umfasst alle Prozesse der Abteilungen und die Schnittstellen zu den weiteren Firmensitzen.

Bob orientiert sich an den folgenden Grundsätzen:
1. *Bob nimmt eine übergreifende Perspektive ein, ohne sich in technischen Details zu verlieren.*
2. *Er verlagert das Gewicht des Assessments von den Ursachen auf die Auswirkungen möglicher Szenarien.*
3. *Er fasst die Bedrohungen in Gruppen zusammen.*
4. *Wegen der von technischen Aspekten losgelösten Perspektive zielt er eher auf organisatorische Gesichtspunkte ab.*

Für die erste Iteration liegt er damit goldrichtig. In einem so frühen Stadium ist es nicht sinnvoll sich mit Details herumzuschlagen, solange der Prozess noch nicht gelebt und von allen Beteiligten mitgetragen wird.

Die Szenarien die Bob auswählt spiegeln die Beschreibung des Geltungsbereichs wieder:
1. *Ausfall des Hauptsitzes der ExAmple AG*
2. *Ausfall einer der Fachabteilungen*
3. *Informationsverlust in einer der Fachabteilungen*
4. *Ausfall eines Geschäftsprozesses*
5. *Ausfall einer der Schnittstellen*

Die Gründe, warum nun ein Geschäftsprozess ausfällt, ist für Bob nicht so wichtig. Für ihn geht es darum, festzustellen, welche Auswirkungen die Szenarien haben und für welche Assets und Prozesse eine weitere Iteration nötig ist.

> *Er erstellt dafür eine Matrix, in der er in den Zeilen und Spalten alle möglichen Szenarien einträgt und ermittelt, wie sie sich gegenseitig beeinflussen. So kann er feststellen, welche Szenarien die größten Auswirkungen haben.*
>
> *Außerdem ordnet er jedem Szenario eine Schadensauswirkung zu. Im Zusammenhang mit der Matrix kann er so ermitteln, welche Szenarien ein besonders großes Schadenspotential haben und daher eine hohe Priorisierung bekommen müssen.*
>
> *Die wichtigsten drei Feststellungen seiner Analyse sind:*
> 1. *Die Szenarien müssen um eine zeitliche Komponente ergänzt werden. Ein Informationsverlust in der Entwicklungsabteilung verursacht ein halbes Jahr vor der Marktreife eines Produkts einen größeren Schaden, wie am Ende des Produktzyklus. Gleiches gilt für einen Ausfall in der Buchhaltung. Während des Jahresabschlusses würde ein immenser Schaden angerichtet, nach dessen Fertigstellung würde der Ausfall jedoch kaum Auswirkungen haben.*
> 2. *Bei einem Ausfall in der IT-Abteilung muss nach betroffenen Diensten unterschieden werden, um die Auswirkungen auf die Prozesse richtig beurteilen zu können.*
> 3. *Um den Informationsverlust in einer der Fachabteilungen besser beurteilen zu können müssen diese beim Assessment mitwirken, damit Bob zu aussagekräftigen Analyseergebnissen kommen kann.*
>
> *Für diese drei Punkte geht Bob in die zweite Iteration des Risikomanagementprozesses in der er alle vorgesehenen Schritte im Detail durchgeht.*

3.4 Risikobehandlung

Mit der im Anschluss an das Risiko-Assessment vorliegenden Liste von priorisierten Risiken kann es nun in die Risikobehandlung gehen, wenn dem nichts mehr im Wege steht. Da wir im Prozessverlauf nun den ersten Entscheidungspunkt erreicht haben muss zuerst die Frage beantwortet werden, ob die Ergebnisse des Assessments ausreichend sind. Sollte das nicht der Fall sein, ist eine weitere Iteration nötig.

Entscheidung 1: Risiko-Assessment OK?

Bei der Risikobehandlung unterscheidet man die folgenden Handlungsmöglichkeiten:

⇒ Risikoreduktion
⇒ Risikoübernahme (nach den festgelegten Basiskriterien)
⇒ Risikovermeidung
⇒ Risikotransfer

Diese fügen sich zwischen den beiden Entscheidungspunkten 1 und 2 in den Risikomanagementprozess ein (siehe Abbildung 15: Arten der Risikobehandlung). Nach jeder der Möglichkeiten muss festgestellt werden, ob es noch verbleibende Restrisiken gibt und wenn ja, welche?

Abbildung 15:
Arten der Risikobehandlung (nach [5])

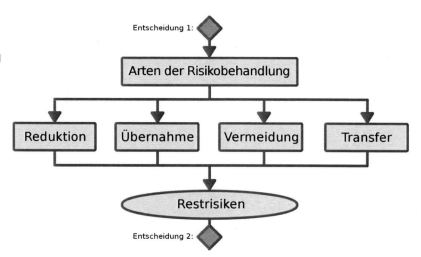

Die Entscheidung für eine der vier Alternativen sollte jeweils auf den Ergebnissen des Risiko-Assessments beruhen und das Kosten-Nutzen-Verhältnis berücksichtigen. Es sind jedoch auch stets Entscheidungen möglich und nötig, die sich ökonomisch vielleicht gar nicht begründen lassen.

Keine Exklusivität

Die vier Alternativen schließen sich nicht gegenseitig aus. Im Gegenteil: oft liegt die beste Lösung eines Sicherheitsproblems in einer geschickten Kombination der Möglichkeiten. Auch darf man die Behandlung eines konkreten Risikos nicht isoliert betrachten. Das gilt zum Beispiel bei Versicherungen. In den meisten Fällen wird die Versicherung ein Standard-Angebot sein, das mehr versichert, als sie ursprünglich versichern wollten.

Wechselwirkungen

Ähnliches gilt für alle Sicherheitsmaßnahmen mehr oder weniger. Diese Wechselwirkungen können beträchtlich sein und sie sind sogar der Optimalfall. Je mehr Risiken eine Maßnahme abdeckt umso besser. So könnte es eine Maßnahme geben, die Risiko 1

3.4 Risikobehandlung

reduzieren soll. Gleichzeitig reduziert sie Risiko 2, für das eigentlich eine Versicherung abgeschlossen werden sollte. Dadurch ist die geplante Versicherung hinfällig.

Diese Wechselwirkungen müssen sehr genau dokumentiert werden. Vielleicht fällt in zwei Jahren Risiko 1 weg und die Maßnahme verliert ihre Begründung. Dann muss bei Risiko 2 natürlich die ursprüngliche Idee mit der Versicherung auf der Tagesordnung erscheinen. In keinem Fall darf es passieren, dass Risiko 2 in Vergessenheit gerät. Hier kann eine einfache Matrix-Darstellung aller Risiken und aller Maßnahmen helfen, die Abhängigkeiten im Auge zu behalten[18]. *Dokumentation*

Risikoreduktion

Risikoreduktion ist die schwierigste der Alternativen. Das Risiko zu tragen, die riskante Aktivität zu unterlassen oder das Problem an einen anderen zu transferieren geht erheblich leichter von der Hand. Das liegt daran, dass die Implementierung die größten Auswirkungen auf alle Beteiligten hat und damit den meisten Einschränkungen unterliegt. Wegen dieser Beeinträchtigungen ist es wichtig, sich umfassende Gedanken zu machen und Maßnahmen anhand der in Tabelle 3 aufgeführten Kriterien zu bewerten:

Kriterium	Fragen:
Zeit	▪ Ist der Zeitraum bis zur Implementierung angemessen? ▪ Ist der Zeitpunkt der Implementierung mit allen Beteiligten abgestimmt? ▪ Ist der Zeitbedarf der Implementierung ausreichend und mit allen Beteiligten abgestimmt?
Geld	▪ Ist die zeitgerechte Verfügbarkeit der Mittel sichergestellt?

Tabelle 3: Beeinträchtigungen bei Risikoreduktion

---

[18] Im BSI IT-Grundschutz werden ähnliche Matrizen genutzt, um Gefährdungen und Maßnahmen gegenüberzustellen: die sogenannten Kreuzreferenztabellen.

Kriterium	Fragen:
	- Gibt es limitierende Budgetgrenzen? Diese dürfen nicht zu einer versteckten Risikoübernahme führen!
Technik	- Ist die Kompatibilität mit Hard- und Software gewährleistet? - Sind die Systeme Interoperabel?
Abläufe	- Behindert die Implementierung selbst den Ablauf der Geschäftsprozesse?
Kultur/ Ethik	- Passt die Maßnahme zur Landeskultur? - Passt sie zur Unternehmenskultur? - Untergräbt die Maßnahme Vertrauensstrukturen? - Wie wird die Maßnahme gesellschaftlich bewertet? - Gibt es weitere kulturelle oder ethische Bedenken?
Umgebung	- Passen die Maßnahmen zu den örtlichen Gegebenheiten?
Gesetze	- Gibt es Einschränkungen durch Gesetze und Verordnungen? - Wurden auch regionale Gesetze und Verordnungen berücksichtigt?
Usability	- Wird die Maßnahme angenommen oder eher Ausweichstrategien auslösen?
Personal	- Ist das nötige Know-how vorhanden? - Passt die Implementierungsplanung zur Personalplanung? - Hat die Maßnahme Auswirkungen auf die Personalstruktur?
Wechselwirkungen	- Wie beeinflussen sich die Maßnahmen gegenseitig? - Wie beeinflussen die Maßnahmen die Geschäftsprozesse?

3.4 Risikobehandlung

Es ist keinem geholfen, wenn die eingeplanten Maßnahmen zwar das Risiko reduzieren, sich jedoch aus unterschiedlichsten Gründen nicht umsetzen lassen. Spätestens am Entscheidungspunkt 2 verweist der Risikomanagementprozess folgerichtig in eine weitere Iteration, wenn die Risikobehandlung nicht zufriedenstellend ausgefallen ist.

Risikobehandlung nicht zufriedenstellend

Risikoübernahme

Man spricht von Risikoübernahme, wenn man sich bewusst dazu entschließt, den Eintritt eines Schadensfalls für immer oder einen bestimmten Zeitraum in Kauf zu nehmen, ohne Maßnahmen dagegen ergreifen zu wollen. Sie ist nicht damit zu verwechseln ein Risiko zu ignorieren ohne das im Rahmen einer regelorientierten, bewussten Entscheidung zu tun.

ISO/IEC 27001: ⇨ 4.2.1 f) 2)

Es gibt zwei Arten von Risikoübernahme. Die erste – und erlaubte – ist es, ein Risiko zu tragen und sich dabei an zuvor vereinbarten Kriterien auszurichten. Die zweite Möglichkeit besteht darin, ein Risiko auch dann zu tragen, wenn die Kriterien das eigentlich nicht zulassen. Von der ersten sprechen wir im Rahmen der Risikobehandlung und von der zweiten im Rahmen der Risikoakzeptanz im nächsten Abschnitt.

Gerade hier entstehen in der Praxis schnell Grauzonen. So kann beispielsweise das Zurückhalten von Informationen vor dem Entscheidungsbefugten eine unzulässige Risikoakzeptanz sein. Das kann schon der Fall sein, wenn man ein neues Risiko erst im Quartalsbericht erwähnen will, wenn der noch in ferner Zukunft liegt. Auch passiert es ab und an, dass ein Entscheidungsbefugter seine Kompetenzen überschreitet oder es unterlässt diese anzupassen, wenn sie aus seiner Sicht nicht mehr richtig sind. Vielfach ist das ein schleichender Prozess. Wenn er also beispielsweise innerhalb der Kriterien entscheidet, aber nicht zuständig ist.

Grauzonen

Widerspruch führt hier in den meisten Fällen nicht zum Ziel. Das probate Mittel in diesem Fall lautet: Dokumentation. Hier wie in allen anderen Fällen lebt der Prozess davon, dass er dokumentiert und letztlich kontrolliert und revidiert wird. Dokumentation ist dabei die halbe Miete. Nur was dokumentiert wird, kann hinterher kontrolliert werden und zu einer Verbesserung führen, die die Grauzonen auf Dauer verkleinert.

Dokumentation und Revision

Risikovermeidung

Aktivität unterlassen

Man spricht von Risikovermeidung, wenn man sich entscheidet, die risikobehaftete Aktivität zu unterlassen. Risikovermeidung ist daher meist nur dann eine Option, wenn die Geschäftsprozesse nicht optimal gestaltet sind, oder wenn mehrere Geschäftsprozesse für dieselbe Aktivität existieren. Möglich ist es dennoch, zum Beispiel, wenn ein neues Verfahren ein altes ablöst und das alte Verfahren ein neues Risiko mit sich bringt. Das ist zum Beispiel immer dann der Fall, wenn der Support für eine ältere Software eingestellt wird und die Migration auf das neuere Produkt noch nicht vollständig abgeschlossen ist. Dann wird man in den meisten Fällen entscheiden, die Nutzung der alten Software einzustellen um des Risiko zu vermeiden, dass eine Softwareschwachstelle ausgenutzt wird, für die es keine Updates mehr geben wird.

Standortwahl

Eine weitere Möglichkeit der Risikovermeidung kann bei der Standortwahl eine Rolle spielen. Im Großen gedacht kann man das Risiko einer Überschwemmung vermeiden, in dem man nicht in einem Überschwemmungsgebiet baut. Im Kleinen gedacht ist das Risiko eines Einbruchs im Erdgeschoss größer als in den Obergeschossen. In diesen Fällen verzichtet man zwar nicht auf die risikobehaftete Aktivität selbst, aber darauf sie an einem bestimmten Ort auszuüben.

Risikotransfer

Risiken auf mehrere Schultern verteilen

Beim Risikotransfer schließlich geht es darum das Risiko als Ganzes oder in Teilen zu verlagern. Dabei werden nicht nur bekannte Risiken behandelt, die im Rahmen des Assessments zusammengetragen wurden, sondern es entstehen im Regelfall neue Risiken, die ebenso betrachtet werden müssen.

Unter Risikotransfer versteht man die Versicherung gegen ein Risiko oder ein Outsourcing, welches das Risiko an den Auftragnehmer transferiert. In beiden Fällen sollte man sich jedenfalls von der Idee verabschieden, dass man den durch einen Schadensfall entstehenden Reputationsverlust auf diese Weise transferieren könne. Entsprechende Vorfälle aus der Vergangenheit zeigen, dass sich bisher kein Unternehmen davor retten konnte, weil es einen Teil seiner Risiken transferiert hatte. Auch wenn sich eine Bank gegen Online-Betrug versichert haben sollte: Sie wird Kunden verlieren, wenn es immer wieder vorkommt, dass Kundenkonten leergeräumt werden – selbst wenn keinem Kunden dabei je ein Schaden entstanden wäre.

3.4 Risikobehandlung

Wir wollen an dieser Stelle wieder einen Blick in die ExAmple AG werfen, wo Bob am Presseportal arbeitet:

Fallbeispiel 5:
Das Presseportal

Als Ergebnis des High-Level Risiko-Assessments aus Fallbeispiel 4 ergab sich unter anderem die Notwendigkeit, den Ausfall der IT-Abteilung in einzelne Dienste zu unterteilen. Einer hiervon ist die Webseite der ExAmple AG.

Sie dient dem Pharmaunternehmen als Hauptkommunikationsplattform zu Kunden und Endverbrauchern, aber auch als Informationsmöglichkeit für potentielle Mitarbeiter. Die Webseite informiert nicht nur über das Unternehmen und seine Projekte, wie zum Beispiel klinische Studien, sondern auch über die betreuten Therapiegebiete, Forschung und Entwicklung und die Anstrengungen in sozialen Projekten. Insbesondere das Presseportal hat eine hohe Priorität. Pressevertreter können sich dort anmelden, Newsletter zu bestimmten Themen abonnieren und in Echtzeit mit der Presseabteilung in Kontakt treten. Wie die ExAmple AG in der Presse dargestellt wird, hängt entscheidend vom reibungslosen Ablauf der Pressekontakte ab. Das gilt insbesondere in Krisenzeiten.

Während eines Assessments wurde das Risiko angesprochen, dass bei einem schwerwiegenden IT-Sicherheitsvorfall innerhalb des Rechenzentrums auch der Webauftritt in Mitleidenschaft gezogen werden könnte. Dadurch wäre auch eine angemessene Krisen-PR fast unmöglich. Alle bisherigen Maßnahmen betrachten das RZ als Ganzes und vernachlässigen die Bedeutung des Presseportals in einem solchen Schadensfall.

Finanzielle Schadensauswirkungen durch den Ausfall des Presseportals wurden während des Assessments nicht ermittelt. Nur die Marketingabteilung unterstrich das hohe Reputationsrisiko. Wie zuvor in Fallbeispiel 3 festgelegt, hat sie daher von der Möglichkeit Gebrauch gemacht, bei diesem Risiko zu fordern, dass es besonders hoch priorisiert wird, auch wenn die Bewertung im Durchschnitt nicht so hoch ist.

Der IT-Sicherheitsbeauftragte Bob geht nun alle Möglichkeiten der Risikobehandlung durch:
Risikoreduktion:
Das Risiko ließe sich durch eine erhöhte Redundanz des Webauftritts verringern, da das die Eintrittswahrscheinlichkeit

Fortsetzung von
Fallbeispiel 5

senken würde. Für den Fall des Falles wäre das jedoch keine adäquate Lösung. Es geht ja gerade darum, dass Presseportal im Schadensfall verfügbar zu halten. Eine Risikoreduktion würde also nur die Eintrittswahrscheinlichkeit senken.

Verbleibende Restrisiken: Die Schadenshöhe bliebe unverändert.

Risikoübernahme:

Da ein finanzieller Schaden ausgeschlossen ist, sehen die Kriterien zur Risikoübernahme eigentlich vor, dass der IT-Leiter das Risiko übernehmen kann. Durch das Veto der Marketingabteilung beim Prozessschritt Risikobewertung/ Priorisierung jedoch müsste in diesem Fall der Vorstand über eine Risikoakzeptanz entscheiden. (Abschnitt 3.5).

Risikovermeidung:

Eine Möglichkeit wäre es, die Pressearbeit anders zu gestalten und das Risiko zu vermeiden. Auch möglich wäre es das Presseportal in einem anderen Rechenzentrum zu betreiben, so dass es bei einem Ausfall des Hauptrechenzentrums weiter verfügbar wäre. Das würde sich auf Eintrittswahrscheinlichkeit und Schadenshöhe auswirken und das Risiko erheblich reduzieren.

Verbleibende Restrisiken: Gleichzeitiger Ausfall beider Rechenzentren (beispielsweise wegen Verwendung identischer Komponenten).

Risikotransfer:

Diese Möglichkeit scheidet aus, weil das nicht verfügbare Presseportal sich fast ausschließlich auf die Reputation der ExAmple AG auswirkt. Das Reputationsrisiko lässt sich jedoch nicht angemessen transferieren oder versichern, da der Schaden letztendlich immer auf das Unternehmen selbst zurückfällt.

Bob entscheidet sich, die Möglichkeiten für Risikoreduktion und Risikovermeidung gegenüberzustellen:

1. ***Reduktion:***
   Erhöhung der Redundanz
2. ***Vermeidung:***
   Andere Gestaltung der Pressearbeit
3. ***Vermeidung:***
   Auslagerung des Presseportals

Versuchen Sie an dieser Stelle selbst den Faden aufzunehmen und überlegen Sie, wie die Gegenüberstellung ausfallen könnte. Wird sich Bob auf eine Alternative festlegen oder die Alternativen kombinieren? Wird er am Ende zu dem Schluss kommen, dass die Risikobehandlung OK ist? Was meinen Sie?

3.5 Risikoakzeptanz

Zugegeben, die Grenzen zwischen Risikoübernahme und Risikoakzeptanz sind in der Praxis nicht ganz leicht zu bestimmen. Von der dazwischenliegenden Grauzone hatten wir bereits gesprochen. Im Grunde erhält die Entscheidung ein Risiko zu tragen auf diese Weise einen zweistufigen Aufbau, der eine gewisse Entscheidungsredundanz liefert und einen leichtfertigen Umgang verhindert.

ISO/IEC 27001:
⇨ 4.2.1 h)

Während ISO/IEC 27005 bei der Risikoübernahme auf ISO/IEC 27001 Abschnitt 4.2.1 f) 2) verweist, referenziert der Standard bei Risikoakzeptanz auf Abschnitt 4.2.1 h):

> **ISO/IEC 27001**
> **4.2.1 Festlegen des ISMS**
> **f) 2):**
> Bewusste und objektive Akzeptanz der Risiken, sofern diese eindeutig den Leitlinien und Kriterien der Organisation für Risikoakzeptanz genügen.
> **h):**
> Zustimmung des Managements zu den vorgeschlagenen Restrisiken.

Bei der Risikoakzeptanz geht es also in erster Linie um die Restrisiken, die nach der Ausschöpfung aller Risikobehandlungsmöglichkeiten (inklusive Risikoübernahme) noch verbleiben.

Daher wartet auf den IT-Sicherheitsbeauftragten[19] oft die unschöne Aufgabe, dem verantwortlichen Manager oder Behördenleiter das Messer auf die Brust zu setzen. Geht es bei der Risikoakzeptanz für den Verantwortlichen doch um nichts Geringeres, als schriftlich zu dokumentieren, dass eine andere Risikobehandlung nicht nötig ist. Es hat nun mal eine andere psychologische[20] Qualität, ob man in der morgendlichen Kaffeerunde gesagt hat, dass man das mit dem Datenschutz alles nicht so ernst nehmen soll, oder ob man das schriftlich fixiert und beim Datenschutzbeauftragten hinterlegt hat.

Das Messer auf der Brust

---

[19] Je nach Organisation auch Sicherheitsbeauftragter, Informationssicherheitsbeauftragter o.Ä.

[20] Nicht nur psychologisch, auch rechtlich ist das etwas anderes.

Daher ist für die Risikoübernahme auch immer die Schriftform angezeigt.

Fallbeispiel 6:
Die Restrisiken im Presseportal

> *Wir schließen nahtlos an Fallbeispiel 5 zum Presseportal der ExAmple AG an und gehen davon aus, dass sich der IT-Sicherheitsbeauftragte Bob bei der Risikobehandlung für eine Kombination der beiden Alternativen 1 (Reduktion) und 3 (Vermeidung) entschieden hat.*
>
> *Das Presseportal soll in ein anderes RZ verlegt und dort betrieben werden. Eine Spiegelung des Portals befindet sich weiterhin im eigenen RZ vor Ort. Das erhöht einerseits die Redundanz, andererseits wird so das Risiko vermieden, dass das Portal bei einem RZ-Ausfall nicht zur Verfügung steht. Bei der Auswahl des neuen Rechenzentrums soll darauf geachtet werden, dass disjunkte Komponenten zum Einsatz kommen, um das Restrisiko eines gleichzeitigen Ausfalls beider Rechenzentren zu minimieren.*
>
> *Aus Budgetgründen kann die Umsetzung jedoch erst in einem halben Jahr begonnen werden, auch wenn das Risiko natürlich jetzt schon besteht. Für die Zeit bis dahin gibt es aus demselben Grund keine Überbrückungsmaßnahmen. Für das zwischenzeitlich bestehende Restrisiko erarbeitet Bob eine Vorstandsvorlage anhand derer das Restrisiko zu akzeptieren ist, es sei denn es werden zusätzliche Mittel bereitgestellt.*

Dokumentation

Für den Risikomanagementprozess müssen Einzelfallentscheidungen wie im Fallbeispiel in Listenform dokumentiert und beobachtet werden. Es muss sichergestellt sein, dass die Entscheidung nicht in Vergessenheit gerät. Am besten sollte in regelmäßigen Abständen kommuniziert werden, welchen Status die bisher im Risikomanagementsystem geführten Risiken haben. Mit der Aufgabe der Risikokommunikation wollen wir uns nun im folgenden Abschnitt beschäftigen.

3.6 Risikokommunikation

„Büroprozesse" vermeiden

Die Risikokommunikation ist neben der Risikoüberwachung beziehungsweise Risikoüberprüfung eine Aktivität, die während des gesamten Risikomanagementprozesses stattfinden muss. Sie ist

3.6 Risikokommunikation

entscheidend für den Erfolg des Risikomanagements und macht den Unterschied zwischen einem Prozess, der nur im Büro des IT-Sicherheitsbeauftragten funktioniert und einem, der das gesamte Unternehmen mitnimmt. Über alle Phasen des Prozesses ist es nötig, das Management, die Fachabteilungen und Mitarbeiter zu informieren und zu motivieren.

Laut ISO/IEC 27005 ist die Risikokommunikation mindestens zu den folgenden Prozessschritten notwendig: *Jederzeit*

⇒ Festlegung des Kontexts
⇒ Risiko-Assessment
⇒ Risikobehandlung
⇒ Risikoakzeptanz
⇒ Risikoüberwachung/ -überprüfung

Bis auf die Zwischenschritte des Assessments sind das alle Phasen des Risikomanagementprozesses.

Dabei ist es nicht damit getan, dass der IT-Sicherheitsbeauftragte die Fäden zusammenführt und alle informiert. Risikokommunikation funktioniert nicht wie ein Flugblatt, das ohne Anspruch auf Antwort unter die Massen verteilt wird. Risikomanagement kann ohne Feedback nicht funktionieren. Sie ist also keine Einbahnstraße. Nirgendwo zeigt sich so gut wie hier, ob der Risikomanagementprozess gelebt wird. *Bidirektional*

Diesen Sachverhalt kann man sogar soweit überspitzen, dass man beim Risikomanagementprozess eigentlich von einem Risikokommunikationsprozess sprechen sollte. Das beginnt schon bei der Festlegung des Kontexts, wo es darum geht, beim IT-Sicherheitsbeauftragten die Informationen zu bündeln, die im Unternehmen zu den Assets vorhanden sind um sie danach allen Beteiligten bekannt zu geben. Und es zieht sich hin bis zur Risikoakzeptanz, wo die Erkenntnisse der Fachexperten an das Management kommuniziert werden und das Management seine Entscheidung mitteilt. Es geht an keiner Stelle des Prozesses darum eine Aktivität einfach „nur so" durchzuführen. Es geht immer darum, Informationen zu erhalten, auszuwerten und sie danach aufbereitet weiterzugeben. *Risikokommunikationsprozess*

Daher gehört zu allen bisherigen Abschnitten die immanente Frage, ob man schon genug kommuniziert hat. Erstens: Habe ich schon genug Informationen bekommen? Und Zweitens: Habe ich schon alle nötigen Informationen weitergegeben? *Genug kommuniziert?*

Unnötige Informationen?

Das nur die Informationen weitergegeben werden sollen, bei denen das nötig ist, wirft die Frage auf, was mit den unnötigen Informationen geschehen soll und ob es überhaupt unnötige Informationen gibt. Leider lässt sich das nicht immer im Vorhinein klären, ob Informationen nötig sind oder nicht. Sie werden jedoch spätestens im nächsten Abschnitt nötig, wenn es darum geht, Entscheidungen und Bewertungen im Detail nachzuvollziehen und für die Zukunft aus ihnen zu lernen. Über allen Phasen des Risikomanagementprozesses schwebt also die unterschwellige Forderung nach Dokumentation.

Ziele

Die damit verfolgten Ziele sind vielfältig. Auf der einen Seite geht es – wie bereits geschildert – um die Informationsbeschaffung und -weitergabe. Darüber hinaus gibt es jedoch auch noch weitere Ziele, die über diesen reinen Kommunikationsaspekt hinausgehen:

⇒ Reduzierung oder Verhinderung von Sicherheitsvorfällen, die aufgrund von mangelndem Verständnis der Beteiligten herrühren

⇒ Verantwortliche Entscheidungsträger sollen nicht nur de facto verantwortlich sein, sondern sich dessen auch bewusst sein

⇒ Aufbau von Security-Know-how

⇒ Steigerung der Security-Awareness

Wir werden uns mit dem Thema noch genauer in Kapitel 6 auseinandersetzen. Vorher jedoch werfen wir wieder einen exemplarischen Blick in die ExAmple AG:

Fallbeispiel 7: Kommunikation ist alles!

Der IT-Sicherheitsbeauftragte der ExAmple AG Bob ist mit den bisherigen Ergebnissen des neu etablierten Risikomanagementprozesses eigentlich zufrieden. Er hat jedoch in einigen Gesprächen mit Mitarbeitern und sogar Abteilungsleitern festgestellt, dass kaum jemand über den Stand der Dinge informiert ist, wenn er nicht selbst an der Erarbeitung des Ergebnisses beteiligt war. Auch dann nicht, wenn er sie per Mail regelmäßig informiert hatte.

Ihm kommt der Verdacht, dass die Mails nicht gelesen werden, die er bloß zur Information versendet hat. Damit liegt er sicher nicht ganz falsch. Risikomanagement gehört bei keinem der Beteiligten zu den Kernaufgaben. Ist der Stress groß, ist klar, welche Themen

> sich behaupten können und welche untergehen. Sobald jedoch jemand etwas Inhaltliches beisteuern konnte wird das Interesse größer – unabhängig vom Thema. Man will ja auch, dass die geäußerte Meinung Gehör findet.
>
> Dinge lassen sich besser ignorieren, wenn man keinerlei Bezug dazu hat. Bobs Aufgabe ist es nun, für den gesamten Risikomanagementprozess eine Kommunikationsmatrix zu erstellen. In ihr müssen alle Phasen des Prozesses mit allen Prozessbeteiligten gegenübergestellt werden. Darüber hinaus muss Bob sicherstellen, dass jeder, der im Laufe des Prozesses eine Information erhält, auch an deren Erarbeitung beteiligt war. Bei wichtigen Informationen muss diese Beteiligung möglichst mehrfach und auf unterschiedlichen Kommunikationskanälen eingeholt werden. Bisher hatte sich Bob ausschließlich auf die Mails verlassen und nach dem Motto „no news is good news" verfahren: Wer nicht antwortete hatte nichts zu sagen.
>
> Wie Bobs Lösung im Detail aussieht, betrachten wir in Kapitel 6 über die Risikokommunikation.

3.7 Risikoüberwachung/ -überprüfung

Die Risikoüberwachung/ -überprüfung unterteilt sich in zwei Hauptaktivitäten. Da wäre zunächst die Aufgabe, die Risiken selbst im Auge zu behalten und darüber hinaus die Aufgabe, den Risikomanagementprozess zu kontrollieren.

ISO/IEC 27001: ⇨ 4.2.3

Wir hatten am Ende des letzten Abschnitts gesagt, dass es bei der Überwachung und Überprüfung oft auch um die unnötigen Informationen geht. Im Standard selbst heißt es dazu, dass bei der Überwachung und Überprüfung alle während des Risikomanagements erarbeiten Informationen als Input dienen – eben nicht nur die, die es wert waren kommuniziert zu werden. Die Entscheidung, wer was wissen sollte, muss schließlich auch überprüft werden.

Unnötige Informationen

Die Überwachung beziehungsweise Überprüfung ist eine weitere stützende Aktivität, die während des gesamten Risikomanagementprozesses stattfinden kann und muss. Sie dient mehreren Aspekten, die jeweils statisch oder dynamisch sind. Statische Aspekte beziehen sich darauf, ob das Vorgehen oder eine

Statische und dynamische Aspekte

Entscheidung in einer Stichtagsbetrachtung richtig ist. Dynamische Aspekte beziehen sich hingegen auf dieselbe Fragestellung im Zeitverlauf.

Qualitäts-sicherung

So kann man Qualitätssicherung von einer statischen und einer dynamischen Seite aus betrachten. Man kann Fragen, ob die Qualität der aktuellen Aktivitäten angemessen ist oder man kann fragen, ob die Qualität vergangener Aktivitäten aus heutiger Sicht immer noch angemessen ist.

Kontext und Kriterien

Eng damit verbunden, sind die Fragen nach den Veränderungen der Rahmenbedingungen des Risikomanagementprozesses. Die Frage lautet dann, ob sich der Kontext und die Basiskriterien verändert haben und vergangene Aktivitäten daher neu zu bewerten sind?

Fortschritt

Neben dieser Frage, die intern zu beantworten ist und deren Antwort sich direkt aus dem Prozess heraus ergibt, steht die Frage nach dem Fortschritt. Da sich Angriffstechniken und Bedrohungen in sehr schnellen Zyklen ändern, muss das Risikomanagement in denselben Zyklen fragen, ob die einmal festgelegte Risikobehandlung oder Risikoakzeptanz noch die richtige ist. Das gilt nicht nur für den klassischen Hackerangriff, sondern auch für alle anderen neuen oder veränderten Bedrohungen.

Beispiel: 11. September

Nehmen Sie als Beispiel die Anschläge des 11. September in New York und anderen amerikanischen Städten. Wer hätte davor gedacht, dass Firmen mit terroristischen Angriffen mit Flugzeugen rechnen müssen. Bis dahin war man von dieser Bedrohung höchstens bei Kernkraftwerken ausgegangen. Mit den Informationen, die wir bisher zusammengetragen haben, können Sie aber auch schon beantworten, warum das so war: Erstens wurde vor den Anschlägen des 11. September die Wahrscheinlichkeiten anders bewertet und zweitens die Schadenshöhen. Durch diese Neubewertung ergaben sich natürlich in allen Phasen des Risikomanagements Veränderungen. Angefangen bei den Basiskriterien, über Risikoübernahme, Risikobehandlung bis hin zur Risikoakzeptanz. Gerade in den USA ist der Spielraum für die Akzeptanz von Risiken seit den Anschlägen auf praktisch null zurückgefahren worden – ebenso wie ethische Bedenken bei der Implementierung von Sicherheitsmaßnahmen.

Der Prozess und die Risiken

Durch diesen internen und externen Blick auf die Dinge ergibt sich die Notwendigkeit, die Risikoüberwachung/ -überprüfung einmal

3.7 Risikoüberwachung/ -überprüfung

prozessbezogen und einmal risikobezogen durchzuführen. Man könnte die Frage auch so formulieren:

Stimmen

1. die Informationen noch, die wir haben und
2. der Prozess mit dem wir sie verarbeiten und bewerten?

Werfen wir wieder einen Blick auf den IT-Sicherheitsbeauftragten Bob, der am Ende der bisherigen Erfahrungen diese beiden Punkte überprüfen möchte.

Fallbeispiel 8: Ist die ExAmple AG noch auf Kurs?

In Fallbeispiel 3 hatte Bob eine Checkliste erstellt, in der er alle relevanten Gesetze zusammengefasst hatte. Darüber hinaus wurde in dem Workshop mit den Fachabteilungen erarbeitet, welche vertraglichen Verpflichtungen sich auf das Risikomanagement auswirken. In Fallbeispiel 7 hatte Bob schließlich die Feststellung gemacht, dass die Risikokommunikation noch nicht so verläuft, wie er sich das vorgestellt hatte. Die Punkte aus Fallbeispiel 3 betreffen in erster Linie die Informationen, diejenigen aus Fallbeispiel 7 den Prozess.

Bob möchte bei Gesetzen und Verträgen keine Lücken zulassen und einen Automatismus einführen, der dafür sorgt, dass diese Informationen stets auf dem aktuellsten Stand sind.

Hierzu legt er einen Dauertermin an, der ihn mindestens alle drei Monate daran erinnert, beim Rechtsanwalt der ExAmple AG abzufragen, ob sich die rechtlichen Rahmenbedingungen geändert haben und ob sich Gesetzesänderungen im kommenden Quartal abzeichnen. Denselben Dauertermin führt er bezüglich der vertraglichen Verpflichtungen für die Fachabteilungen ein. Alle drei Monate wird er nun den Abteilungen die bisher verfassten Verträge mit der Bitte um Aktualisierung zusenden.

Für die festgestellten Schwächen in der Risikokommunikation wird Bob ein passendes Kommunikationskonzept erarbeiten, dass sich auf die Techniken aus Kapitel 6 stützt. Der wichtigste Punkt hierbei wird es sein, zu erarbeiten, welche Information auf welchem Kanal am besten zur Geltung kommt und wie er verhindern kann, dass seine Mails einfach weggeklickt werden. Dieses Konzept wird den bisher implementierten Risikomanagementprozess der ExAmple AG ergänzen und verbessern.

3.8 Zusammenfassung

Wir haben in diesem Kapitel Stück für Stück zusammengetragen, aus welchen Teilen sich der Risikomanagementprozess zusammensetzt und Abbildung 13 von Seite 65 nach und nach ein Gesicht gegeben.

Der Mittelteil

Wir sind mit der Festlegung des Kontexts in Abschnitt 3.2 in den Prozess eingestiegen und haben danach in Abschnitt 3.3 die Bestandteile des Risiko-Assessments kennengelernt:

⇒ Risikoanalyse
  o Risikoidentifikation
  o Risikoabschätzung
⇒ Risikobewertung/ Priorisierung

In Abschnitt 3.4 haben wir die unterschiedlichen Arten der Risikobehandlung kennengelernt und uns in Abschnitt 3.5 schließlich damit auseinandergesetzt, was man macht, wenn man auf Restrisiken stößt, für die nur eine Risikoakzeptanz in Frage kommt.

Die Flanken

In den Abschnitten 3.6 und 3.7 haben wir die beiden flankierenden Aktivitäten Risikokommunikation und Risikoüberwachung beziehungsweise Überprüfung dazu genommen, die den Risikomanagementprozess nicht nur in der graphischen Übersicht, sondern auch in der täglichen Praxis aufrecht halten und einrahmen.

Entscheidungspunkte und die Dokumentation

Hinzu kommen die zwei Entscheidungspunkte, an denen zu bewerten ist, ob das Assessment beziehungsweise die Behandlung des Risikos zufriedenstellend ist. Darüber hinaus ist es notwendig, den ganzen Prozess dauerhaft und umfassend zu dokumentieren.

Am Ende dieses Kapitels steht mit Abbildung 16 der vollständige Risikomanagementprozess mit allen Details. Machen Sie sich an diese beiden Seiten ein Lesezeichen, mit dessen Hilfe Sie sich den Prozess jederzeit wieder vor Augen führen können oder folgen Sie von überall dem Link auf die Webseite zum Buch:

https://psi2.de/RM-Abb-16
(Abbildung 16 auf der Webseite zum Buch)

3.8 Zusammenfassung

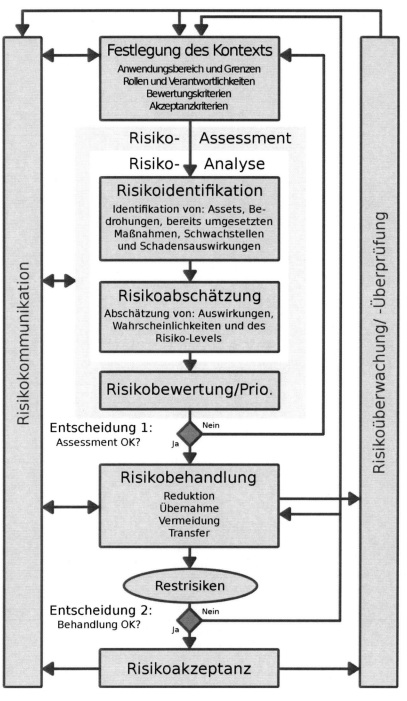

Abbildung 16: Der vollständige Risikomanagementprozess mit allen Details (nach [5])

(Immanenter Bestandteil aller Phasen ist eine umfangreiche Dokumentation)

4 ISO 27005 und BSI IT-Grundschutz

„Sekt oder Selters"
Aphorismus

Der Aphorismus Sekt oder Selters deutet es an: Dinge können ähnlich sein und doch so verschieden. Das gilt auch für Risikomanagement-Standards. BSI-Standard 100-3 *„Risikoanalyse auf der Basis von IT-Grundschutz"* ist das Deutsche Gegenstück zum internationalen Standard ISO/IEC 27005. Während der BSI IT-Grundschutz zwar bereits grundsätzlich um den PDCA-Zyklus und andere Bestandteile aus der ISO/IEC 27000er Reihe angereichert wurde, wartet 100-3 noch auf diese Angleichung.

Bereits in der Einleitung zu diesem Buch wurde angemerkt, dass Kritiker beim BSI-Standard 100-3 die Substanz vermissen. Versuchen wir uns dieser Kritik zu nähern: Auf 23 Seiten findet man in dem Standard rund 10 Seiten Text. Der Rest besteht aus erläuternden Beispielen. Auf diesen Seiten wird eine Vorgehensweise beschrieben, mit der man eine Risikoanalyse durchführen kann, wenn man nach BSI IT-Grundschutz arbeitet. Die ISO bietet

Fehlende Substanz

diesbezüglich mit der konzeptionellen Beschreibung des Risikomanagementprozesses durch die Standards 27005, 31000 und 31010 im Vergleich mit 100-3 deutlich mehr Substanz.

4.1 Die Vorgehensweise nach IT-Grundschutz

Das BSI sieht die Rollenverteilung zwischen den beiden Welten etwas anders und sagt in BSI-Standard 100-1 [19]:

> **2.1.1 ISO-Standards zur Informationssicherheit**
> **ISO 27005**
> *Dieser ISO-Standard "Information security risk management" enthält Rahmenempfehlungen zum Risikomanagement für Informationssicherheit. Unter anderem unterstützt er bei der Umsetzung der Anforderungen aus ISO/IEC 27001. Hierbei wird allerdings keine spezifische Methode für das Risikomanagement vorgegeben. ISO/IEC 27005 löst den bisherigen Standard ISO 13335-2 ab. Dieser Standard, ISO 13335 "Management of information and communications technology security, Part 2: Techniques for information security risk management", gab Anleitungen zum Management von Informationssicherheit.*

Dass ISO/IEC 27005 keine Methode vorgibt, ist insoweit richtig, dass dort ein Prozess vorgegeben wird. Methoden werden jedoch in den Anhängen und in ISO/IEC 31010 vorgegeben, die zum Teil in weiteren Standards detailliert beschrieben sind. Weiter heißt es in BSI-Standard 100-1:

> **8.1 Erstellung des Sicherheitskonzepts**
> *Auswahl einer Methode zur Risikobewertung*
> *Verschiedene Arten der Risikobewertung sind in der Norm ISO/IEC 27005 beschrieben. Das BSI hat hieraus abgeleitet ebenfalls mehrere Methoden entwickelt und in der Praxis erprobt. In der IT-Grundschutz-Vorgehensweise wird dabei eine sehr praxisnahe Methode der Risikobewertung beschrieben, die mit Hilfe der IT-Grundschutz-Kataloge umgesetzt werden kann. Ergänzt wird dieser Ansatz durch den BSI-Standard 100-3 "Risikoanalyse basierend auf IT-Grundschutz".*

Beurteilen Sie selbst, ob diese beiden Stellen aus demselben Dokument konsistent sind.

Das BSI ist sich dabei sehr wohl der Schwierigkeiten bewusst, die ein detailliertes Risikomanagement mit sich bringt. Die Unsicherheiten bei der Ermittlung von Eintrittswahrscheinlichkeiten und Schadenshöhen werden auch in den BSI-Standards thematisiert. Die Lösung dieses komplexen Problems ist jedoch keine der Komplexität des Problems entsprechende Methode, oder ein passendes Methodenset, sondern eine vereinfachte *„praxisnahe"* Methode.

Das BSI spricht dabei von einer Methode zur Risiko*bewertung*[21]. Dieser Begriff bedeutet nicht, dass man die weiteren Prozessschritte aus ISO/IEC 27001 bzw. ISO/IEC 27005 ausklammert. Anmerkungen zu dem Begriff werden im BSI-Standard nicht gemacht.

BSI-Standard 100-2 [20] geht in der Argumentation noch weiter und stellt fest: Eine traditionelle Risikoanalyse, bei der zunächst die Bedrohungen ermittelt und mit Eintrittswahrscheinlichkeiten bewertet werden, sei im IT-Grundschutz nicht nötig, um dann die geeigneten Sicherheitsmaßnahmen auszuwählen und das verbleibende Restrisiko zu bewerten. Diese Schritte seien beim IT-Grundschutz bereits für jeden Baustein durchgeführt und die für typische Einsatzszenarien passenden Sicherheitsmaßnahmen ausgewählt worden. Bei Anwendung des IT-Grundschutzes reduziere sich die Analyse auf einen Soll-Ist-Vergleich zwischen den in den IT-Grundschutz-Katalogen empfohlenen und den bereits realisierten Maßnahmen.

Traditionelle Risikoanalyse unnötig

Es wird nicht weiter erläutert, wie die bloße Feststellung, ein Maßnahmenpool sei ausreichend, dem komplexen Problem eines sinnvollen Risikomanagements gerecht werden soll. Diese Vorgehensweise wird den Anforderungen an einen Prozess und dem PDCA-Zyklus nicht gerecht, da die Bausteine somit als *„abgeschlossen"* betrachtet werden.

Dünnes Eis

Erst bei einem signifikant höheren Schutzbedarf sei es nötig, eine ergänzende Sicherheitsanalyse unter Beachtung von Kosten- und Wirksamkeitsaspekten durchzuführen:

---

[21] Zu den Schwierigkeiten bei der Begriffswahl siehe 2.1.

> **4 Erstellung einer Sicherheitskonzeption nach IT-Grundschutz**
> *Die Methodik des IT-Grundschutzes*
> *In der Regel reicht es hierbei aus, die Maßnahmenempfehlungen der IT-Grundschutz-Kataloge durch entsprechende individuelle, qualitativ höherwertige Maßnahmen zu ergänzen.*

Damit zäumt das BSI den Risikomanagementprozess von hinten auf: Zuerst werden die Maßnahmen der Grundschutzkataloge geplant und umgesetzt und erst dann analysiert.

Die erste Iteration

Wohlwollend ausgedrückt könnte man sagen, das BSI hat die erste Iteration des Risikomanagementprozesses bereits durchgeführt und eine Behörde oder ein Unternehmen steigt erst bei den Entscheidungspunkten des ISO-Risikomanagementprozesses ein. Die systematisch erarbeiteten Ergebnisse aus Abbildung 14 (siehe Seite 79) liegen danach natürlich noch nicht vor.

Sie haben die Wahl

Die BSI-Standards überlassen die Auswahl des geeigneten Risikomanagementsystems dem Anwender. Es steht dem BSI-Anwender frei, sich für oder gegen den Standard 100-3 zu entscheiden. Werfen wir zunächst einen genaueren Blick auf die Risikoanalyse gemäß BSI:

4.2 BSI-Standard 100-3

Wie stellt sich das BSI denn nun eine Risikoanalyse auf der Basis von IT-Grundschutz [21] vor? BSI-Standard 100-3 sieht dazu die folgenden Schritte vor:

- ⇒ Vorarbeiten
- ⇒ Erstellung der Gefährdungsübersicht
- ⇒ Ermittlung zusätzlicher Gefährdungen
- ⇒ Gefährdungsbewertung
- ⇒ Behandlung von Risiken
  - o Handlungsalternativen zum Umgang mit Risiken
  - o Risiken unter Beobachtung
- ⇒ Konsolidierung des Sicherheitskonzepts
- ⇒ Rückführung in den Sicherheitsprozess

Auf diesem Weg soll mit Hilfe der IT-Grundschutz-Kataloge eine vereinfachte Analyse von Risiken für die Informationssicherheit durchgeführt werden. Dabei werden drei unterschiedliche Gründe genannt, wegen derer BSI-Standard 100-3 zu Rate gezogen werden sollte:

Diese *„vereinfachte Analyse von Risiken"* wird unter anderem nötig, bei einem hohen oder sehr hohen Schutzbedarf in mindestens einem der drei Grundwerte (Vertraulichkeit, Integrität, Verfügbarkeit). Warum gerade bei sehr hohem Schutzbedarf eine *„vereinfachte Analyse"* angebracht sein soll, wird nicht begründet.

Schutzbedarf

Auch wenn ein Zielobjekt mit keinem der existierenden Bausteine des IT-Grundschutzes hinreichend abgebildet werden kann, soll die vereinfachte Risikoanalyse greifen.

Fehlende Bausteine

Als letzte Variante soll eine Analyse der Risiken für die Informationssicherheit nach BSI-Standard 100-3 durchgeführt werden, wenn die Einsatzszenarien (Umgebung, Anwendung) für die Zielobjekte im IT-Grundschutz nicht vorgesehen sind.

Einsatzszenarien

Liegt einer dieser Gründe vor, so sind die folgenden zwei Angelpunkte zu analysieren:

- ⇒ **Gefährdungen** für die Informationsverarbeitung, denen durch die Umsetzung der relevanten IT-Grundschutz-Bausteine noch nicht ausreichend oder sogar noch gar nicht Rechnung getragen wurde.
- ⇒ **Ergänzende Sicherheitsmaßnahmen**, die über das IT-Grundschutz-Modell hinausgehen

Die Risikoanalyse[22] auf der Basis von IT-Grundschutz ist also eine Vorgehensweise, um Vorkehrungen zu ermitteln, die über die in den IT-Grundschutz-Katalogen genannten Maßnahmen hinausgehen. Sie ist also vom Verständnis her keine Grundlage des gesamten Managementsystems für Informationssicherheit (ISMS). Im Vergleich mit ISO/IEC 27005 ist diese Methode am ehesten mit der Betrachtung der Restrisiken zu vergleichen (siehe Abbildung 15 auf Seite 82).

---

[22] Der Begriff Risikoanalyse wird in den BSI-Standards mit einer anderen Bedeutung verwendet, als sie in Abschnitt 2.1 herausgearbeitet wurde. Der Begriff Risikoanalyse des BSI entspricht am ehesten dem Begriff Risikomanagement aus ISO/IEC 27005.

Diese Risikoanalyse hat die Aufgabe, relevante Gefährdungen[23] für einen IT-Verbund[24] zu identifizieren und die daraus resultierenden Risiken[25] einzuschätzen. Das Ziel ist es anschließend, die Risiken durch angemessene Gegenmaßnahmen auf ein akzeptables Maß zu reduzieren, die Restrisiken transparent zu machen und dadurch das Gesamtrisiko zu steuern. Gehen wir nun auf die einzelnen Schritte etwas genauer ein:

Gefährdungs-übersicht	Für jedes zu analysierende Zielobjekt muss eine Liste der jeweils relevanten IT-Grundschutz-Gefährdungen zusammengestellt werden.
Zusätzliche Gefährdungen	Die aus den IT-Grundschutz-Katalogen entnommenen Gefährdungen werden danach durch zusätzliche Gefährdungen ergänzt, die sich aus dem hohen Schutzbedarf oder dem spezifischen Einsatzszenario ergeben. Für Ihre Ermittlung werden keine Hinweise auf anzuwendende Methoden gegeben, wie wir sie beispielsweise in Kapitel 5 betrachten.
Gefährdungsbewertung	Für jedes Zielobjekt und für jede Gefährdung wird nun geprüft, ob die bislang vorgesehenen Sicherheitsmaßnahmen einen ausreichenden Schutz bieten.
Behandlung von Risiken	Die Leitungsebene muss nun vorgeben, wie die erkannten Risiken behandelt werden sollen. Hierzu müssen Vorschläge und Optionen dargestellt werden. Es gibt folgende Optionen zur Behandlung von Risiken:

$\Rightarrow$ Reduzierung (entspricht in etwa Abb. 15: Reduktion)
$\Rightarrow$ Vermeidung (entspricht in etwa Abb. 15: Vermeidung)

---

[23] Der Begriff Gefährdungen wird in den BSI-Standards nicht formal eingeführt. Er dient teilweise implizit als Ersatz für die Verwendung von Wahrscheinlichkeiten. Von den in Abschnitt 2.1 herausgearbeiteten Begriffen kommen die Begriffe Bedrohung, Schwachstelle und Risiko als Pendant aus ISO/IEC 27005 in Frage. Eine klare Abgrenzung ist nicht möglich.

[24] Der Begriff IT-Verbund entspricht am ehesten den in Abschnitt 2.1 beschriebenen Begriffen Festlegung des Kontexts und Informationsverarbeitungseinrichtung. Eine klare Abgrenzung ist nicht möglich.

[25] Auch der Risikobegriff ist in den BSI-Standards nicht klar abgegrenzt. Oft wird er synonym mit Gefährdung verwendet, wenn nicht explizit von einer Gefährdung aus den Grundschutzkatalogen gesprochen wird.

⇒ Verlagerung (entspricht in etwa Abb. 15: Transfer)
⇒ Akzeptanz (entspricht in etwa Abb. 15: Übernahme)

Die Entscheidungen, wie die verschiedenen Sicherheitsrisiken zu behandeln sind, sind angemessen zu dokumentieren.

Bevor der originäre IT-Grundschutz-Prozess fortgesetzt werden kann, muss das Sicherheitskonzept konsolidiert werden. Dabei werden zusätzlich die Eignung, das Zusammenwirken, die Benutzerfreundlichkeit und die Angemessenheit der Sicherheitsmaßnahmen überprüft.

Konsolidierung

4.3 Die IT-Grundschutz-Kataloge

Wichtiger Bestandteil einer Risikoanalyse auf der Basis von IT-Grundschutz sind also die vorhandenen Gefährdungen der IT-Grundschutz-Kataloge.

Hinter den Grundschutz-Katalogen steckt die Idee, für typische Geschäftsprozesse, Anwendungen und IT-Systeme den gemeinsamen Nenner von erforderlichen Sicherheitsmaßnahmen zu beschreiben: die Standard-Sicherheitsmaßnahmen. Seltenere Individuallösungen oder IT-Systeme mit hohem Schutzbedarf, können sich an den Standard-Sicherheitsmaßnahmen orientieren, bedürfen aber einer besonderen Betrachtung. Darüber hinaus enthalten die IT-Grundschutz-Kataloge eine Darstellung der pauschal angenommenen Gefährdungslage.

Maßnahmen und Gefährdungen

Diese werden dann mit den Maßnahmen zu den sogenannten Bausteinen kombiniert, aus denen sich ein Sicherheitskonzept nach BSI IT-Grundschutz zusammensetzt. Die Bausteine enthalten jeweils eine kurze Beschreibung sowie einen Überblick über die betrachteten Gefährdungen und empfohlenen Maßnahmen.

Bausteine

Es gibt Bausteine für verschiedene Aspekte der Informationssicherheit – im IT-Grundschutz Schichten genannt:

⇒ Übergreifende Aspekte
⇒ Infrastruktur
⇒ IT-Systeme
⇒ Netz
⇒ Anwendungen

Die Bausteine betrachten dabei die unterschiedlichen Phasen im Lebenszyklus eines betrachteten Objekts:

⇒ Planung und Konzeption
⇒ Beschaffung (sofern erforderlich)
⇒ Umsetzung
⇒ Betrieb
⇒ Aussonderung (sofern erforderlich)
⇒ Notfallvorsorge

Kreuzreferenztabellen

Wichtigste Aufgabe eines Bausteins ist es, Gefährdungen und Maßnahmen zu einem bestimmten Aspekt der Informationssicherheit miteinander in Verbindung zu bringen. Am deutlichsten wird das in den Kreuzreferenztabellen, die sichtbar machen, welche Gefährdung durch welche Maßnahme abgedeckt wird. Als Beispiel sehen Sie in Tabelle 4 einen Auszug aus der Tabelle zu Baustein B 1.2 Personal, in der die nummerierten Gefährdungen und Maßnahmen gegenübergestellt sind. So lässt sich auf einen Blick feststellen, ob eine Gefährdung mit einer oder auch mehreren Maßnahmen abgedeckt ist. Die Bausteine bedienen sich dabei aus dem Maßnahmen- und Gefährdungspool der Kataloge.

Tabelle 4: Auszug aus der Kreuzreferenztabelle zu Baustein B 1.2

	G 1.1	G 1.2	G 2.2.	G 2.7	...
M 3.10	X			X	...
M 3.11		X	X	X	...
M 3.33				X	...
...	...	...	...	...	...

Gefährdungskataloge

Die Gefährdungskataloge enthalten jeweils die ausführlichen Beschreibungen. Sie sind in fünf Kataloge gruppiert[26]:

⇒ Höhere Gewalt (19)
⇒ Organisatorische Mängel (147)
⇒ Menschliche Fehlhandlungen (98)
⇒ Technisches Versagen (73)
⇒ Vorsätzliche Handlungen (146)

---

[26] In Klammern jeweils die Anzahl in der 11. Ergänzungslieferung mit Stand 2009 jeweils mit den entfallenen Gefährdungen/ Maßnahmen

Die Maßnahmenkataloge beschreiben die in den Bausteinen zitierten Sicherheitsmaßnahmen. Sie sind in sechs Kataloge gruppiert: **Maßnahmenkataloge**

⇒ Infrastruktur (73)
⇒ Organisation (443)
⇒ Personal (69)
⇒ Hard- und Software (345)
⇒ Kommunikation (152)
⇒ Notfallvorsorge (137)

Insbesondere dieser Pool ist es, der den BSI IT-Grundschutz so beliebt und wertvoll macht. Im Grunde ist der IT-Grundschutz dadurch ein Bausatz, der vom Grundgedanken her eine Risikoanalyse überflüssig macht. Selbst dann kann auf Grundlage der Kataloge ein benutzerdefinierter Baustein mit der Risikoanalyse nach BSI-Standard 100-3 erarbeitet werden. **Der BSI-Bausatz**

Wer jedoch mehr konzeptionelle Untermauerung und Unterstützung bei der Etablierung eines handlungsfähigen und reaktionsschnellen Risikomanagementsystems sucht, der kann auf die Hilfestellungen von ISO und IEC zurückgreifen.

4.4 Zusammenfassung

Nach diesem kurzen Abriss des BSI IT-Grundschutzes haben wir einen Überblick erhalten, an welchen stellen sich die beiden Welten ergänzen können. Die Stärken der einen Welt können teilweise die Schwächen der anderen kompensieren. Die BSI Kataloge können gerade im Bereich der Risikoidentifizierung einen wertvollen Dienst erweisen. **Zwei Welten, die sich ergänzen**

Auf der anderen Seite überlassen die BSI-Standards die Auswahl eines geeigneten Managementsystems dem Anwender. Es steht dem BSI-Anwender also frei, sich für oder gegen den Standard 100-3 zu entscheiden. Auch ist es denkbar, die Risikoanalyse auf der Basis von IT-Grundschutz als zusätzliche Technik des Risiko-Assessments nach ISO/IEC 27005 zu interpretieren oder beide Standards parallel anzuwenden. Immerhin handelt es sich in beiden Welten um ein Managementsystem für Informationssicherheit (ISMS), das sich auf ISO/IEC 27001 stützt.

Gerade im deutschsprachigen Raum ist es daher kaum möglich, sich für eine der beiden Welten zu entscheiden und die andere links liegen zu lassen. Zu groß wären die ungenutzten Chancen.

5 Risiko-Assessment

„Es gibt Risiken, die einzugehen du dir nicht leisten kannst und es gibt Risiken, die nicht einzugehen du dir nicht leisten kannst!"
Peter Drucker

Ein spannendes Zitat. Besonders durch die ihm innewohnende Trivialität. Es geht also im Risiko-Assessment darum zu ermitteln welche Risiken nötig und welche Risiken unnötig sind. Aufmerksame Leser erinnern sich natürlich an das Zitat vor Kapitel 2: *"Es ist unmöglich, ein unnötiges Risiko einzugehen. Denn ob das Risiko unnötig war, findet man erst heraus, wenn man es längst eingegangen ist."* Ganz so trivial wie es auf den ersten Blick ausschaut kann es also nicht sein.

Trivial oder nicht?

Man benötigt für ein aussagekräftiges Risiko-Assessment bewährte Techniken, die es ermöglichen, das man mit der Risikoanalyse und -bewertung auch in der Rückschau richtig gelegen hat. ISO/IEC 27005 hält sich hierzu allerdings ziemlich bedeckt. Eine umfangreichere Auswahl an anzuwendenden Techniken des

Techniken

Risiko-Assessments bietet ISO/IEC 31010, der speziell nur mit dieser Zielsetzung erstellt wurde, allerdings nicht mit dem Schwerpunkt auf Informationssicherheitsrisiken.

Ideengeber Daher sind die vorgestellten Techniken vor allem als Ideengeber zu verstehen, um sich intensiver mit ihnen auseinanderzusetzen. Einige Methoden passen besser als andere und einige der Methoden sind für Informationssicherheitsrisiken ungeeignet oder zumindest unüblich.

Blick über den Tellerrand In jedem Fall lohnt sich bei einigen der Blick über den Tellerrand, bevor man sich für eine bestimmte Vorgehensweise entscheidet. Bei der Orientierung soll dieses Kapitel helfen. Es kann natürlich nicht die vielen Bücher ersetzen, die sich mit den einzelnen Techniken im Detail auseinandersetzen. Die Methodenauswahl folgt daher dem Standard. Einige Methoden aus ISO/IEC 31010 passen allerding so wenig, dass sie ganz weggelassen wurden (siehe Übersicht auf Seite 154).

5.1 Methodensteckbriefe

Verschaffen Sie sich den Überblick Kapitel 5 soll Ihnen als Nachschlagekapitel dienen und Sie dabei unterstützen die richtige Wahl zu treffen. Im Folgenden sind die vorgestellten Methoden daher jeweils auf einem meist zweiseitigen Steckbrief beschrieben. In einer kleinen Grafik erkennen Sie auf den ersten Blick, für welche Prozess-Phase die Methode geeignet ist. Im grau hinterlegten Text wird die Methode jeweils eingeordnet und die benötigte Infrastruktur dargestellt. Zu jeder Methode folgt schließlich ein Web-Tipp zur weiteren Recherche – wie gewohnt mit einem QR-Code über den Sie mit Ihrem Smart-Phone direkt auf die verlinkte Webseite gelangen. Auch hier sind die Links so ausgelegt, dass Sie jederzeit aktuell gehalten werden (siehe die Hinweise in Abschnitt 1.4).

Auswahl der richtigen Technik Welche der Methoden für Sie und die Situation in Ihrer Firma oder Behörde die richtige ist, hängt von den unterschiedlichsten Faktoren ab, die nicht unbedingt nur etwas mit dem Risikomanagementprozess zu tun haben. Neben diesen harten Anforderungen gibt es eine ganze Reihe von weichen Gründen für und wider eine bestimmte Technik. Persönliche Vorlieben und Abneigungen sind hier ebenso zulässig, wie bereits gemachte Erfahrungen mit einer der Methoden. In manchen Unternehmen sind Checklisten das Mittel der Wahl. In anderen Unternehmen können sie hingegen ein rotes Tuch sein, bei dessen schierer Erwähnung die Bereitschaft zur Mitarbeit in den Keller abrutscht.

Bei der Orientierung sollen die kleinen Grafiken am Rand jedes Methodensteckbriefs dienen, die Anzeigen, in welchen Phasen des Risiko-Assessments die jeweils vorgestellte Methode unterstützen kann (Grafiken nach nach [5]). Wenn die Methode für eine Phase besonders geeignet ist, dann ist das mit einem schwarzen Kreuz markiert, wenn die Methode nur eingeschränkt geeignet ist, dann ist das mit einem grauen Kreuz markiert. Ist die Methode für eine Phase ungeeignet, dann fehlt das Kreuz.

Unterstützt bei:

5.2 Merkmale

Bei der Auswahl der richtigen Technik werden Sie durch die Bewertung mehrerer Merkmale unterstützt, anhand derer die Techniken voneinander abgegrenzt werden.

Komplexität

Über die Komplexität von Risiken haben wir bereits an mehreren Stellen in diesem Buch gesprochen. Sie rührt vornehmlich von den Wechselwirkungen her, die Risiken und Maßnahmen aufeinander haben; sie können nicht isoliert betrachtet werden. Manche Methoden gehen aber bewusst von einem isolierenden Blickwinkel aus, um die Analyse zu vereinfachen. Das kann je nach Situation gleichzeitig Stärke und Schwäche einer Methode sein.

Natürlich geht es aber in der Praxis nicht nur um die Komplexität des Problems, sondern auch um die Komplexität der Methode selbst. Muss man sie erst erlernen und sich mit ihr anfreunden, oder kann man nach einer kurzen Einweisung direkt loslegen? Daher ist es notwendig, das Merkmal Komplexität getrennt nach Methode und Problem zu bewerten. Wir verwenden hierfür die Ausprägungen gering, mittel, hoch und beliebig.

Ergebnisunsicherheit

Auch der Faktor Unsicherheit spielt immer wieder eine Rolle. Dem wird auch bei der Bewertung der Methoden Rechnung getragen, indem der Grad der Ergebnisunsicherheit der Methoden bewertet wird. Bewertet wird jeweils in den Ausprägungen gering, mittel und hoch.

Ressourcenbedarf

Neben diesen immanenten Merkmalen steht immer die Frage im Raum, wie viel Arbeit eine Methode macht, wie viel Personal, Material und Zeit aufgewendet werden muss, um zu einem vernünftigen Ergebnis zu kommen. Die Bewertung erfolgt ebenfalls in den Ausprägungen gering, mittel und hoch.

Quantitative/ qualitative Methoden	Insbesondere im Hinblick auf die Fragestellungen zur Wirtschaftlichkeitsbetrachtung von Kapitel 7 stellt sich bei den Methoden die Frage, ob sie lediglich einen qualitativen Output liefern oder dazu geeignet sind, Risiken durch konkrete Zahlen zu quantifizieren. Die Einordnung erfolgt in den Ausprägungen qualitative Methode und quantitative Methode.
Ressourcen und Infrastruktur	Zuletzt wird für jede Methode in kurzen Worten zusammengefasst, welche Ressourcen zu deren Durchführung vorhanden sein sollten.

5.3 Gruppierungen

Mehrere Möglichkeiten	Die vorgestellten Methoden lassen sich alle auf unterschiedlichste Arten gruppieren und zusammenfassen. Teilweise lassen sich so mehrere Steckbriefe zu einem Assessment zusammenstellen, mehrere Methoden unter einem Oberbegriff wie zum Beispiel *„Szenario-Analysen"* zusammenfassen oder man ordnet sie nach qualitativen oder quantitativen Methoden. ISO/IEC 31010 unterscheidet unter anderem die folgenden Methodengruppen:

⇒ Nachschlagemethoden
   o Checklisten (5.7)
   o PHA (5.8)
⇒ Unterstützende Methoden
   o Brainstorming (5.4)
   o Interviews (5.5)
   o Delphi-Methode (5.6)
   o SWIFT (5.11)
   o HRA (5.18)
⇒ Szenario-Analysen
   o Szenario-Analysen (5.12)
   o BIA (5.13)
   o RCA (5.14)
   o Fehler- und Ereignisbaumanalysen (5.16)
   o Ursache-Wirkungsanalysen (5.17)
⇒ Maßnahmen-Analyse
   o Bow Tie (5.18)
⇒ Funktionsanalysen
   o HAZOP (5.9)
   o HACCP (5.10)
   o FMEA und FMECA (5.15)

Die Reihenfolge der Nennung richtet sich im Folgenden nach ISO/IEC 31010 und folgt eher einer didaktischen als einer inhaltlichen Linie. Wir fangen mit Nachschlagemethoden und unterstützenden Methoden an und bauen die anderen Methoden darauf auf, so dass es neben dem reinen Nachschlagen auch möglich ist, das Kapitel am Stück zu lesen. *Reihenfolge*

Für die Wirtschaftlichkeitsanalysen wurde kein eigener Steckbrief erstellt, obwohl sie gemäß Standard zu den Assessment-Methoden zählen. Das Thema wird als so wichtig angesehen, dass sich ein eigenes Kapitel damit befasst und damit deutlich über die Darstellung in ISO/IEC 31010 hinausgeht. Kapitel 7 stellt die folgenden Methoden vor: *Wirtschaftlichkeitsanalyse*

⇒ Wirtschaftlichkeitsprinzipien
⇒ Kosten-Nutzen-Analysen
⇒ Pareto-Prinzip
⇒ Total Cost of Ownership
⇒ Total Benefit of Ownership
⇒ Total Economic Impact
⇒ Return on Security Investment
⇒ Return on Information Security Investment
⇒ Stochastischer Return on Security Investment

In ISO/IEC 31010 werden lediglich einfache Kosten-Nutzen-Analysen vorgestellt, die den Anforderungen der Informationssicherheit nicht gerecht werden.

5.4 Brainstorming

Unterstützt bei:

Einordnung der Methode:
Komplexität der Methode: Gering
Komplexität des Problems: Gering
Grad der Ergebnisunsicherheit: Gering
Ressourcenbedarf: Gering
Quantitativer Output: Nein

Benötigte Ressourcen und Infrastruktur:
- ✓ Raum mit ausreichender Größe für die Teilnehmerzahl
- ✓ Flipchart oder Tafel
- ✓ Moderator

Web-Tipp:
https://psi2.de/RM-Steckbrief-5.4
(Brainstorming im Internet)

Her mit den Ideen	Ein Brainstorming [22] steht meist zu Beginn einer Analyse, wenn man noch nichts hat, was man analysieren kann. Wie der Begriff schon sagt, sollen durch diese Kreativitätstechnik die Gehirnwindungen nach Ideen zu einem vorgegebenen Thema durchgeblasen werden. Wie man sich vorstellen kann, ist bei dieser Methode auch manches faule Ei unter den Ideen, was allerdings durchaus erwünscht ist – aussortiert wird zum Schluss.
Input	Sie benötigen nicht viel für ein erfolgreiches Brainstorming. Eine Gruppe von Personen, die sich mit dem Thema des Brainstormings auskennt, reicht aus. Der eigentliche Input steckt bereits in den Köpfen der Beteiligten.
Output	Der Output hängt davon ab, wie gut die Teilnehmer ausgewählt wurden. Wenn Sie beispielsweise nach bereits implementierten Sicherheitsmaßnahmen fragen wollen, hängt es von der Auswahl der Gruppenteilnehmer ab, was sie darüber wissen.
Durchführung	Das Brainstorming unterliegt einigen Spielregeln, die der Moderator der Gruppe zu Beginn erklärt. So sind Ideen auch dann interessant, wenn es für das Problem zunächst nicht relevant

5.4 Brainstorming

erscheint. Diese Abschweifungen regen die Kreativität der anderen Teilnehmer an und wecken Assoziationen.

Daher ist es auch nicht gestattet die Ideen während des Brainstormings zu bewerten. Das muss explizit ebenso wie implizit verhindert werden. Gibt es in einer Gruppe Teilnehmer unterschiedlicher Hierarchiestufen, ist davon auszugehen, dass sich die Gruppe an den Ideen der höchstgestellten Person orientieren.

Während des gesamten Brainstormings muss gelten: Quantität geht vor Qualität. Daher ist es wichtig, auch nach dem Brainstorming keinen der Teilnehmer wegen vermeintlich dummer Ideen anzusprechen. Die Motivation für das nächste Brainstorming ist sonst leicht zu erraten.

Es gibt für keinen der Teilnehmer so etwas wie ein Urheberrecht an Ideen. Jeder kann Ideen eines anderen aufgreifen und noch bessere daraus formulieren. Diese Assoziationen sind ungeheuer wichtig für das Ergebnis.

Was die Dokumentation angeht, empfiehlt es sich, dass der Moderator stichpunktartig an einer Tafel mitschreibt, oder – je nach Übung – eine Mindmap anlegt. Auf jeden Fall müssen diese Notizen für alle sichtbar sein. Auch hierdurch sollen Assoziationen gefördert werden.

Bitte beachten!

Auch wenn das Brainstorming eine ziemlich einfache Technik ist, gibt es einige Fallstricke, die Sie beachten sollten. Hierzu gehören die gruppendynamischen Elemente dieser Methode. Durch das Wertungsverbot können sich Selbstdarsteller hervorragend in Szene setzen und zurückhaltende Personen gehen mit ihren Meinungen möglicherweise unter.

Besonderheit während eines Risiko-Assessments: Niemand möchte sich gerne selbst in die Pfanne hauen und risikobehaftetes Verhalten aufdecken. Sie dürfen nicht riskieren, als Fallensteller für die Mitarbeiter wahrgenommen zu werden. Darüber hinaus ist es wichtig zu beachten, dass Understatement bei wirklich guten Technikern zum guten Ton gehört und gerne der Spruch zitiert wird: *„Wenn man keine Ahnung hat, einfach mal Fre*** halten."* Viele gute Ideen können so auf der Strecke bleiben und müssen mit anderen Methoden ermittelt werden.

5.5 Strukturierte und semistrukturierte Interviews

Unterstützt bei:

Einordnung der Methode:
Komplexität der Methode: Mittel
Komplexität des Problems: Mittel
Grad der Ergebnisunsicherheit: Gering
Ressourcenbedarf: Mittel
Quantitativer Output: Nein

Benötigte Ressourcen und Infrastruktur:
✓ Raum für persönliches Interview oder Telefon
✓ Frage-/ Antwortbögen
✓ Interviewer

Web-Tipp:
https://psi2.de/RM-Steckbrief-5.5
(Fragebögen im Internet)

Wer, wie, was?	Lassen es Thema oder Teilnehmerstruktur nicht zu, ein Brainstorming durchzuführen, sind Interviews eine Möglichkeit an das Wissen der Befragten zu gelangen. Man unterscheidet strukturierte Interviews, die sich strikt an einen vordefinierten Ablaufplan halten und semistrukturierte Interviews, die dem Interviewer mehr Gestaltungsspielraum und Zeit für Rückfragen einräumen [23].
Input	Beim Brainstorming verlässt man sich weitestgehend darauf, dass die guten Ideen allein durch die Interaktion in der Gruppe und das freie Assoziieren zustande kommen. Das kann in Interviews nicht funktionieren. Daher müssen die Ziele zuvor genau festgelegt werden, aus denen sich die Fragen des Interviews ergeben. Der Auswahl der Teilnehmer muss wegen des hohen Zeitbedarfs mehr Beachtung geschenkt werden.
Output	Als Ergebnis erhalten Sie die jeweils subjektive Sicht des Interviewten in Abhängigkeit von den gestellten Fragen.
Durchführung	Was sich zunächst einfach anhört, ist allerdings recht schwierig. Da sind zum einen die vielen unterschiedlichen Möglichkeiten ein Interview durchzuführen und zum anderen eine ganze Reihe

5.5 Strukturierte und semistrukturierte Interviews

Fehler, die man bei der Planung und Durchführung machen kann. Die größte Fehlerquelle stellen dabei die Fragen selbst dar. Ihrer Formulierung ist die größte Aufmerksamkeit zu widmen.

Die Fragen müssen zunächst verständlich formuliert werden, so dass Rückfragen vermieden werden und sich der Interviewte auf die Antwort konzentrieren kann. Dazu gehört es, die Fragen kurz zu halten und immer nur einen Aspekt abzufragen.

Ebenso sollten Fragen keine wertenden Begriffe enthalten und die Antwort nicht schon vorweg nehmen. Sie haben beispielsweise die Möglichkeit in einer Frage von Angreifern, Hackern, Crackern oder gar von Kriminellen zu sprechen. Das beeinflusst die Antwort erheblich. Sie könnten beispielsweise eine Mitarbeiterin der Buchhaltung fragen, ob sie Angst vor Social Engineering durch verantwortungslose Cyber-Kriminelle habe. Oder Sie können fragen, ob sie Angst davor habe, von jemandem hinters Licht geführt zu werden, der an vertrauliche Unternehmensdaten kommen will. Diese zwei Fragen werden zu unterschiedlichen Antworten führen, obwohl sie denselben Aspekt beleuchten.

Auch die Reihenfolge der Fragen ist entscheidend. Sie können die Mitarbeiterin vorher Fragen, ob ihr bewusst sei, dass es 80% der Angreifer gelingt, Firmenmitarbeiter hinters Licht zu führen und sie können das im Anschluss tun – in jedem Fall werden die Ergebnisse unterschiedlich ausfallen.

Die Abfolge der Fragen muss nicht linear sein. Je nach Thema kann es sinnvoll sein Rückfragen bei einer bestimmten Antwort bereits im Vorfeld zu planen, so dass sich eine Baumstruktur ergibt. Auch ist es möglich auf diese Struktur in Teilen oder ganz zu verzichten, was jedoch hohe Anforderungen an den Interviewer stellt.

Interviews halten eine ganze Reihe von Fallstricken bereit, in denen man sich als Interviewer verheddern kann. Das schwierigste daran ist, dass man dies nicht ohne weiteres bemerkt. Möglicherweise fühlt sich das Ergebnis einer Befragung für alle Beteiligten gut an, ist jedoch durch eine fehlerhafte Befragung verfälscht. Probieren Sie daher vorher verschiedene Fragemöglichkeiten durch und befassen Sie sich mit Möglichkeiten und Fehlerquellen bei Interviews. Bedenken Sie, dass Interviews im Vergleich zu anderen Techniken sehr zeit- und damit kostenintensiv sind und bei einem Fehler nur sehr schwer wiederholt werden können.

Bitte beachten!

5.6 Die Delphi-Methode

Unterstützt bei:

Einordnung der Methode:
Komplexität der Methode: Hoch
Komplexität des Problems: Mittel
Grad der Ergebnisunsicherheit: Mittel
Ressourcenbedarf: Mittel
Quantitativer Output: Nein

Benötigte Ressourcen und Infrastruktur:
- ✓ Thesenpapier oder Fragebogen
- ✓ Leiter der Befragung

Web-Tipp:
https://psi2.de/RM-Steckbrief-5.6
(Delphi im Internet)

Viele Experten, eine Meinung?	Da staunt der Laie und der Fachmann wundert sich. Dieses geflügelte Wort bringt zum Ausdruck, dass auch Experten nicht auf alle Fragen dieser Welt eine Antwort haben. Und wenn doch, dann sind sie oft nicht einer Meinung. Die Delphi-Methode [24] versucht, zwischen den Experten auf anonymer Basis einen Konsens herbeizuführen, verlangt aber von den Beteiligten die grundsätzliche Bereitschaft sich mit der Methode auseinanderzusetzen. Das kann bei der Betrachtung von Risiken von großem Vorteil sein, da es für viele Beteiligte schwierig sein kann, ein Risiko offen zuzugeben. Die Anonymität unterstützt hier nicht nur die Konsensfindung, sondern auch die Identifikation von Risiken an sich.
Input	Als Input wird für die Delphi-Methode ein Thesenpapier oder ein Fragebogen zu einem Thema benötigt, über das Einigkeit hergestellt werden soll.
Output	Am Ende einer Delphi-Befragung steht eine Bewertung des zur Diskussion gestellten Themas.
Durchführung	Zu Beginn einer Delphi-Befragung erstellt der Leiter ein Thesenpapier oder einen Fragebogen (siehe auch 5.5), in dem einzelne

5.6 Die Delphi-Methode

Experten unabhängig voneinander um ihre Bewertung gefragt werden.

> *Bob könnte zum Beispiel die Abteilungsleiter nach ihrer Bewertung zu folgender These zu Fragen: „Wirtschaftsspionage spielt für unser Unternehmen keine Rolle." Nun würden einige Abteilungsleiter zustimmen, andere nicht. Der Leiter der Forschungsabteilung würde sogar sagen, dass Spionage eine große Rolle spielt. Bob würde den Abteilungsleitern daraufhin die folgende angepasste These vorlegen: „Wirtschaftsspionage spielt für unser Unternehmen eine geringe Rolle. Die Forschungsabteilung ist jedoch stärker gefährdet." Dem würden nun alle zustimmen, nur der Forschungsleiter insistiert weiter und möchte das „stärker" gegen ein „stark" austauschen. Mit dieser dritten Version sind dann alle Abteilungsleiter einverstanden.*

Fallbeispiel 9: Delphi-Methode

Üblicherweise wird man eine Befragung nicht nur mit einer These, sondern mit mehreren durchführen. Für die Formulierung der Thesen sind ähnliche Aspekte zu beachten, wie bereits bei den Interviews (siehe 5.5).

Eine Möglichkeit, den Zeitaufwand für die Methode zu reduzieren ist es, die Anonymität aufzuheben und die erste Befragung in einer gemeinsamen Runde durchzuführen, in der die Experten ihre Meinung vorbringen und kurz diskutieren können. Hierdurch können ähnliche gruppendynamische Nachteile entstehen, wie sie beim Brainstorming angesprochen wurden (siehe 5.4).

Die Delphi-Methode wird je nach Konsensfähigkeit des Themas einiges an Zeit und Arbeit in Anspruch nehmen. Dadurch ist der Leiter der Befragung darauf angewiesen, dass die Beteiligten motiviert bei der Sache sind, auch dann noch, wenn es mehrerer Iterationen bedarf. Klinken sich einige auf halber Strecke aus, ist der erreichte Konsens am Ende nicht viel wert.

Bitte beachten!

Man sollte ebenso in Erwägung ziehen, dass die Methode sehr akademisch anmutet und sie allein dadurch bei manchen auf Ablehnung stoßen könnte. Das provoziert unter Umständen eine Sabotagehaltung, die einen Konsens verhindern kann. In diesem Fall kann man die Methode – wie oben beschrieben – in einer Besprechung durchführen.

5.7 Checklisten

Unterstützt bei:

Einordnung der Methode:
Komplexität der Methode: Gering
Komplexität des Problems: Gering
Grad der Ergebnisunsicherheit: Gering
Ressourcenbedarf: Gering
Quantitativer Output: Nein

Benötigte Ressourcen und Infrastruktur:
✓ Checklisten

Web-Tipp:
https://psi2.de/RM-Steckbrief-5.7
(Checklisten im Internet)

Aus Erfahrung wird man klug

Die Idee, die hinter der Verwendung von Checklisten steht, ist es, auf den Erfahrungen der Vergangenheit oder Best Practices aufzubauen. Checklisten laufen unter dem Motto, das Rad nicht neu zu erfinden. Wir haben bereits in Abschnitt 2.7 einige Quellen kennengelernt, aus denen man solche Checklisten erarbeiten kann. Zum Teil sind solche Listen ja auch im Anhang zu ISO/IEC 27005 enthalten. Eine weitere Möglichkeit sind die bereits genannten Gefährdungskataloge aus dem BSI IT-Grundschutz.

Checklisten bilden daher eine ideale Ergänzung zu anderen Techniken des Risiko-Assessments, bei denen es eher darum geht neue Bedrohungen und Schwachstellen aufzuspüren. Durch die anschließende Verwendung von Checklisten kann der Effekt vermieden werden, dass man den Wald vor lauter Bäumen nicht mehr sieht und offensichtliche Bedrohungen vergisst.

Insbesondere für weitere Iterationen innerhalb des Risikomanagementprozesses sind sie hilfreich. Man sollte ja nicht nur prüfen, ob die beim letzten Mal behandelten Risiken noch aktuell sind. Es geht zusätzlich darum, ob beim letzten Mal ausgeschlossene Risiken im Verlauf der Zeit nicht doch relevant geworden sind. Auch außerhalb des Risiko-Assessments können Checklisten

5.7 Checklisten

hilfreich sein, so zum Beispiel bei der Auswahl passender Maßnahmen.

Als Input können alle verfügbaren Quellen für bekannte Bedrohungen und Schwachstellen verwendet werden. — Input

Als Output liefern Checklisten die Gewissheit, dass man an alles gedacht hat und Fehler nicht wiederholt werden, die andere schon einmal gemacht haben. — Output

Die Qualität der Checklisten hängt von der Qualität der verwendeten Quellen ab. Die Qualität des Ergebnisses von der Erkenntnis, dass man mit Checklisten allein nicht alle Punkte abdecken kann. Im Grunde wurden die Punkte einer Checkliste bereits in einem andern Assessment identifiziert, sei es beispielsweise durch das BSI, das SANS Institut oder Ihre eigenen Erfahrungen, die über die Jahre in diese Checklisten einfließen. — Durchführung

Die größte Gefahr bei der Verwendung von Checklisten ist es, das man sich bei Entscheidungen im Risikomanagement ausschließlich auf sie stützt und dadurch die Identifikation neuer Risiken vernachlässigt. — Bitte beachten!

Ebenso wichtig ist es, der Gefahr zu begegnen, dass man die Punkte der Checkliste nicht weiterdenkt und dadurch neue Varianten und Abwandlungen einer Bedrohung aus den Augen verliert.

Außerdem muss vorher klar sein, nach welchem Schema man sich für oder gegen die Relevanz eines Punkts auf der Checkliste entscheidet. Sonst kann es leicht passieren, dass man zwar an alles gedacht aber trotzdem versagt hat. Es ist eine Sache, wenn man Opfer eines Angriffs wird, an den man einfach nicht gedacht hat und eine andere, bei einem Angriff, von dessen Möglichkeit man zwar wusste, ihn aber als nicht relevant bewertet hat.

Nicht vergessen – weitere Informationen zum Buch finden Sie hier:

https://psi2.de/Risikomanagement-das-Buch
(Webseite mit Anwenderforum zum Buch)

5.8 Vorläufige Sicherheitsanalyse (Preliminary Hazard Analysis PHA)

Unterstützt bei:

Einordnung der Methode:
Komplexität der Methode:	Mittel
Komplexität des Problems:	Mittel
Grad der Ergebnisunsicherheit:	Hoch
Ressourcenbedarf:	Gering
Quantitativer Output:	Nein

Benötigte Ressourcen und Infrastruktur:
- ✓ Raum mit ausreichender Größe für die Teilnehmerzahl
- ✓ Flipchart oder Tafel
- ✓ Checklisten
- ✓ Moderator

Web-Tipp:
https://psi2.de/RM-Steckbrief-5.8
(PHA im Internet)

Die PHA untersucht die Beziehungen zwischen möglichen Ursachen eines Schadensereignisses und den möglichen Auswirkungen und war ursprünglich nicht für Risiken in der Informationssicherheit gedacht sondern für den Bereich Safety[27]. Ganz ungeeignet ist die Methode jedoch nicht, wenn man sie geschickt adaptiert.

Ist die PHA ein besseres Ergebnisprotokoll?

Üblicherweise wird sie zu Beginn eines Projekts eingesetzt um sich einen Überblick über mögliche Risiken zu verschaffen. Sie baut auf den bereits vorgestellten Techniken Brainstorming (vgl. 5.4) und Checklisten (vgl. 5.7) auf. Die PHA unterstützt die Ergebnisstrukturierung des Brainstormings und durch den Einsatz von Checklisten wird verhindert, dass wichtige Punkte unter den Tisch fallen. Wenn man so will, ist die PHA ein Ergebnisprotokoll mit wohlklingendem Namen. Freundlicher ausgedrückt fasst sie die

---

[27] Funktions- und Betriebssicherheit, Handhabungssicherheit

5.8 Vorläufige Sicherheitsanalyse (Preliminary Hazard Analysis PHA)

beiden Techniken des Brainstormings und der Checklisten unter einem Dach zusammen.

Als Input dient eine Liste mit Bedrohungen oder Gefährdungen (zum Beispiel aus den Checklisten). — *Input*

Im Ergebnis werden die Bedrohungen oder Gefährdungen vorläufig bewertet und priorisiert. Darüber hinaus werden Handlungen für die Zukunft aufgezeigt. — *Output*

Wie bereits angedeutet wird die PHA nicht als solche durchgeführt, sondern strukturiert die Ergebnisse anderer Techniken und gibt damit eine gewisse Richtung vor. Die Ergebnisse der PHA werden in einer Tabelle mit den folgenden Spalten erfasst: — *Durchführung*

- ⇒ Bedrohungen oder Gefährdungen
- ⇒ Schadensauswirkungen
- ⇒ Qualitative Abschätzung von Bedrohungen, Gefährdungen und Schadensauswirkungen
- ⇒ Gibt es ein Worst Case Szenario?
- ⇒ Hat die Bedrohung oder Gefährdung eine zeitliche Begrenzung?
- ⇒ Möglichkeiten der Gefahrenvermeidung

Die PHA ist nur eine vorläufige Methode, der immer eine weitere Analyse folgen muss. Was die PHA für die Informationssicherheit interessant macht, sind die Fragen nach dem Worst Case und der zeitlichen Komponente. Diese Fragen spielen in der Informationssicherheit bisher selten eine Rolle und werden nur in wenigen Sicherheitskonzepten berücksichtigt. Es werden meist nur isolierte Szenarien betrachtet, und statische Risiken. Es ist beispielsweise von einem Netzwerkausfall oder einem Hackerangriff die Rede. Dass es einen Unterschied macht, ob das an Heilig Abend passiert, oder zwei Tage vor der Bilanzpressekonferenz wird selten betrachtet, obwohl das sicher sinnvoll wäre. — *Bitte beachten!*

Auf der anderen Seite sind Sicherheitskonzepte auch so schon kompliziert genug. Man muss sich daher ganz genau überlegen, ob man diese Situation weiter verschärfen möchte. Es scheint jedoch sehr sinnvoll sich zumindest gedanklich mit Worst Case Szenarien auseinanderzusetzen und zeitliche Aspekte in Betracht zu ziehen. Unter Umständen kann hierdurch sogar Geld gespart werden, weil Sicherheits-Maßnahmen, zum Beispiel aufgrund von Verfügbarkeitsanforderungen, nur zeitlich befristet greifen müssen.

5.9 HAZOP-Studie (HAZard and OPerability)

Unterstützt bei:

Einordnung der Methode:
Komplexität der Methode:	Hoch
Komplexität des Problems:	Hoch
Grad der Ergebnisunsicherheit:	Hoch
Ressourcenbedarf:	Hoch
Quantitativer Output:	Nein

Benötigte Ressourcen und Infrastruktur:
- ✓ Raum mit ausreichender Größe für die Teilnehmerzahl
- ✓ Detaillierte Prozessbeschreibungen
- ✓ Vorbereitete Tabellen mit Guidewords
- ✓ Laptop und Beamer zur Dokumentation
- ✓ Leiter der Studie

Web-Tipp:
https://psi2.de/RM-Steckbrief-5.9
(HAZOP im Internet)

Auch diese Methode hat ihren Ursprung nicht in der Informationssicherheit sondern in der chemischen Industrie. Allerdings wird sie mittlerweile in vielen anderen Bereichen eingesetzt, weil man mit ihr auch Analysen komplexer Systeme durchführen kann. Aus diesem Grund werden wir uns mit dieser Methode in einem ausführlicheren Steckbrief befassen.

Prozessorientiert — Der wichtigste Grund hierfür ist, dass HAZOP [25] eine prozessorientierte Methode ist, die nach Risiken sucht, die während eines Prozesses entstehen. Dabei steht nicht im Vordergrund diese Risiken abzusichern, sondern den Prozess von vornherein mit weniger Risiken zu gestalten.

Prozessgestaltung — Eine HAZOP-Studie bietet sich an, wenn innerhalb Ihrer Behörde oder Ihres Unternehmens Prozesse neu gestaltet werden. Gerade diese gestalterische Tätigkeit blieb IT-Sicherheitsbeauftragten in der Vergangenheit verwehrt. Geschäftsprozesse waren und sind ein feststehender Input für das Sicherheitsmanagement – Anpassungen nicht vorgesehen. Daher ist Vorsicht angebracht wenn man

5.9 HAZOP-Studie (HAZard and OPerability)

den Versuch unternehmen möchte, an dieser Stelle Einfluss zu nehmen.

Wenn Sie das Gefühl kennen, immer erst gefragt zu werden, wenn das Kind schon in den Brunnen gefallen ist, liegen die Chancen allerdings auf der Hand. HAZOP bietet eine Möglichkeit sich mit einer anerkannten[28] Methode bereits bei der Modellierung der Geschäftsprozesse mit einzuklinken. Außerdem ist es möglich, Sicherheitsrichtlinien und Prozesse daraufhin zu untersuchen, ob mit ihnen zusätzliche Risiken verbunden sind oder wo noch Nachbesserungsbedarf besteht. — Chancen

Als Input für eine HAZOP-Studie dienen zunächst die Prozessbeschreibungen oder Informationen zu den Abläufen, die man untersuchen möchte. Sie müssen es ermöglichen, die Abläufe zu segmentieren und letzten Endes auf einzelne Arbeitsschritte zurückzuführen. — Input

Als Output liegen die identifizierten und zum Teil analysierten Risiken vor, die mit den einzelnen Prozessschritten verbunden sind. Sie werden in einer tabellarischen Auflistung dokumentiert. — Output

Ziel der Methode ist es, die möglichen Abweichungen, deren Ursachen und Konsequenzen herauszufinden. Dazu gilt es, für jeden Teil des Prozesses zu ermitteln, wie sich Veränderungen im Prozess auswirken. Die tragende Idee der HAZOP-Methode ist die Analyse von Prozessabweichungen. Dieser Schwerpunkt erklärt sich aus dem Ursprung in der chemischen Industrie. Salopp gesagt: Die Frage ist nicht ob der Kessel explodiert, wenn man alles nach Plan macht; die Frage ist, was man falsch machen muss, damit der Kessel explodiert. Auf die Analyse von Informationssicherheitsrisiken sollte die Frage also nicht lauten, ob zum Beispiel ein Informationsdiebstahl passieren kann, wenn jeder alles richtig macht; sie sollte lauten, was man falsch machen muss, damit das möglich wird. — Durchführung

HAZOP stützt sich dabei auf die sogenannten Guidewords, anhand derer Abweichungen für jeden Prozessschritt bewertet werden. Bei chemischen Prozessen sind das typischerweise Worte wie *„mehr"* oder *„weniger"*. Die Frage lautet dann beispielsweise, was passiert, wenn von der einen oder anderen Substanz mehr — Guidewords

---

[28] IEC 61882 – Hazard analysis and operability studies (HAZOP studies) – Application Guide

oder weniger als geplant hinzugegeben wird? Im Rahmen der Informationssicherheit könnte man fragen, was an der Personenschleuse eines geschützten Bereichs passieren würde, wenn nicht nur vereinzelte Personen Zutritt verlangen. Was, wenn jeden Morgen pünktlich um 7 Uhr 100 Mitarbeiter vor der Tür stehen? Eventuell hat dadurch das Wachpersonal weniger Zeit für die Kontrollen. Weitere mögliche Guidewords sind *„zu früh"*, *„zu spät"*, *„umgekehrte Richtung"*, *„falsch"* (z.B.: Dateiformat, Ansprechpartner etc.). Menschliches Versagen kann mit dem Guideword *„falsche Handlung"* beschrieben werden.

Ablauf

Die verwendeten Guidewords sind nicht fix und müssen für die konkrete Situation angepasst werden, was die erste Aufgabe des Studienleiters ist. Es empfiehlt sich, die Studie in Besprechungen durchzuführen, in denen die Prozessbestandteile anhand der Guidewords analysiert und die Ergebnisse tabellarisch dokumentiert werden. Hierfür sollte der Studienleiter vorbereitete Tabellen bereithalten. Von besonderem Interesse sind die Prozessbestandteile, bei denen durch Veränderungen gemäß der Guidewords unerwünschte Ergebnisse auftreten. Ein erwünschtes Ergebnis wäre es, mehr Wachpersonal für die Personenschleuse zu haben, oder weniger Personen, die Zutritt wünschen. Die Ergebnisse sollten schon während der Besprechung in die vorbereiteten Tabellen eingearbeitet werden. Wenn es personell möglich ist, sollte der Studienleiter die Dokumentation nicht selbst übernehmen.

Bitte beachten!

Wenn das HAZOP-Verfahren rein formell angewendet wird, birgt das die Gefahr in sich, dass lediglich eine vorgefertigte Tabelle abgearbeitet wird, weil man möglichst schnell fertig werden möchte. Diese Gefahr besteht insbesondere dann, wenn man sich und dem Studienteam zu viel zumutet. Man sollte daher nicht mit dem kompliziertesten Prozess des Unternehmens beginnen oder ihn zumindest in Teilprozesse zerlegen und mit dem sicherheitskritischsten Abschnitt beginnen.

Dieses phasenweise Vorgehen minimiert auch die zweite große Gefahr der Methode: Das sehr detaillierte Verfahren neigt dazu, mehr Fragen aufzuwerfen, als es im Stande ist Antworten zu liefern. Daher sollte man sich nach und nach an den optimalen Detailierungsgrad herantasten, bevor man sich übernimmt und den Überblick verliert.

5.9 HAZOP-Studie (HAZard and OPerability)

Fallbeispiel 10:
HAZOP-Studie

Der IT-Sicherheitsbeauftragte Bob möchte erreichen, dass die Prozesse der ExAmple AG von Anfang an sicherer gestaltet werden. Da die ExAmple AG gerade in größerem Umfang Beratungsleistung im Prozessbereich eingekauft hat, ist der Moment günstig, diesem Ziel einen Schritt näher zu kommen.

Bob möchte alle Prozesse, die durch die externen Berater bearbeitet werden einer HAZOP-Studie unterziehen, die die Auswirkungen auf die Informationssicherheit untersucht. Sein Ziel ist es, dass kein Prozess in Kraft gesetzt wird, den Bob nicht untersucht und freigegeben hat.

Um sich für diese Aufgabe fit zu machen, wird Bob die HAZOP-Methode anhand des Datensicherungskonzepts üben. Zum Studienteam gehören alle technischen Fachleute, die an der Datensicherung beteiligt sind: Bob selbst, die Administratoren der zu sichernden Systeme und ein Vertreter des Archivierungsdienstleisters, bei dem die Bandsicherungen gelagert werden.

Als Grundlage dient das Ablaufdiagramm aus dem Datensicherungskonzept. Die einzelnen Schritte trägt Bob als Zeilenbeschriftung in einer Tabelle ein. Als Spaltenüberschriften legt er nun die Guidewords fest: „nicht erfolgt", „zu viel/ zu groß", „zu wenig/ zu klein", „zu früh", „zu spät", „falsches Datenformat", „falscher Ansprechpartner", „falsche Handlung". Diese Tabelle bildet die Grundlage für die Besprechung mit dem Studienteam.

Zu Beginn der Besprechung geht Bob mit den Teilnehmern zunächst den Datensicherungsprozess (also die Zeilenbeschriftungen) durch und ergänzt ihn, soweit nötig. Mit dem Prozess im Hinterkopf gehen sie anschließend die vorgeschlagenen Guidewords durch. Einer der Administratoren merkt bei diesem Schritt an, dass es sein könne, dass ein Prozessschritt nicht funktioniere, das aber niemandem auffalle. Daher ergänzen sie die Guidewords um die Spalte „nur scheinbar erfolgt".

Anhand der Tabelle geht das Team den Prozess Schritt für Schritt durch und beurteilt für jede Zelle der Tabelle die Auswirkung auf den Prozess, mögliche Ursachen und deren Konsequenzen. Eine der Zeilenbeschriftungen lautet zum Beispiel: „Dienstleister holt die Bänder ab." Beim Guideword „falscher Ansprechpartner" fällt auf, das die Liste mit den Abholberechtigten zu selten aktualisiert wird. So könnte ein längst gekündigter Mitarbeiter noch Bänder empfangen – ein nicht tolerierbares Risiko ...

5.10 HACCP-Konzept (Hazard Analysis and Critical Control Points)

Unterstützt bei:

Einordnung der Methode:
Komplexität der Methode: Mittel
Komplexität des Problems: Mittel
Grad der Ergebnisunsicherheit: Mittel
Ressourcenbedarf: Mittel
Quantitativer Output: Nein

Benötigte Ressourcen und Infrastruktur:
- ✓ Detaillierte Beschreibung des Produktionsprozesses
- ✓ Kann alleine oder wie eine HAZOP-Studie im Team durchgeführt werden

Web-Tipp:
https://psi2.de/RM-Steckbrief-5.10
(HACCP im Internet)

Die Idee, die hinter HACCP steckt ist es, die Qualität eines Produkts nicht durch eine Überprüfung des Endprodukts, sondern durch gezielte Kontrolle während des Produktionsprozesses. Bei dem Wort Produktionsprozess denkt man vielleicht an eine industrielle Produktionsstraße. Und tatsächlich wurde die Methode ursprünglich entwickelt, um die Qualität von Astronautenmahlzeiten innerhalb der NASA zu kontrollieren. HACCP versteht Risikomanagement daher auch als integralen Bestandteil der Produktionsabläufe.

Denkanstoß

Ob sie mit dieser Methode etwas anfangen können oder nicht, hängt nun davon ab, in welchem Unternehmen Sie arbeiten. Für die meisten von Ihnen wird sie eher ungeeignet sein. Insbesondere der Gedanke zur Ermittlung der Control Points kann jedoch als Denkanstoß helfen.

Input

Als Input für HACCP dienen Prozessbeschreibungen und Vorgehensmodelle. Außerdem werden Informationen über mögliche Gefährdungen benötigt, die sich auf die Produktqualität, Sicherheit oder Verlässlichkeit auswirken können.

5.10 HACCP-Konzept (Hazard Analysis and Critical Control Points)

Ähnlich wie bei HAZOP liefert HACCP eine tabellarische Aufstellung von Risiken, die sich je Prozessschritt ergeben. Zusätzlich werden Critical Control Points (CCP) bestimmt, an denen Sicherheitskontrollen durchzuführen sind.

Output

Die Methode setzt direkt am Produktionsprozess an und ergänzt diesen, wo es nötig ist, um Sicherheitskontrollen. Dieser Ansatz kann wertvoll sein, um die Aktivitäten Risikoüberwachung/ -überprüfung aus dem Risikomanagementprozess zu integrieren. Dieser Ansatz kann auch losgelöst von klassischen Produktionsprozessen auf Dienstleistungen und die Informationsverarbeitung übertragen werden.

Durchführung

Nehmen Sie als Beispiel eine beliebige Office-Datei. Die enthaltenen Metainformationen sollten vor der Weitergabe des Dokuments gelöscht werden. An dieser Stelle kann ein CCP sinnvoll sein. Oder denken Sie an die Produktion von Handys oder elektronischen Geräten insgesamt. Auch hier kann man die Qualitätssicherung von der reinen Endkontrolle auf Critical Control Points ausweiten. Schwachstellen müssen bereits so früh erkannt werden, dass Sie bei der Endkontrolle gar nicht mehr zum Tragen kommen.

Für jeden CCP innerhalb des Produktionsprozesses müssen die folgenden Punkte geklärt sein:

⇒ Einordnung in den Prozessablauf
⇒ Kontrollanforderungen und Kontrollabstände
⇒ Handlungsanweisungen
  o bei Abweichungen
  o für weitere Untersuchungen
  o zur Ergebnisdokumentation

Zur Durchführung der Methode sind bereits fundierte Kenntnisse zu den Risiken innerhalb eines Prozesses nötig. Daher kann sie nicht alleine stehen und muss durch andere Techniken ergänzt werden.

Bitte beachten!

HACCP ist keine Methode die ursprünglich für Informationssicherheitsrisiken entworfen wurde – ganz ungeeignet ist sie jedoch auch nicht. Betrachten Sie die Methode daher in erster Linie als Ideengeber für Ihr eigenes Risikomanagementsystem.

5.11 SWIFT-Technik (Structured "What if")

Unterstützt bei:

Einordnung der Methode:
Komplexität der Methode: *Gering*
Komplexität des Problems: *Beliebig*
Grad der Ergebnisunsicherheit: *Mittel*
Ressourcenbedarf: *Mittel*
Quantitativer Output: *Nein*

Benötigte Ressourcen und Infrastruktur:
- ✓ Raum mit ausreichender Größe für die Teilnehmerzahl
- ✓ Detaillierte Prozessbeschreibungen
- ✓ Vorbereitete Tabellen mit Guidewords
- ✓ Laptop und Beamer zur Dokumentation
- ✓ Leiter der Studie

Web-Tipp:
https://psi2.de/RM-Steckbrief-5.11
(SWIFT im Internet)

Vereinfachtes HAZOP

SWIFT wurde ursprünglich entwickelt, um den Ressourcenbedarf der HAZOP-Studie zu reduzieren. Was bei HAZOP die Guidewords sind, sind bei SWIFT die Prompt-Words oder -Phrases. Diese werden jeweils („*What if*") zu einem Was-wäre-wenn-Satz kombiniert. Die in IEC 61882 beschriebene HAZOP-Studie wird so auf das Wesentliche reduziert und zu einem Workshop zusammengeführt, der von einem erfahrenen Risikomanager geleitet wird. Dadurch reduzieren sich im Gegensatz zu HAZOP auch die Anforderungen an die Teammitglieder.

Input

Als Input dienen Prozessbeschreibungen oder Informationen zu den Abläufen, die zu untersuchen sind. Sie müssen es ermöglichen, die Abläufe zu segmentieren und letzten Endes auf einzelne Arbeitsschritte zurückzuführen.

Output

Als Output entsteht so ein bewertetes Inventar der Risiken und der aus ihnen abgeleiteten Aufgaben, anhand derer die Risikobehandlung geplant werden kann.

5.11 SWIFT-Technik (Structured "What if") 131

Die Durchführung eines SWIFT-Workshops beinhaltet neben SWIFT selbst auch noch andere Techniken und verläuft in den folgenden Schritten:

Durchführung

⇒ Festlegung der Prompt-Words oder –Phrases
⇒ Gegebenenfalls Anpassung der Prozessbeschreibungen
⇒ Brainstorming von
   o Bekannten Risiken
   o Erfahrungen bei vergangenen Vorfällen
   o Bekannte Sicherheitsmaßnahmen
   o Bekannte Sicherheitsanforderungen
⇒ Beantworten der What-if-Fragen mit dem Ziel die Szenarien, deren Ursachen und Auswirkungen zu beschreiben.

Während des Workshops wird auf diesem Weg ein vollständiges Risiko-Assessment durchgeführt, so wie es in ISO/IEC 27005 im Risikomanagementprozess beschrieben wird (siehe Abbildung 17). Durch zusätzliche What-if-Fragen werden weitere Iterationen des Assessments ausgelöst. SWIFT ist daher eine Technik, die besonders für eine frühe Phase des Risikomanagements geeignet ist, wenn es im Schwerpunkt darum geht, welche Risiken es gibt. Werden dann zusätzliche und detailliertere Analysen notwendig, können weitere Techniken zum Einsatz kommen.

Abbildung 17: Risiko-Assessment (nach [5])

SWIFT stützt sich auf die Qualifikation des Leiters der Studie und stellt kaum Anforderungen an die Qualifikation des Studienteams. Die Studie muss straff geleitet werden, wenn sie im Gegensatz zu HAZOP wirklich einen Zeitgewinn bringen soll. Dementsprechend hoch ist die Gefahr, dass Risiken vergessen werden oder nicht ausreichend behandelt werden. Daher sollte man die SWIFT-Ergebnisse am Ende mit Hilfe von Checklisten auf Schwachstellen untersuchen.

Bitte beachten!

5.12 Szenario-Analysen

Unterstützt bei:

Einordnung der Methode:
Komplexität der Methode:	*Mittel*
Komplexität des Problems:	*Mittel*
Grad der Ergebnisunsicherheit:	*Hoch*
Ressourcenbedarf:	*Mittel*
Quantitativer Output:	*Nein*

Benötigte Ressourcen und Infrastruktur:
- ✓ Raum mit ausreichender Größe für die Teilnehmerzahl
- ✓ Erfahrenes Expertenteam

Web-Tipp:
https://psi2.de/RM-Steckbrief-5.12
(Szenario-Analysen im Internet)

Blick in die Glaskugel

Bei dieser Methode geht es darum, die mögliche Zukunft in Form von Szenarien vorwegzunehmen. Dabei unterscheidet man die Szenarien nach ihrem gedachten Verlauf. Läuft alles nach Plan? Geht alles schief, was nur schiefgehen kann oder steht das Szenario für den ganz normalen Wahnsinn? Dabei geht es weniger um die Beschreibung von Szenarien im Sinne von Sicherheitsvorfällen, sondern im Sinne einer breiter angedachten Entwicklung der Gesamtsituation.

Wird SPAM in der Zukunft eine Rolle spielen oder wird das Augenmerk der Angreifer auf Banking-Aktivitäten liegen? Werden Web-Applikationen an Bedeutung gewinnen oder eher verlieren? Diese Fragen dienen dazu, Risiken zu identifizieren und helfen dabei, konkrete Risiken richtig abzuschätzen, zu bewerten und zu priorisieren. Die Frage ist also nicht, wie hoch das Risiko eines leergeräumten Geschäftskontos in der Vergangenheit und Gegenwart einzuschätzen ist, sondern wie das in Zukunft sein wird.

Es geht also ausdrücklich nicht um die Szenarien, mit denen man im Notfallmanagement arbeitet, wo es um die Planung tatsächlicher Schadensszenarien geht.

5.12 Szenario-Analysen

Als Input wird einerseits eine Liste bereits identifizierter Risiken mit ihrer aktuellen Bedeutung benötigt. Viel wichtiger ist jedoch ein erfahrenes Expertenteam, das die nötigen Kenntnisse mitbringt, um zukünftige Entwicklungen einschätzen zu können. — Input

Kann man ein geeignetes Expertenteam zusammenstellen, wird man als Ergebnis jeweils einen Trichter für die betrachteten Szenarien haben, innerhalb dessen sich die zukünftige Entwicklung mit hoher Wahrscheinlichkeit bewegen wird. — Output

Bei der Durchführung einer Szenario-Analyse müssen zunächst sinnvolle Parameter gefunden werden, die sich auf die zukünftige Entwicklung des Untersuchungsgegenstands auswirken. Dies können zum Beispiel sein: — Durchführung

- ⇒ Technologischer Fortschritt
- ⇒ Gesetzesänderungen
- ⇒ Kundenwünsche

Im Verlauf der Zeit beeinflussen diese Parameter in welche Richtung sich ein Szenario entwickeln kann. Je weiter die Zeit voranschreitet, desto mehr fächern die Szenarien auseinander. Dadurch entsteht das Bild eines Szenariotrichters, wie wir ihn in Abbildung 18 sehen. Die Abweichung vom normalen Fall wird also mit der Zeit immer unvorhersehbarer.

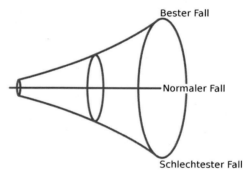

Abbildung 18: Szenariotrichter

Genau das ist auch das Hauptproblem: Im schlechtesten Fall geht der Szenariotrichter so weit auseinander, dass sich kaum verwertbare Schlüsse ziehen lassen. In diesem Fall muss man den verschiedenen Szenarien Wahrscheinlichkeiten zuweisen.

Die Unsicherheit des Ergebnisses ist die größte Herausforderung bei Szenario-Analysen. Einige Szenarien werden weitestgehend unrealistisch sein. Genau das ist jedoch auch die Stärke dieser Analysemethode, weil sie auch unrealistische Szenarien zu Tage fördert und dadurch Erkenntnisse schafft, die mit anderen Methoden so nicht zu erreichen wären. — Bitte beachten!

5.13 Business Impact Analysen (BIA)

Unterstützt bei:

Einordnung der Methode:
Komplexität der Methode: *Mittel*
Komplexität des Problems: *Mittel*
Grad der Ergebnisunsicherheit: *Mittel*
Ressourcenbedarf: *Mittel*
Quantitativer Output: *Nein*

Benötigte Ressourcen und Infrastruktur:
- ✓ *Raum mit ausreichender Größe für die Teilnehmerzahl*
- ✓ *Detaillierte Prozessbeschreibungen*
- ✓ *Informationen zu finanziellen Zusammenhängen und operativen Abhängigkeiten der betrachteten Prozesse*
- ✓ *Vorbereitete Fragebögen*
- ✓ *Interviewer*

Web-Tipp:
https://psi2.de/RM-Steckbrief-5.13
(BIA im Internet)

Im Fokus stehen die Zusammenhänge

Business Impact Analysen [26] liefern einen detaillierten Einblick in die Zusammenhänge zwischen Risiken und den Auswirkungen eines Schadensfalls auf die Geschäftstätigkeit. Sie bilden damit die Grundlage für Notfall- und Wiederanlaufplanung.

Business Impact Analysen beleuchten

⇒ kritische Geschäftsprozesse und Ressourcen sowie deren Abhängigkeiten untereinander,
⇒ welche Auswirkungen ein Vorfall auf diese Prozesse und Ressourcen hat und
⇒ was benötigt wird, um mit diesen Auswirkungen umzugehen und auf ein vereinbartes Maß zu reduzieren.

Man verwendet diese Methode, um die Kritikalität von Prozessen und die möglichen Zeitfenster bis zu Ihrer Wiederherstellung zu bestimmen. Dabei bezieht sie sich ausdrücklich nicht nur auf technische Aspekte. Sie bezieht personelle und organisatorische

5.13 Business Impact Analysen (BIA)

Fragestellungen sowie Auswirkungen auf externe Betroffene und Organisationseinheiten mit ein.

Als Input für eine Business Impact Analyse dienen Prozessbeschreibungen oder Informationen zu den Abläufen im Unternehmen oder der Behörde. Von besonderem Interesse sind hierbei die Abhängigkeiten untereinander. Ebenso werden Informationen zu angegliederten Organisationen und Bereichen, mit denen wichtige Geschäftsprozesse in Interaktion stehen. *Input*

Darüber hinaus werden Daten zu finanziellen Zusammenhängen benötigt. Sind diese noch nicht ausreichend vorhanden müssen diese zuvor – zum Beispiel durch Interviews (5.5) – ermittelt werden.

Als Ergebnis der Business Impact Analyse liegt eine priorisierte Liste von Geschäftsprozessen und deren Abhängigkeiten vor. Die Priorisierung basiert dabei vor allem auf finanziellen Betrachtungen und berücksichtigt insbesondere den zeitlichen Aspekt möglicher Schadensszenarien. *Output*

In einer BIA werden verschiedene der hier vorgestellten Methoden zusammengefasst. Insbesondere die Nachschlagemethoden und die unterstützenden Methoden sind hier wichtige Hilfsmittel. Die BIA erfolgt in den folgenden Schritten: *Durchführung*

⇒ Abstimmung und Beurteilung der Schlüsselprozesse
⇒ Ermittlung der Konsequenzen eines Schadensereignisses
⇒ Ermittlung der Abhängigkeiten zwischen den Prozessen
⇒ Bestimmung der aktuell vorhandenen Ressourcen zur Aufrechterhaltung der Schlüsselprozesse
⇒ Identifizierung von Übergangslösungen
⇒ Festlegung der maximal tolerierbaren Ausfallzeiten
⇒ Ermittlung der Wiederanlaufzeiten
⇒ Beurteilung der Situation für die betrachteten Prozesse

Eine Business Impact Analyse liefert hervorragende Ergebnisse, wenn es darum geht, Entscheidern die Notwendigkeit von Sicherheitsinvestitionen näher zu bringen. Sie kann jedoch nur so gut sein, wie ihre Input-Daten das ermöglichen. Dazu muss insbesondere in der IT-Abteilung die Bereitschaft vorhanden sein, Wiederanlaufzeiten realistisch zu beurteilen und nicht vom jeweils bestmöglichen Fall auszugehen. *Bitte beachten!*

5.14 Ursachenanalyse (Root Cause Analysis RCA)

Unterstützt bei:

Einordnung der Methode:
Komplexität der Methode:	*Mittel*
Komplexität des Problems:	*Beliebig*
Grad der Ergebnisunsicherheit:	*Gering*
Ressourcenbedarf:	*Mittel*
Quantitativer Output:	*Nein*

Benötigte Ressourcen und Infrastruktur:
- ✓ Raum mit ausreichender Größe für die Teilnehmerzahl
- ✓ Detaillierte Informationen zu einem Sicherheitsvorfall
- ✓ Informationen zu ähnlichen Sicherheitsvorfällen
- ✓ Geeignet qualifiziertes Expertenteam
- ✓ Leiter der Analyse

Web-Tipp:
https://psi2.de/RM-Steckbrief-5.14
(RCA im Internet)

Fehler nicht wiederholen

Ziel der Root Cause Analyse ist es einen tatsächlichen Vorfall zu untersuchen und zu ergründen, wie es dazu kommen konnte. Die RCA wird auch als Root Cause Failure Analyse oder einfach als Loss Analysis bezeichnet, wobei es bei letzterer im Schwerpunkt um finanzielle und ökonomische Verluste geht.

BIA rückwärts

Die RCA ist im Grunde eine Zurückrechnung der Business Impact Analyse anhand eines konkreten Beispiels, wobei das Augenmerk in besonderer Weise auf den Ursachen liegt, ohne sich zu sehr mit der Handhabung den augenscheinlichen Symptomen zu beschäftigen.

Ihren Ursprung hat die RCA im Bereich der Analyse von Funktionsstörungen und Unfällen. Sie wird jedoch ebenso für die Prozessanalyse empfohlen und ist geeignet auch sehr komplexe Fragestellungen zu beantworten, da sie sich mit tatsächlichen Ereignissen auseinander setzt. Falsch eingeschätzte Eintrittswahrscheinlichkeiten spielen daher kaum eine Rolle.

5.14 Ursachenanalyse (Root Cause Analysis RCA)

Als Haupinput verwendet die RCA alle verfügbaren Informationen zu einem Sicherheitsvorfall. Das bezieht sich einerseits auf den Vorfall selbst und andererseits auf alle interessanten Rahmenbedingungen, wie Prozessbeschreibungen und die Organisationsstruktur. Zusätzlich können Daten und Erkenntnisse aus ähnlichen Vorfällen zu Rate gezogen werden. Das ist insbesondere dann sinnvoll, wenn die Informationen zum betrachteten Vorfall lückenhaft sind. — Input

Am Ende der RCA steht zunächst die lückenlose Dokumentation des Sicherheitsvorfalls. Daraus leiten sich die gefolgerten Ursachen für den Vorfall ab, von denen sich wiederum Empfehlungen für die Zukunft ableiten. — Output

Bei der Durchführung der RCA kann man unterschiedlichen Systemen folgen, die sich nicht zuletzt am Vorfall ausrichten. Den größten Einfluss jedoch hat die zweckmäßige Auswahl des Expertenteams, das sich dem Vorfall möglichst unvoreingenommen stellen muss. — Durchführung

Wo die bisherigen Informationen zu dem Vorfall nicht ausreichen, ist es die Aufgabe des Expertenteams, diese zu beschaffen. Je nach Ausgangssituation gehören Ermittlungen daher zur Analyse. Bei Informationssicherheitsvorfällen sind daher in den meisten Fällen Experten für Computerforensik zu Rate zu ziehen.

Die Analyse selbst kann mit unterschiedlichen Methoden durchgeführt und ergänzt werden. Zum Beispiel die ebenfalls in diesem Kapitel beschriebenen drei Techniken

- ⇒ FMEA (5.15),
- ⇒ Fehlerbaumanalyse (5.16) und
- ⇒ Ursache-Wirkungsanalyse (5.17).

Zu den herausragenden Stärken der Methode gehören sicher der sehr analytische Ansatz und die hohe Qualität der Dokumentation, die wesentlich auf der geeigneten Auswahl des Expertenteams beruht.

Als schwierig kann es sich herausstellen, dass ein Vorfall schnell in Vergessenheit gerät und keine ausreichenden Ressourcen zu dessen Aufbereitung bereitstehen. Ebenfalls kann es sein, dass die benötigten Informationen zu einem Vorfall nicht ausreichen, um die Analyse in der benötigten Tiefe durchzuführen. — Bitte beachten!

5.15 Auswirkungsanalysen (FMEA und FMECA)

Unterstützt bei:

Einordnung der Methoden:
Komplexität der Methoden:	*Mittel*
Komplexität des Problems:	*Beliebig*
Grad der Ergebnisunsicherheit:	*Mittel*
Ressourcenbedarf:	*Mittel*
Quantitativer Output:	*Ja*

Benötigte Ressourcen und Infrastruktur:
- ✓ Raum mit ausreichender Größe für die Teilnehmerzahl
- ✓ Geeignet qualifiziertes Expertenteam
- ✓ Formblätter
- ✓ Leiter der Analyse

Web-Tipp:
https://psi2.de/RM-Steckbrief-5.15
(Auswirkungsanalysen im Internet)

FMEA und FMECA[29] sind analytische Methoden, um potenzielle Schwachstellen zu finden [27]. Sie sind daher vorbeugende Methoden der Qualitätssicherung, können jedoch auch auf eine RCA (siehe 5.14) adaptiert werden. Die FMEA wird zur Fehlervermeidung und Erhöhung der technischen Zuverlässigkeit eingesetzt. Im Rahmen einer RCA dient sie also in erster Linie dazu, Empfehlungen für die Zukunft zu erarbeiten um Designmängel nicht zu wiederholen.

Die FMEA wird zur FMECA, wenn zusätzlich eine Priorisierung erfolgt. Es handelt sich also nicht um eine neue Methode sondern nur um eine Ergänzung.

Der fehlerhafte Zustand zählt.

Von besonderem Interesse sind dabei alle *„falschen"* Systemzustände. Dadurch ist die Methode ursprünglich auch für technische Produktionsprozesse gedacht, wie man sie zum Beispiel in der Automobilindustrie findet. Es gibt sie jedoch auch in Bereichen, die für die Informationssicherheit von Interesse sind. So eignen

---

[29] Failure Mode and Effects Analysis/ Effects and Criticality Analysis

5.15 Auswirkungsanalysen (FMEA und FMECA)

sich Soft- und Hardware FMEAs zum Beispiel zur Analyse von Verfügbarkeitsanforderungen.

Als Input dienen ausführliche Informationen dazu, auf welche Arten ein System nicht funktionieren kann. Die an dieser Stelle gewählte Detailtiefe bestimmt die Tiefe der Analyseergebnisse. Neben theoretischen Fehlerzuständen sind als Input besonders Daten zu tatsächlichen Fehlerzuständen aus der Vergangenheit von Interesse. — Input

Als Ergebnis der FME Analyse liegt eine Liste mit möglichen Fehlerzuständen vor. Im Falle der FMECA wurde die Liste zusätzlich bezüglich der Auswirkungen und Wahrscheinlichkeiten der einzelnen Failure Modes bewertet. Liegen aussagekräftige Daten zu den Fehlerhäufigkeiten vor, so kann FMECA auch quantitative Ergebnisse liefern. — Output

Bei der Durchführung der FMEA gilt es, die betrachteten Systeme oder Prozesse zunächst in ihre Bestandteile zu zerlegen und für jedes Teilsystem oder für jeden Teilschritt zu bestimmen, was schief laufen kann. Ebenso im Fokus steht die Frage, was zu einem Fehler führen kann, welche Auswirkungen das hat und wie beziehungsweise ob der Fehler überhaupt festgestellt werden kann. — Durchführung

Die Ergebnisse werden in einem Bericht festgehalten, der die folgenden Punkte betrachtet:

⇒ System- beziehungsweise Prozessbeschreibung
⇒ Analyse von Fehlerursachen, Fehlerarten und Fehlerfolgen (Dabei wird zum Beispiel solange nach dem „*Warum*" einer Auswirkung gefragt, bis die Ursache gefunden ist)
⇒ Risikobeurteilung
⇒ Maßnahmenvorschläge

Als Stärke der Methode nennt ISO/IEC 31010 unter anderem die hohe Flexibilität der Analysemethode, die sich auf technische Abläufe ebenso anwenden lässt, wie auf Prozessfehler und menschliches Fehlverhalten. Insbesondere bei der Priorisierung der Failure Modes können die Single Points of Failure identifiziert werden.

Zu beachten gilt es, dass die Methode nicht nur sehr aufwändig und kostenintensiv ist. Sie ist unter Umständen sogar ungeeignet, um Zusammenhänge zwischen den Failure Modes zu erkennen. — Bitte beachten!

5.16 Fehler- und Ereignisbaumanalyse (FTA und ETA)

Unterstützt bei:

Einordnung der Methode:
Komplexität der Methode: Mittel
Komplexität des Problems: Mittel
Grad der Ergebnisunsicherheit: Hoch
Ressourcenbedarf: Hoch
Quantitativer Output: Ja

Benötigte Ressourcen und Infrastruktur:
✓ Kann alleine und im Team durchgeführt werden
✓ Infrastruktur richtet sich nach der Teamgröße

Web-Tipp:
https://psi2.de/RM-Steckbrief-5.16
(Fehler- und Ereignisbaumanalysen im Internet)

Fehlerbaum-
analyse
(Fault Tree
Analysis FTA)

Die Fehlerbaumanalyse [27] ist ein Verfahren, um die Wahrscheinlichkeit eines Systemausfalls zu bestimmen. Die Analysemethode sucht nach allen kritischen Pfaden, die ein unerwünschtes Ereignis auslösen können. Auf diese Art und Weise können beliebige Faktoren betrachtet werden, vom Ausfall einer Hardwarekomponente bis hin zu menschlichem Versagen.

Die Ursachen eines Fehlers werden anhand der Booleschen Algebra logisch miteinander verknüpft und als Fehlerbaum dargestellt (siehe Abbildung 19).

Abbildung 19:
Beispiel für
einen einfachen
Fehlerbaum

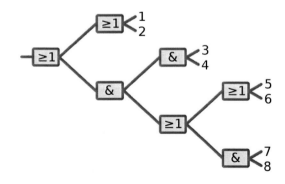

5.16 Fehler- und Ereignisbaumanalyse (FTA und ETA)

Die Ereignisbaumanalyse ist ein Verfahren, welches die möglichen Folgen eines auftretenden Fehlers bestimmen soll und diese ebenfalls in einer (binären) Baumansicht darstellt. Untersucht werden ein Ereignis und dessen mögliche Auswirkungen auf das Gesamtsystem. Es wird jeweils nach *„Fehler"/ „kein Fehler"* verzweigt und die Äste werden jeweils mit Wahrscheinlichkeiten belegt.

Ereignisbaumanalyse (Event Tree Analysis ETA)

Mit beiden Methoden können Zusammenhänge, die zu einem Fehler führen, grafisch dargestellt werden. Während im Fehlerbaum ausschließlich Fehler auftauchen enthält der Ereignisbaum auch die Darstellung des erwarteten Verhaltens eines Systems.

Als Input dienen ausführliche Informationen dazu, auf welche Arten ein System nicht funktionieren kann. Neben theoretischen Fehlerzuständen sind als Input besonders Daten zu tatsächlichen Fehlerzuständen aus der Vergangenheit von Interesse. Die Inputs einer Ursachenanalyse (5.14) können auch hier verwendet werden. Für die Ereignisbaumanalyse werden zusätzlich Informationen zu Wahrscheinlichkeiten benötigt.

Input

Der augenscheinlichste Output der Fehler- und Ereignisbaumanalysen ist die grafische Darstellung. Insbesondere können so Abhängigkeiten und Zusammenhänge besser dargestellt werden, als mit anderen Methoden. Beide Methoden eignen sich daher auch als Visualisierungsmethode für bereits vorliegende Ergebnisse.

Output

Zunächst ist bei der Durchführung der Fehlerbaum beziehungsweise Ereignisbaum zu modellieren. Dazu ist dar Fehler zu definieren, der analysiert werden soll und es muss ermittelt werden, aus welchen Teilfehlern er sich zusammensetzt.

Durchführung

Beim Fehlerbaum werden nur diese Teilfehler dargestellt. Der Fehlerbaum muss dabei nicht binär sein. So kann eine &- oder eine ≥-Verknüpfung auch mehrere Fehler zusammenführen. Dadurch bleibt der Fehlerbaum flacher. Der Ereignisbaum muss binär sein und enthält immer auch den Pfad für das Nichtauftreten eines Fehlers, wodurch er im Allgemeinen größer ist.

Zu beachten ist, dass beide Methoden keine zeitlichen Abfolgen berücksichtigen und keine Abstufungen bei den Fehlerereignissen erlauben. Will man unterschiedliche Abstufungen modellieren, geht dadurch leicht die Übersichtlichkeit verloren.

Bitte beachten!

5.17 Ursache-Wirkungsanalysen

Unterstützt bei:

Einordnung der Methode:
Komplexität der Methode:	Mittel
Komplexität des Problems:	Beliebig
Grad der Ergebnisunsicherheit:	Mittel
Ressourcenbedarf:	Hoch
Quantitativer Output:	Ja

Benötigte Ressourcen und Infrastruktur:
- ✓ Kann alleine und im Team durchgeführt werden
- ✓ Infrastruktur richtet sich nach der Teamgröße

Web-Tipp:
https://psi2.de/ RM-Steckbrief-5.17
(Ursache-Wirkungsanalysen im Internet)

Erweiterung der Baumanalysen	Verschiedene weitere Methoden zur Analyse von Fehlern und deren Ursachen erweitern die einfachen Baumanalysen, wie sie in Steckbrief 5.16 vorgestellt wurden [28]. Insbesondere werden deren Schwächen ausgeglichen und zum Beispiel die zeitliche Abfolge von Fehlern berücksichtigt. Dadurch steigt zwar die Möglichkeit komplexe Probleme zu beschreiben, es geht allerdings auch die Übersichtlichkeit verloren, was durch die Bildung von Unterbäumen vermieden werden kann.
Input	Als Input dienen dieselben Informationen, wie sie in Steckbrief 5.16 genannt wurden.
Output	Auch hier ist der augenscheinlichste Output die grafische Darstellung, auch wenn diese durch die hohe Komplexität aufgegliedert werden muss. Neben den Abhängigkeiten und Zusammenhängen bei den Fehlern können auch zeitliche Abfolgen dargestellt werden.
Durchführung	Die erste Möglichkeit den Ansatz der Fehler- und Ereignisbäume zu erweitern besteht darin, beide Methoden zu verbinden. Die Darstellung eines Ereignisbaums wird jeweils für die Fehler um einen angegliederten Fehlerbaum ergänzt, der zeigt, wie es zu dem Fehler kommen kann.

5.17 Ursache-Wirkungsanalysen

Eine weitere Möglichkeit besteht darin, die Ursachen zu kategorisieren, um komplexere Sachverhalte darstellen zu können. An der Wurzel des Diagramms steht dann zwar immer noch das zu analysierende Fehlerereignis, die Kategorien werden jedoch in einem Fischgrätendiagramm (siehe Abbildung 20) oder als einzelne Fehlerbäume dargestellt.

Daher ist es auch sinnvoll hier nicht mehr nur von einer Baumanalyse zu sprechen. Durch die Erweiterung der Analyse kann man von einer vollständigen Analyse von Ursachen und Auswirkungen sprechen.

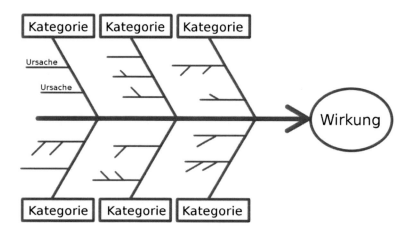

Abbildung 20: Fischgrätendiagramm zur Darstellung der Kategorien von Ursachen zu einer bestimmten Wirkung

Unter dem Dach eines Fischgrätendiagramms können so mehrere Analyseergebnisse und Darstellungsformen zusammengefasst werden. Als Wirkung könnte man beispielsweise einen Hackerangriff eintragen. Als Kategorien könnte man das angegriffene System, den Risikofaktor Mensch, die Firewall und das Patch-Management unterscheiden. An diesen Hauptgräten würde man dann unterschiedliche Ursachen und Unterursachen abtragen, die jeweils einen Hackerangriff ermöglichen würden.

Fischgrätendiagramm

Zu beachten gilt, dass es sich bei dieser Methode um eine Kombination mehrerer Techniken handelt. Sie dient einer besseren Übersichtlichkeit bei komplexen Fragestellungen und benötigt Analyseergebnisse, auf denen sie aufbauen kann.

Bitte beachten!

5.18 Bow Tie Methode

Unterstützt bei:

Einordnung der Methode:
Komplexität der Methode:	*Mittel*
Komplexität des Problems:	*Mittel*
Grad der Ergebnisunsicherheit:	*Hoch*
Ressourcenbedarf:	*Mittel*
Quantitativer Output:	*Ja*

Benötigte Ressourcen und Infrastruktur:
✓ Kann alleine und im Team durchgeführt werden
✓ Infrastruktur richtet sich nach der Teamgröße

Web-Tipp:
https://psi2.de/RM-Steckbrief-5.18
(Bow Tie Methode im Internet)

Kombination aus Fehlerbaum und Szenariotrichter

Die Bow Tie Methode [29] wird eingesetzt, wenn sich die betrachteten Risiken nicht adäquat in einer Baumstruktur darstellen lassen. Bow Tie ist der englische Begriff für das Kleidungsstück Fliege. Die Bezeichnung leitet sich aus dem Erscheinungsbild der grafischen Darstellung ab, die an einen Fliegenknoten erinnert. Links und rechts werden jeweils Ursachen und Wirkungen dargestellt, während die Fäden in der Mitte als Schadensereignis zusammenlaufen. Die Linke Seite der Darstellung entspricht daher am ehesten einem vereinfachten Fehlerbaum und die rechte Seite einem Szenariotrichter. Die Darstellung aus Abbildung 21 dient vor Allem dazu, an die bisher vorgestellten Methoden anzuknüpfen:

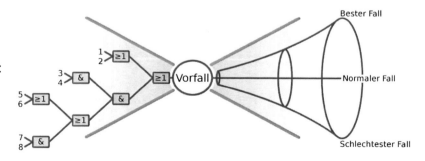

Abbildung 21: Gedankliche Annäherung an die Bow Tie Analyse: Kombination aus Fehlerbaum und Szenariotrichter

5.18 Bow Tie Methode

Abbildung 21 muss für ein richtiges Bow Tie Diagramm vereinfacht und angepasst werden. Es eignet sich besonders gut für Präsentationen, in denen es auf das Wesentliche ankommt.

Input

Als Input dienen alle verfügbaren Informationen zu Ursachen und Wirkungen, oder besser zu Bedrohungen und Sicherheitsvorfällen. Das bezieht sich einerseits auf die Vorfälle selbst und andererseits auf alle interessanten Rahmenbedingungen, wie Prozessbeschreibungen und die relevante Organisationsstruktur. Darüber hinaus werden Informationen über vorhandene und geplante Maßnahmen benötigt, die in die Darstellung einfließen sollen.

Output

Als Output steht eine weitere Möglichkeit der grafischen Visualisierung, in deren Fokus neben Ursachen und Wirkungen auch Maßnahmen stehen, die als Barrieren in der Darstellung auftauchen (Abbildung 22). Die bisher dargestellten Methoden berücksichtigen im Gegensatz dazu keine Maßnahmen.

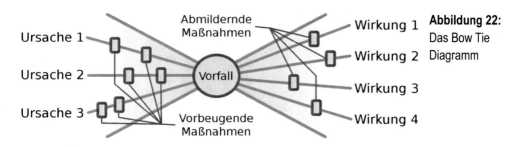

Abbildung 22: Das Bow Tie Diagramm

Durchführung

Ursprung der Analyse bildet ein beliebiger Vorfall oder ein Schadensereignis. Links werden mögliche Ursachen dargestellt, die mit der Mitte verbunden werden. Zur Ermittlung der Ursachen können die Ergebnisse aus anderen Methoden wie beispielsweise einer Fehlerbaumanalyse herangezogen werden. Auf der rechten Seite des Fliegenknotens werden die Auswirkungen des Vorfalls eingezeichnet. Diese können aus einer Szenario-Analyse stammen, oder auch als unabhängige Auswirkungen einzeln dargestellt werden. Auf den Linien zum Knoten werden jeweils die vorbeugenden und abmildernden Maßnahmen dargestellt.

Bitte beachten!

Die Stärke der Darstellungsform ist gleichzeitig die Schwäche, da die Gefahr besteht, dass die Komplexität eines Sachverhalts nicht ausreichend transportiert werden kann. Auch Wechselwirkungen wie zum Beispiel &-Verknüpfungen aus einem Fehlerbaum können nicht ausreichend veranschaulicht werden.

5.19 Zuverlässigkeitsanalyse (Human Reliability Assessment HRA)

Unterstützt bei:

Einordnung der Methode:
Komplexität der Methode:	Mittel
Komplexität des Problems:	Mittel
Grad der Ergebnisunsicherheit:	Mittel
Ressourcenbedarf:	Mittel
Quantitativer Output:	Ja

Benötigte Ressourcen und Infrastruktur:
- ✓ Kann alleine und im Team durchgeführt werden
- ✓ Infrastruktur richtet sich nach der Teamgröße

Web-Tipp:
https://psi2.de/RM-Steckbrief-5.19
(HRA im Internet)

Risikofaktor Mensch	Das Human Reliability Assessment setzt sich mit dem Risikofaktor Mensch und seinem Einfluss auf technische Systeme auseinander. Auf der einen Seite ist die menschliche Einflussnahme für einen sicheren Systembetrieb teilweise zwingend, auf der anderen Seite ist es auch der Mensch, der durch Fehler als Auslöser von Vorfällen in Erscheinung tritt.
Input	Als Input für die Methode dienen alle Prozessschritte, bei denen sicherheitsrelevante Tätigkeiten enthalten sind. Im Fokus stehen Tätigkeiten mit großen Fehlerhäufigkeiten.
Output	Als Ergebnis liegt am Ende des Assessments eine Liste mit möglichen Fehlern und deren Auswirkungen vor.
Durchführung	Die Durchführung der Analyse verläuft in den folgenden Schritten:

⇒ Problemdefinition:
Wo liegen die menschlichen Fehlerquellen?
Welche Sicherheitsmaßnahmen werden von Menschen durchgeführt?

5.19 Zuverlässigkeitsanalyse (Human Reliability Assessment HRA)

⇒ Analyse der Tätigkeiten:
Wie soll die Tätigkeit ausgeführt werden?
Welche Unterstützung wird benötigt?

⇒ Fehleranalyse:
Was kann bei der Tätigkeit falsch gemacht werden?
Was, wenn die benötigte Unterstützung fehlt?

⇒ Wahrscheinlichkeiten:
Wie wahrscheinlich sind die Fehler?
Gibt es Erfahrungswerte?

⇒ Auswirkungsanalyse:
Wie hoch sind die Auswirkungen der Fehler?

⇒ Priorisierung:
Welches sind die risikoträchtigsten Tätigkeiten?

Diese Schritte werden für einen zu analysierenden Prozess durchgeführt und ergänzen damit die Ergebnisse anderer Analysemethoden, die menschliches Versagen nicht ausreichend berücksichtigen.

Daher bildet ein HRA keine alleinstehende Methode im engeren Sinne. Sie gleicht die Schwäche von bereits vorgestellten Methoden aus, die sich darauf verlassen, dass Sicherheitsmaßnahmen, die von Menschen ausgeführt werden fehlerfrei und ohne Nachlässigkeiten durchgeführt werden.

Denken Sie zum Beispiel an die Begleitung von Fremdpersonal in besonders geschützten Bereichen: Wie oft kommt es vor, dass Fremdpersonal doch nicht begleitet wird, oder den Bereich ohne Begleitung verlassen soll, weil der Begleiter bereits den nächsten Termin vor Augen hat.

So selten im Bereich der Informationssicherheit ein HRA durchgeführt wird, so sinnvoll wäre sie. Kaum ein Sicherheitsvorfall in der Vergangenheit, bei dem in der Presse nicht zu lesen war, dass der Vorfall bei Einhaltung der Sicherheitsbestimmungen nicht möglich gewesen wäre. Menschliches Verhalten ist äußerst komplex und kaum vorherzusagen. Man sollte sich im Rahmen eines risikobasierten ISMS jedoch niemals darauf verlassen, dass Menschen sich so verhalten, wie es Sicherheitskonzepte vorgeben. Oft genug verstößt man sogar selbst gegen die eigenen Handlungsvorsätze – bewusst oder unbewusst spielt dabei aus Risikosicht eine untergeordnete Rolle.

Bitte beachten!

5.20 Risikoindizes

Unterstützt bei:

Einordnung der Methode:
Komplexität der Methode:	*Gering*
Komplexität des Problems:	*Mittel*
Grad der Ergebnisunsicherheit:	*Mittel*
Ressourcenbedarf:	*Gering*
Quantitativer Output:	*Ja*

Benötigte Ressourcen und Infrastruktur:
✓ Die benötigten Ressourcen richten sich nach der Methode, mit der die Risiken zuvor identifiziert und abgeschätzt werden.

Web-Tipp:
https://psi2.de/RM-Steckbrief-5.20
(Risikoindizes im Internet)

Priorisierung — Eine Möglichkeit bereits bekannte Risiken zu priorisieren sind Risikoindizes. Dieser Methode sind also zwingend Methoden zur Risikoidentifikation und zur Risikoabschätzung voranzustellen. Wenn man so will sind die Basiskriterien, die zu Beginn des Risikomanagementprozesses festgelegt werden, eine einfache Art Risiken zu indizieren.

Beispiel CVSS — Neben vielen allgemeinen Risikoindizes gibt es auch auf Informationssicherheit spezialisierte Indizes, wie beispielsweise die CVSS-Scores, die im Anhang auf Seite 204 vorgestellt werden.

Allen Indizes gemein ist eine Bewertung mehrerer Kriterien, die für den Betrachtungsgegenstand wichtig sind. Die Kriterien werden jeweils auf einer numerischen Skala bewertet. Sie können zur besseren Orientierung in Zwischenindizes aufgeteilt werden oder mit einem Gewichtungsfaktor belegt werden. Aus den Bewertungskriterien, den Zwischenindizes und den Gewichtungsfaktoren berechnet sich der Index, der die betrachteten Risiken vergleichbar und damit priorisierbar macht.

Input — Als Input dienen die Ergebnisse der vorangegangenen Schritte des Risiko-Assessments. Dies können zum Beispiel die Ergebnisse einer Fehler- und Ereignisbaumanalyse (5.16) sein.

5.20 Risikoindizes

Das Ergebnis der Methode sind die verschiedenen Indizes und deren Zwischenindizes, nach denen die Liste der betrachteten Risiken in eine Reihenfolge gebracht werden kann. Auf diese Art werden die Risiken auf einen numerischen Wert abstrahiert.

Output

Je nach Bedarf muss für jedes Kriterium eine Skala festgelegt werden, die in einen Zahlwert übertragen werden kann. Hier sind drei bis zehnstufige Skalen üblich, wobei Skalen mit mehr als fünf Stufen meist direkt als Zahlwert angegeben werden. Ein Gesamtindex berechnet sich dann aus diesen Werten und den je Kriterium festzulegenden Gewichtungsfaktoren.

Durchführung

> ***Dreistufige Risikoskala:*** gering 1,0
> mittel 4,5
> hoch 10,0
> ***Fünfstufige Risikoskala:*** ohne Risiko 0,0
> gering 2,5
> mittel 5,0
> hoch 7,5
> katastrophal 10,0
> ***Zehnstufige Risikoskala:*** ohne Risiko 0,0
> katastrophal 10,0
>
> *Bob hat sich diese drei Skalen überlegt. Wie Sie sehen verändert die Auswahl der Skala die nummerischen Werte teilweise um bis zu 25%. Die fünfstufige Skala hat diesbezüglich die besten Werte und passt am ehesten zu Bobs Vorstellungen.*

Fallbeispiel 11: Bobs Skala

Indizes bergen die Gefahr, falsche Ergebnisse zu verschleiern. Hierbei spielen vor Allem die Gewichtungsfaktoren eine wichtige Rolle. So können leichtfertig vergebene Bewertungen – in der fälschlichen Annahme nicht so wichtig zu sein – besonders stark ins Gewicht fallen und den Index verfälschen. Die Gewichtungsfaktoren mit anzugeben ist jedoch auch problematisch, weil auch das die Bewertung beeinflussen könnte und der Gesamtindex den Erwartungen entsprechend *„hingebogen"* wird.

Bitte beachten!

Eine weitere Schwierigkeit ist es, dass man dem Index nicht ansehen kann, wie er zustande gekommen ist. Wenn bei anderen Methoden die Substanz fehlt, ist das meist augenscheinlich, während ein Index immer eine gute Figur macht, selbst wenn er nur oberflächlich in einem Tool *„zusammengeklickt"* wurde.

5.21 Auswirkungs-Wahrscheinlichkeits-Matrix

Unterstützt bei:

Einordnung der Methode:
Komplexität der Methode: *Gering*
Komplexität des Problems: *Mittel*
Grad der Ergebnisunsicherheit: *Mittel*
Ressourcenbedarf: *Gering*
Quantitativer Output: *Ja*

Benötigte Ressourcen und Infrastruktur:
✓ Die benötigten Ressourcen richten sich nach der Methode, mit der die Risiken zuvor identifiziert und abgeschätzt werden.

Web-Tipp:
https://psi2.de/RM-Steckbrief-5.21
(Weitere Informationen im Internet)

Priorisierung	Neben den Risikoindizes sind Auswirkungs-Wahrscheinlichkeits-Matrizen eine weitere Möglichkeit, Methoden zur Risikoidentifikation und zur Risikoabschätzung zu ergänzen.
Beispiel ALARP	Das ALARP[30]-Prinzip ist ein Beispiel für eine Auswirkungs-Wahrscheinlichkeits-Matrix (siehe Tabelle 5), bei der die Risiken so niedrig, wie vernünftigerweise praktikabel gehalten werden sollen.
Input	Als Input dienen die Ergebnisse der vorangegangenen Schritte des Risiko-Assessments. Dies können zum Beispiel die Ergebnisse einer Fehler- und Ereignisbaumanalyse (5.16) sein. Liegen aus den voran gegangenen Schritten des Risikomanagementprozesses bereits Skalen zur Beurteilung von Auswirkungen und Wahrscheinlichkeiten vor, so fließen diese mit ein.
Output	Das Ergebnis der Methode sind verschiedene Risikolevels, nach denen die Liste der betrachteten Risiken in eine Reihenfolge gebracht werden kann. Während dies bei den Risikoindizes mit einem numerischen Wert realisiert wird, gibt es hier unterschiedliche Risikobereiche.

---

[30] ALARP steht für „*As Low As Reasonably Practicable*".

5.21 Auswirkungs-Wahrscheinlichkeits-Matrix

	gering	mittel	hoch	katastrophal
Häufig	ALARP			
wahrscheinlich	ALARP			
gelegentlich	ALARP	ALARP		
vorstellbar		ALARP	ALARP	
unwahrscheinlich			ALARP	ALARP
unvorstellbar				

Tabelle 5: ALARP-Risikograph

Durchführung

Wenn aus den vorhergehenden Schritten des Assessments noch keine Skalen vorliegen, die für eine Matrix geeignet sind, so müssen diese zuerst festgelegt werden. Dabei können numerische Werte der Risikoindizes (richtiger deren Zwischenindizes) mit einer Abbildungsvorschrift auf die Werte der Matrix übertragen werden. Als Zeilen werden die Wahrscheinlichkeiten und als Spalten die Auswirkungen eingetragen. Innerhalb der Matrix werden nun Bereiche eingetragen, die unterschiedliche Risikolevels repräsentieren (vgl. auch [30]). Im Falle des ALARP-Prinzips sind es drei Bereiche:

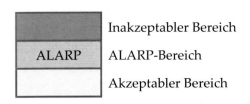

Tabelle 6: Risikobereiche

Diese unterschiedlichen Bereiche markieren unterschiedliche Arten der Risikobehandlung. Im akzeptablen und im ALARP-Bereich werden keine Maßnahmen getroffen und die mit der Handlung verbundenen Risiken werden übernommen beziehungsweise akzeptiert. Risiken im inakzeptablen Bereich müssen jedoch mit Maßnahmen so beeinflusst werden, dass sie in den ALARP-Bereich eingeordnet werden können.

Bitte beachten!

Bei der Darstellung von Risiken in Form von Auswirkungs-Wahrscheinlichkeits-Matrizen gelten ähnliche Gefahren, wie sie bereits bei den Risikoindizes (5.20) genannt wurden.

5.22 Entscheidungsmatrizen

Unterstützt bei:

Einordnung der Methode:
Komplexität der Methode: Mittel
Komplexität des Problems: Mittel
Grad der Ergebnisunsicherheit: Mittel
Ressourcenbedarf: Gering
Quantitativer Output: Ja

Benötigte Ressourcen und Infrastruktur:
✓ Die benötigten Ressourcen richten sich nach den vorangegangenen Methoden des Risiko-Assessments.

Web-Tipp:
https://psi2.de/RM-Steckbrief-5.22
(Entscheidungsmatrizen im Internet)

Eigentlich keine Assessment-Methode	Auch wenn ISO/IEC 31010 die Entscheidungsmatrizen mit zu den Assessment-Methoden zählt, gehören sie wohl eher in den Bereich der Risikobehandlung. Sie knüpft jedoch unmittelbar an die Ergebnisse aus dem Assessment an.
	Wenn eine Maßnahme in allen betrachteten Szenarien jeweils zum besten Ergebnis führt fällt die Entscheidung für oder gegen sie leicht. Existiert keine derart herausragend geeignete Lösung, gibt es mehrere Entscheidungsregeln, die sich nach der Risikobereitschaft des Entscheidungsträgers unterscheiden [31].
Input	Als Input dienen die Ergebnisse des Risiko-Assessments, insbesondere diejenigen die numerische Ergebnisse liefern, wie etwa bei den Risikoindizes (5.20).
Output	Als Output liegt eine Entscheidungsmatrix vor, anhand derer die Alternativen bewertet werden. Je nach Risikobereitschaft werden so unterschiedliche Entscheidungsvorschläge gemacht.
Durchführung	Zur Erstellung einer Entscheidungsmatrix trägt man die alternativen Maßnahmen und die betrachteten Schadensszenarien in einer Tabelle ein und bewertet die Zielerreichung der einzelnen Kombinationen nach einem zuvor festgelegten Maßstab. Man

5.22 Entscheidungsmatrizen

unterscheidet mehrere Regeln der Entscheidungsfindung, die wir im Folgenden näher betrachten (vgl. jeweils Tabelle 7).

Szenarien → Maßnahmen ↓	S 1	S 2	S 3	Zeilenminima	Zeilenmaxima	Erwartungswert
M 1	14	30	7	7	30	(14+30+7)/3=17
M 2	9	18	27	→9←	27	→(9+18+17)/3=19←
M 3	8	13	35	8	→35←	(8+13+35)/3=18⅔
	Nutzenverlust				**Maximaler Nutzenverlust**	
M 1	0	0	28		28	
M 2	5	12	8		→12←	
M 3	6	17	0		17	

Tabelle 7: Die Entscheidungsmatrix unterstützt bei der Alternativenauswahl

*Nach der **Maximin-Regel** muss Bob die Maßnahme aus Tabelle 7 auswählen, die bei allen Szenarien das maximale Zeilenminimum aufweist. Es wird also die Maßnahme gewählt, die auch unter schlechtesten Umständen das relativ beste Ergebnis liefert. So soll das Risiko einer Fehlentscheidung minimiert werden (M2).*

*Bei der **Maximax-Regel** wird ein hohes Risiko bewusst in Kauf genommen, um den Nutzen zu maximieren. Bobs Wahl fällt auf die Maßnahme, die das maximale Zeilenmaximum aufweist (M3).*

*Die **Regel des kleinsten Nutzenverlusts** versucht den Nachteil, der durch eine falsche Einschätzung der Situation zustande kommt, zu minimieren. Bob errechnet dazu für jedes Szenario die Differenz des Nutzens der Einzelmaßnahmen zur besten Maßnahme. Seine Wahl fällt dann auf die Maßnahme, die den geringsten maximalen Nutzenverlust aufweist (M2).*

*Bei der **Laplace-Regel** wird die Gleichwahrscheinlichkeit der Szenarien unterstellt und der Erwartungswert für den Nutzen jeder Maßnahme gebildet. Die Wahl fällt dann auf die Maßnahme mit dem maximalen Erwartungswert (M2). In dem beispielhaft dargestellten Fall haben also drei der vier Regeln die Maßnahme M2 als beste Alternative identifiziert.*

Fallbeispiel 12: Bobs Entscheidungsmatrix

Dieses Ergebnis hängt natürlich entscheidend von der Brauchbarkeit des zugrunde gelegten Maßstabs für die Zielerreichung ab. Wer sich jedoch über seine Ziele im Klaren ist und mit der nötigen Sorgfalt differenziert, kann mit einer Entscheidungsmatrix in der dargestellten Form zu guten Ergebnissen kommen.

Bitte beachten!

5.23 Zusammenfassung

19 Methoden

Kapitel 5 hat nach einer relativ kurzen Einleitung 19 der insgesamt 31 Methoden aus ISO/IEC 31010 vorgestellt, die für ein Risiko-Assessment im Bereich der Informationssicherheit eingesetzt werden können oder hierfür zumindest interessante Anregungen liefern. Da ISO/IEC 31010 auch für andere Risiken konzipiert ist, passen die Methoden allerdings nicht immer optimal.

Ausgelassene Methoden

Wie zu Beginn dieses Kapitels angedeutet, wurden daher auch nicht alle Methoden des Standards in diesem Kapitel dargestellt, weil sie für Risiken der Informationssicherheit entweder insgesamt nicht geeignet erscheinen und man ihnen auch sonst keine wertvollen Impulse abgewinnen kann. Die folgenden Methoden wurden nicht berücksichtigt:

⇒ B.8[31] Toxicity Assessment
⇒ B.18 Layers of Protection Analysis (LOPA)
⇒ B.22 Reliability Maintenance
⇒ B.23 Sneak Analysis (SA) und Sneak Circuit Analysis (SCI)
⇒ B.24 Markov Analysis
⇒ B.25 Monte Carlo Simulation
⇒ B.26 Bayesian Statistics and Bayes Nets
⇒ B.27 FN Curves
⇒ B.30 Cost/ Benefit Analysis (CBA) (siehe Kapitel 7)

Einordnung, Inputs, Outputs, Durchführung

Bei der Einordnung der Methoden wurde die Auffassung des Standards teilweise ergänzt und an die Bedürfnisse der Informationssicherheit angepasst. Das gilt ebenso für die benötigten Inputs und die zu erreichenden Ergebnisse. Auch bei der Durchführung wurden die im Standard beschriebenen Methoden ergänzt und abgeändert.

Ideengeber

Kapitel 5 ist daher vor allem als Ideengeber zu verstehen. Es soll dazu anregen über den Tellerrand hinauszuschauen und neue Methoden auszuprobieren und je nach Ihren Bedürfnissen miteinander zu kombinieren.

---

[31] Die Bezeichnung B.x am Zeilenanfang verweist jeweils auf die Nummerierung aus Annex B in ISO/IEC 31010.

6 Risikokommunikation

„Was ich nicht weiß, macht mich nicht heiß."
Aphorismus

In Fallbeispiel 7 und Fallbeispiel 8 war Bob, der IT-Sicherheitsbeauftragten der ExAmple AG, an seine Grenzen gestoßen. Er bemerkte, dass ein Kommunikationskonzept für Informationssicherheitsrisiken her muss. Führungskräfte, Abteilungen und Mitarbeiter per Mail zu informieren, reichte nicht aus, um dem Risikomanagementprozess das nötige Leben einzuhauchen. Wie unterscheidet sich Risikokommunikation von anderen Arten der Kommunikation? Was macht sie aus und welche Punkte gilt es zu berücksichtigen, um bei Mitarbeitern und Führungskräften nicht auf Granit zu beißen?

Bevor wir diesen Fragen auf den Grund gehen, wollen wir uns kurz einige theoretische Aspekte betrachten, die uns als Grundlage für das folgende Kapitel dienen soll. Diese allgemeinen Grundlagen werden dann mit dem Sachthema Risiken in Zusammenhang gebracht. Daraus ergeben sich Hinweise auf Fehler und Fallstricke,

Kommunikationskonzept

vor denen man sich bei der Risikokommunikation in Acht nehmen muss.

Kommunikationsmatrix

Am Ende dieses Kapitels wird eine Kommunikationsmatrix stehen, die sich am Risikomanagementprozess orientiert und dabei unterstützt, Informationen zum Risikomanagement in die richtigen Bahnen zu lenken.

6.1 Theoretische Grundlagen

Viele Quellen befassen sich mit dem Thema Kommunikation. Amazon liefert im August 2010 in einer Suchanfrage nach dem Begriff Kommunikation 78.364 Suchergebnisse in der Kategorie Bücher. Wer wollte diese Bücher alle Lesen? Manche Autoren haben es jedoch geschafft aus dieser Vielzahl hervorzustechen. Friedmann Schulz von Thun gehört ohne Zweifel dazu.

Problemgruppen menschlicher Kommunikation

Er beschreibt in seinem Kommunikationsmodell vier Problemgruppen der menschlichen Kommunikation, die es zu beachten gilt [32]. Mit seiner Einfachheit und seinem pragmatischen Ansatz ist dieses Modell gut geeignet, sich dem Thema Risikokommunikation zu nähern. Demnach hat jede Nachricht vier Seiten:

Abbildung 23:
Modell zwischenmenschlicher Kommunikation (nach [32])

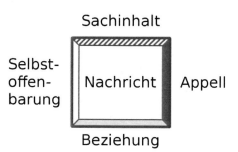

Sachaspekt

Die einfachste Seite einer Nachricht ist der Sachinhalt. Dabei handelt es sich um grundsätzlich nachprüfbare Informationen zu einem Thema. Zum Beispiel: *„Der ExAmple AG wurden letztes Jahr 10 Laptops gestohlen"*, oder: *„Bob ist der IT-Sicherheitsbeauftragte der ExAmple AG."* Dieser Aspekt spiegelt jedoch nur einen Teil einer Nachricht wieder.

Selbstoffenbarungsaspekt

Nachrichten enthalten immer auch Informationen über den Sender. Das lässt sich nicht vermeiden, selbst wenn die Nachricht noch so sachlich vorgebracht wird. So erfahren wir in den beiden Beispielsätzen, dass der Sender deutschsprachig ist, die ExAmple

6.1 Theoretische Grundlagen

AG kennt, über deren Interna informiert ist und so weiter. Dabei wurde der Begriff Selbstoffenbarung von Schulz von Thun mit Bedacht gewählt. Schließlich kann dieser Teil der Nachricht selbst*darstellend* oder selbst*enthüllend* sein. Dieser Teil der Nachricht ist sehr problematisch, weil er sich eben nicht vermeiden lässt. Fast von selbst entstehen so Momente der Selbsterhöhung und der Selbstverbergung, derer man sich bewusst sein sollte.

Neben diesem Aspekt, der sich nur auf den Sender bezieht, gibt es einen weiteren wichtigen Aspekt: Der Beziehungsaspekt einer Nachricht enthält Informationen dazu, wie Sender und Empfänger einer Nachricht zueinander stehen. So kann aus dem Satz *„Der ExAmple AG wurden letztes Jahr 10 Laptops gestohlen"* auch der folgende Satz werden, ohne dass sich der Sachinhalt ändert: *„Die ExAmple hat sich letztes Jahr 10 Lapies klauen lassen."* Sender und Empfänger scheinen ein eher informelles Verhältnis zueinander zu haben. — Beziehungsaspekt

So kann eine Aussage grundsätzlich Zustimmung hervorrufen aber wegen der enthaltenen Beziehungsbotschaft auf Ablehnung stoßen. Stellen Sie sich vor, der IT-Sicherheitsbeauftragte der ExAmple AG, sagt dem Vorstand, dass er *„völlig ahnungslos"* sei und *„bereits mit einem Bein bereits im Knast"* stehe. Nun: selbst wenn der vorgebrachte Sachverhalt stimmt – auf diese Art werden die beiden kein sinnvolles Gespräch über diesen Sachverhalt zustande bekommen. Der Chef wird sich in seiner Position bedroht sehen.

Die letzte der vier Seiten spricht schließlich an, was die Nachricht auslösen soll, welche Reaktion erwartet wird. Sollen im nächsten Jahr mehr oder weniger Laptops gestohlen werden? Sie meinen das läge doch auf der Hand: Natürlich weniger! So einfach ist es aber nicht. Sie denken vielleicht an Bob den IT-Sicherheitsbeauftragten, der seinem Chef von den gestohlenen Laptops berichtet. Wie verändert sich der Appellaspekt des Satzes *„Der ExAmple AG wurden letztes Jahr 10 Laptops gestohlen"*, wenn der Sender der Nachricht nicht Bob ist, sondern der Chefredakteur der lokalen Tageszeitung, der einen seiner freien Mitarbeiter zu dem Thema anspricht? Überlegen Sie selbst. — Appellaspekt

Die Nachricht kommt in der Kommunikation also eine zentrale Bedeutung zu – allerdings nicht die einzige. Wie wir gesehen haben wird die Nachricht in allen vier Aspekten entscheidend dadurch beeinflusst, wer mit wem kommuniziert. Sender und Empfänger gehören also zu jeder Nachricht dazu. Die Nachricht — Täter und Opfer kann nicht „*an sich*" bewertet werden. Es gibt immer jemanden der die Nachricht sendet und einen, der sie empfängt. Meistens kann sich der Empfänger dabei nicht wehren. Es besteht also in gewisser Weise eine Täter-Opfer-Beziehung.

Sender   Der Empfänger ist Initiator der Nachricht. Er hat sich entschieden, dass etwas kommuniziert werden muss und übernimmt damit den aktiven Part. Nur der Sender, kann die Aussage selbst beeinflussen und damit alle vier Aspekte der Nachricht gezielt und vorbereitet beeinflussen.

Empfänger   Der Sender einer Nachricht ist in den meisten Fällen in einer passiven Rolle. Sein Einfluss auf die vier Seiten einer Nachricht ist deutlich geringer. Der größte Unterschied ist jedoch, dass man sich auf das empfangen einer Nachricht deutlich schlechter vorbereiten kann. Das gelingt meist nur in routinierten Kommunikationssituationen.

Denken Sie zum Beispiel an Ihre Schulzeit zurück: Am Tag der Zeugnisvergabe rechnen vorbereitete Eltern und Schüler mit dem Schlimmsten. Das Empfangen der Nachricht fällt dann leichter. Wenn die Nachricht von der „*Ehrenrunde*" die Empfänger unvorbereitet trifft, strotzt die Nachricht neben dem Sachinhalt nur so von Selbstoffenbarung, Beziehungsaussagen und Appellen – mit den bekannten Problemen. Letztlich hatte es der Sender in diesem Fall versäumt, die Empfänger auf die Nachricht vorzubereiten.

Abbildung 24:
Sender,
Nachricht,
Empfänger
(nach [32])

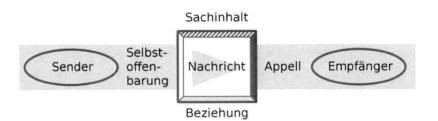

Falls man vor der Aufgabe steht ein Kommunikationskonzept zu entwerfen, dann sind die bisherigen Erkenntnisse durchweg positiv zu bewerten, da man die meisten Dinge selbst in der Hand hat und sich daher vorbereiten kann. Bevor wir uns damit genauer befassen wollen wir einen weiteren wichtigen Punkt bei der Risikokommunikation betrachten.

6.1 Theoretische Grundlagen

Die triviale Erkenntnis, die dieser Betrachtung vorausgeht ist, dass Kommunikation immer in zwei Richtungen stattfinden kann. Im Falle von Risikokommunikation soll Sie das ja auch. Risikokommunikation soll ja gerade auch von den Mitarbeitern und Chefs in Richtung des Risikomanagements stattfinden. Daher ist es für Risikomanager besonders wichtig, nicht nur mit einem Ohr zuzuhören.

Zwei Richtungen

Nachdem eine Nachricht vier Seiten hat, ergibt sich fast von selbst, dass man als vorbereiteter Empfänger einer Nachricht mit vier Ohren zuhören muss.

Die vier Ohren

„Wie ist der Sachverhalt zu verstehen?"

Wer mit dem Sach-Ohr zuhört konzentriert sich auf die Sachseite einer Nachricht. Vor allem Männer und Akademiker neigen dazu, hier ihren Schwerpunkt zu setzen, ohne darüber nachzudenken, was ihnen dabei mit den anderen drei Ohren entgeht.

Sach-Ohr

„Wie redet der eigentlich mit mir?
Wen glaubt er vor sich zu haben?"

Diese Fragen stellt man sich, wenn man den Schwerpunkt auf das Beziehungs-Ohr legt. Manch einer tut das so intensiv, dass Sachthemen, Appelle oder gar Selbstoffenbarungen völlig untergehen. Das Beziehungsohr neigt zu Überempfindlichkeit, nimmt alles persönlich und fühlt sich schnell beschuldigt.

Beziehungs-Ohr

„Was ist das für einer? Was ist mit ihm?"

Für das innere Gleichgewicht ist das Selbstoffenbarungs-Ohr da schon hilfreicher. Es hilft dabei, auf der Beziehungsseite der Nachricht enthaltene Anteile in den richtigen Zusammenhang zu stellen. Für IT-Profis ein alltägliches Geschäft: Wenn der PC eines gestressten Mitarbeiters nicht läuft, ist das Geringste, was sich der IT-Support am Telefon anhören muss, der Sache geschuldet. Solche verzweifelten Anrufe laufen fast immer auf der Selbstoffenbarungs- und Beziehungsseite, auch wenn diese in den meisten Fällen beim IT-Support kein Gehör findet. Ähnliches gilt beim Risikomanagement. Wenn Menschen sich zu Risiken äußern, geben sie viel von sich Preis. Den meisten Menschen ist das unangenehm.

Selbstoffenbarungs-Ohr

„Was soll ich auf Grund seiner Nachricht tun?"

Auch das Appell-Ohr spielt im Risikomanagement eine wichtige Rolle, wenn man nur richtig hinhört. Richtig hinhören heißt in

Appell-Ohr

diesem Fall, dass man den Appell verstehen muss, der gesendet wird und nicht den, den man gerne hören würde.

Risikomanager würden es natürlich gerne hören, wenn an sie appelliert würde, mehr gegen die Gefahren der Welt zu unternehmen – das passiert allerdings äußerst selten. Sie neigen dazu auf der Appellseite das Gras wachsen zu hören und meinen sogar Appelle zu hören, wo wirklich keine zu vernehmen sind. Jeder Hinweis auf ein Risiko muss aufgenommen werden und Risiken fordern nun mal Maßnahmen.

Täter und Opfer?

Nachdem wir nun neben den vier Aspekten einer Nachricht auch die vier Möglichkeiten kennen eine Nachricht aufzunehmen, wollen wir eine Frage noch einmal stellen: Handelt es sich tatsächlich um eine Täter-Opfer-Beziehung zwischen Sender und Empfänger? Nicht ganz. Der Empfänger einer Nachricht hat nämlich immer die Wahl, auf welchem Ohr er zuhören will. Das gelingt natürlich nur vorbereiteten Zuhörern, die eine Nachricht in ihre Bestandteile zerlegen und selbst beim Zuhören klare Ziele verfolgen.

Fallbeispiel 13:
Bob hört hin

Bob, der IT-Sicherheitsbeauftragte der ExAmple AG, wird von Pete, einem Mitarbeiter der Forschungsabteilung, auf dem Flur angesprochen: „Malory hat damit geprahlt sich mit einem komischen Tool Admin-Rechte auf seinem Rechner verschaffen zu können."

Es ist nicht das erste Mal, dass Bob über solche Dinge informiert wird. Bob ist dafür bekannt, dass man Ihm vertrauen kann, ohne dass gleich die Kavallerie ausrückt. Bob hatte vier Möglichkeiten, die Nachricht zu empfangen:

⇒ ***Sach-Ohr:***
Bob hätte die Möglichkeit gehabt auf rein sachlicher Ebene zuzuhören. Seine Reaktion wäre dann zum Beispiel so ausgefallen: „Danke für den Hinweis. Was wissen Sie sonst noch zu dem Sachverhalt?"

⇒ ***Selbstoffenbarungs-Ohr:***
Bob hätte auch auf die Selbstoffenbarung hören können. Dann hätte er vielleicht so reagiert: „Können Sie Malory nicht leiden, oder warum schwärzen Sie ihn bei mir an?"

> ⇒ **Appell-Ohr:**
> Er hätte sich aber auch auf einen Appell konzentrieren können und dann vielleicht so reagiert: „Und jetzt soll ich Ihn verhaften, oder wie?"
>
> ⇒ **Beziehungs-Ohr:**
> Für Bob spielt das Vertrauen der Mitarbeiter jedoch eine große Rolle. Er möchte lieber informiert sein, was so läuft, bevor die Dinge hinter seinem Rücken passieren. Er reagiert daher so: „Danke dass Sie mir vertrauen Pete. Es ist wichtig, dass ich solche Dinge erfahre, bevor es zu spät ist. Der Chef versteht bei so etwas keinen Spaß." Bob hat sich dafür entschieden auf dem Beziehungs-Ohr hinzuhören. In diesem Fall war ihm das besonders wichtig.
>
> Wenn Malory bereits öfter aufgefallen wäre, hätte Bob auch die Sachebene abfragen und das Ganze als Sicherheitsvorfall behandeln können. Es wäre auch denkbar gewesen, auf der Selbstoffenbarungsseite zu reagieren; vielleicht will Pete einfach nur zum Ausdruck bringen, dass er selbst sich immer an die Regelungen hält. Oder er will als Appell zum Ausdruck bringen, dass Bob sich öfter mal in den Fachabteilungen blicken lassen soll. All diese Möglichkeiten sollte Bob bedenken, wenn er richtig reagieren will.

6.2 Das besondere an Risiken

Im schlimmsten Fall sieht die Risikokommunikation in einem Unternehmen oder einer Behörde aus wie ein Scherbenhaufen, aus dem sich jeder Empfänger herausholt, wozu er Lust hat. Ein Bruchstück hier, ein Gesprächsfetzen da und irgendwo am Rande noch die verblasste Erinnerung an eine Anlage zum Arbeitsvertrag, in der etwas über Informationssicherheit stand.

Risikokommunikation

Abbildung 25: Kommunikation ohne Konzept

Diesen Scherbenhaufen gilt es gezielt zu vermeiden, um die richtigen Nachrichten zu senden, aber auch, um die richtigen Nachrichten zu empfangen. Ohne Konzept liegen die Sach-, Beziehungs-, Selbstoffenbarungs- und Appellaspekte wild durcheinander und jeder zieht die Schlüsse, die er für richtig hält. Auf diesem Weg kommt man natürlich nicht weiter.

Wir wollen die vier Aspekte einer Nachricht nun für das Sachthema Risiken genauer betrachten und auf spezifischen Eigenarten hin untersuchen. Der Blickwinkel soll dabei jeweils der des Risikomanagers sein, der sich mit seiner Nachricht an andere wendet beziehungsweise von diesen eine Nachricht empfängt. Welche Besonderheiten kennzeichnen sie bezüglich der vier Aspekte einer Nachricht?

Sachaspekt

Beginnen wir mit dem Sachaspekt der Nachricht: Es geht um Risiken. Wir wollen uns die Risiko-Definition aus Abschnitt 2.1 ins Gedächtnis rufen:

> *Als Risiko bezeichnet man die Kombination aus Wahrscheinlichkeit und Konsequenzen eines Ereignisses.*

Wenn wir uns nun vor Augen führen, dass der Sachinhalt eigentlich der ruhende Pol einer Nachricht ist, dann wird uns jetzt leider auffallen, dass der Sachinhalt im Rahmen der Risikokommunikation äußerst streitbar ist. Wir hatten bereits in den vorangegangenen Kapiteln mehrfach festgestellt, wie schwer es ist, Wahrscheinlichkeiten und Schadenshöhen zu bestimmen.

Beziehungsaspekt

Wie der Beziehungsaspekt aussehen kann, hängt vom Typ des Risikomanagers und dessen Selbstverständnis ab. Sieht er sich eher als zentrale Kontrollinstanz, die 100% Sicherheit anstrebt oder als Service-Provider, der Sicherheit nur ausliefert, wenn Sie auch bestellt wird. Oder versteht er sich als Wanderer zwischen diesen Welten, der sich als Security-Streetworker des Unternehmens versteht [33]? Neben dem Risikomanager stehen natürlich noch die Mitarbeiter, Kollegen und Manager des Unternehmens als Sender und Empfänger von Nachrichten zum Thema Risiko bereit. Zwischen diesen Polen spannt sich das Beziehungsgeflecht, das es zu berücksichtigen gilt.

Selbstoffenbarungsaspekt

Die Selbstoffenbarung beim Thema Risiko ist nicht leichter zu interpretieren, wie die bereits betrachteten Aspekte, geht es doch bei Risiken immer auch um Angst, Mut und Übermut. Niemand redet gerne offen über seine Ängste. So neigt mancher zu verbalem Übermut, um seine Angst nicht zu offenbaren und sich ihr stellen zu müssen. Der Chef könnte seinen Übermut zum Beispiel so zum Ausdruck bringen: *„Wer soll denn gerade unsere Server hacken? Alles Quatsch!"* Und das nur, um zu verhindern, sich mit den teuren Sicherheitsmaßnahmen auseinander setzen zu müssen. Oder der IT-Leiter könnte sich übermütig vor seine Leute stellen: *„Wir brauchen hier keine schlauen Pen-Tester[32] – unsere Server sind 100% sicher!"* Wer in dieser Aussage des IT-Leiters nur auf den Sachinhalt hört – *„die Server sind 100% sicher"* und *„kein Pen-Test nötig"* – der ist selber schuld. Hier sind offene Ohren gefragt, um den Selbstoffenbarungsaspekt nicht zu überhören oder misszuverstehen.

Was die Appellseite angeht, muss man zwischen Appellen, die sich auf Risiken beziehen und solchen, die sich auf Maßnahmen beziehen unterscheiden. Das wird in der Risikomatrix, die am Ende dieser Überlegungen steht eine Rolle spielen, weil dieser Aspekt an verschiedenen Stellen des Risikomanagementprozesses eine Rolle spielt. — Appellaspekt

Wir fassen nun die wichtigsten Eigenarten von Nachrichten zum Sachinhalt Risiko noch einmal zusammen: — Zusammenfassung

⇒ Der Sachinhalt ist nicht eindeutig und sogar streitbar.
⇒ Die Beziehungsseite spielt sich zwischen Mitarbeitern, Kollegen, Managern und den unterschiedlichen Typen von Risikomanagern ab.
⇒ Der Selbstoffenbarungsaspekt spricht vor allem die Gefühle Angst, Mut und Übermut an.
⇒ Beim Appellaspekt sollte man zwischen Risiken und Maßnahmen unterscheiden.

Ausgehend von diesen Besonderheiten ergeben sich einige klassische Konfliktsituationen, denen sich der nächste Abschnitt widmet.

6.3   Konfliktpotential

Der Sachinhalt Risiko bietet einige Möglichkeiten, eine Nachricht falsch zu verstehen. Selbst dann, wenn sie rein sachlich vorgebracht wird, bietet die Diskussion um richtig eingeschätzte — Sachaspekt

---

[32] Pen-Test: Ein Penetrationstest ist ein umfassender Sicherheitstest einzelner Rechner oder Netzwerke um Fehlkonfigurationen und Schwachstellen aufzuspüren.

Wahrscheinlichkeiten und Schadenshöhen noch genügend Zündstoff. Eine gute Risikokommunikation muss sich mit diesem Konfliktpotential auseinandersetzen. Es muss jederzeit transparent sein, wie die Einschätzung dieser Größen zustande gekommen ist. Noch besser ist es, wenn die Empfängerseite bei der Entstehung dieser Einschätzung beteiligt war und sich im besten Fall in den Ergebnissen wiederfindet.

Beziehungsaspekt

Auf der Beziehungsseite sind Schwierigkeiten zu erwarten, wenn sich der Risikomanager in der Rolle der zentralen Kontrollinstanz sieht. Nimmt er eher die Position des Security-Streetworkers ein, bietet sich auf dieser Seite weniger Angriffsfläche. Aber auch Gespräche mit Chefs und Managern bieten im allgemeinen Zündstoff. Im Grunde all die Gespräche, die Autoritäten unter Druck setzen oder gar in Frage stellen. Falsch vorgebracht kann der Sachinhalt der Nachricht in diesem Fall vollständig verloren gehen. Hier ist also Vorsicht geboten.

Selbstoffenbarungsaspekt

Der Selbstoffenbarungsaspekt an sich hat ein geringes Konfliktpotential. Dafür ist er umso explosiver, wenn man auf die Selbstoffenbarung falsch reagiert. Wenn man also den Ängstlichen als ängstlich entlarvt oder dem Übermütigen seine unreflektierte Risikobereitschaft vor Augen führt. Die Selbstoffenbarung ist daher besonders in ihren Extremen problematisch: der Selbstentlarvung und der Selbstdarstellung. Nimmt man den übermütigen IT-Leiter von weiter oben als Beispiel, so ist es wenig ratsam, auf seinen Übermut so zu reagieren, dass er bloßgestellt wird.

Appellaspekt

Dem Appellaspekt wohnt das geringste Konfliktpotential inne. Die Erklärung dafür ist einfach: Wer als Risikomanager auf jede kleine Neuigkeit mit Übereifer reagiert, der bekommt einfach keine neuen Nachrichten mehr. Und umgekehrt sind übervorsichtige Mitarbeiter, Chefs und Manager kein Problem des Risikomanagements sondern bestenfalls die schöne Vorstellung einer fernen Zukunft.

Risikomanagementprozess

Was wir uns nach all diesen theoretischen Überlegungen zurück ins Gedächtnis rufen müssen ist der Risikomanagementprozess. Wir haben gesehen, dass es bei den Kommunikationspfeilen in Abbildung 16 (Seite 97) eine ganze Menge von Konfliktpotential gibt. Das Problem daran ist, dass dadurch der gesamte Risikomanagementprozess ins Stocken geraten kann.

6.4 Kommunikationsmatrix

Dieser Abschnitt strukturiert die bisherigen Überlegungen in Form einer Kommunikationsmatrix, die verhindern soll, dass der Risikomanagementprozess wegen mangelhafter Kommunikation ins Stocken gerät.

Die hier vorgestellte Kommunikationsmatrix ist kein feststehendes Gebilde sondern eine flexible Arbeitsgrundlage, die sich durch den Verlauf des Risikomanagementprozesses verändert. Einzige Konstante sind die acht Zeilen:

Zeilen und Spalten

⇒ Sachaspekt der Nachricht
  Sach-Ohr
⇒ Beziehungsaspekt der Nachricht
  Beziehungs-Ohr
⇒ Selbstoffenbarungsaspekt der Nachricht
  Selbstoffenbarungs-Ohr
⇒ Appellaspekt der Nachricht
  Appell-Ohr

	?
Sachaspekt	
Sach-Ohr	
Beziehungsaspekt	
Beziehungs-Ohr	
Selbstoffenbarungsaspekt	
Selbstoffenbarungs-Ohr	
Appellaspekt	
Appell-Ohr	

Tabelle 8: Prototyp der Kommunikationsmatrix

Die vier Seiten einer Nachricht sind dabei jeweils einmal aus Sendersicht und einmal aus Empfängersicht dargestellt. Als

Spaltenüberschrift muss nun jeweils der passende Schritt des Risikomanagementprozesses eingetragen werden:

⇒ Festlegung des Kontexts
⇒ Risiko-Assessment
⇒ Risikobehandlung
⇒ Risikoakzeptanz
⇒ Risikoüberwachung/ Risikoüberprüfung

Darüber hinaus gibt es in jeder Phase des Risikomanagementprozesses unterschiedliche Zielgruppen für die Risikokommunikation, die in jedem Unternehmen und jeder Behörde unterschiedlich sein können. Daraus entsteht die folgende, erweiterte Kommunikationsmatrix:

Tabelle 9: Erweiterte Kommunikationsmatrix

	Prozessschritt		
	Gruppe 1	Gruppe 2	Gruppe 3
Sachaspekt			
Sach-Ohr			
Beziehungsaspekt			
Beziehungs-Ohr			
Selbstoffenbarungsaspekt			
Selbstoffenbarungs-Ohr			
Appellaspekt			
Appell-Ohr			

In unserem Beispielunternehmen der ExAmple AG könnten das etwa die folgenden Gruppen sein:

⇒ Vorstand
⇒ Abteilungsleiter
⇒ Mitarbeiter der Forschungsabteilung
⇒ Andere Mitarbeiter
⇒ Freie Mitarbeiter
⇒ Betriebsrat

6.4 Kommunikationsmatrix

Die vollständige Kommunikationsmatrix über den gesamten Risikomanagementprozess ist also eigentlich vierdimensional und recht groß. Natürlich können Sie die Kommunikationsmatrix auch zu einem größeren Instrument ausbauen und sich in langen Excel-Tabellen verlieren. Man sollte dabei jedoch aufpassen, vor lauter planen der Nachricht die Nachricht nicht zu vergessen.

Wenn man auf diese Art wichtige Nachrichten des Risikomanagementprozesses filtert, bevor man sie sendet oder empfängt, gelangt man insgesamt zu einer besser abgestimmten Risikokommunikation.

Filterfunktion

Da besonders bei vierdimensionalen Tabellen alle Theorie grau ist, steigen wir direkt in ein weiteres Fallbeispiel aus der ExAmple AG ein:

Fallbeispiel 14: Bobs Kommunikationsmatrix

Im Fallbeispiel 5 hatte Bob sich mit dem Presseportal der ExAmple AG auseinandergesetzt. Pressevertreter können sich dort anmelden, Newsletter zu bestimmten Themen abonnieren und in Echtzeit mit der Presseabteilung in Kontakt treten. Während eines Assessments wurde das Risiko angesprochen, dass bei einem schwerwiegenden IT-Sicherheitsvorfall innerhalb des Rechenzentrums auch das Presseportal in Mitleidenschaft gezogen werden könnte.

Bob ging mehrere Möglichkeiten der Risikobehandlung durch. Aus Budgetgründen kann die Umsetzung der favorisierten Lösung (Fallbeispiel 6) jedoch erst in einem halben Jahr begonnen werden. Für die Zeit bis dahin sollen aus Budgetgründen keine Überbrückungsmaßnahmen getroffen werden. Das zwischenzeitlich bestehende Restrisiko soll nun durch den Vorstand getragen werden, wenn nicht doch zusätzliche Mittel bereitgestellt werden können. Bob will diesen Sachverhalt nun an den Vorstand und den Pressesprecher kommunizieren. Damit er keinen Scherbenhaufen hinterlässt, sucht er mit Hilfe der Kommunikationsmatrix nach Fallstricken. Stück für Stück geht er die Seiten der Nachricht durch (siehe Tabelle 10 auf der nächsten Seite).

Tabelle 10:
Kommunikationsmatrix mit Bobs Überlegungen aus Fallbeispiel 14

	Risikoakzeptanz	
	Vorstand	Pressesprecher
Sachaspekt	„Es gibt zwei Alternativen."	
Sach-Ohr		
Beziehungsaspekt	„Der Vorstand ist der Boss."	
Beziehungs-Ohr	„Mir wird eine Entscheidung aufgezwungen."	„Ich bin wohl nur der unbeteiligte Dritte, oder?"
Selbstoffenbarungsaspekt	„Ich halte mich an den Risikomanagementprozess."	„Ich setze Dein Problem auf die Chef-Agenda."
Selbstoffenbarungs-Ohr	„Hat Angst vor Verantwortung"	„Kann mein Problem nicht selbst lösen"
Appellaspekt	„Entscheiden Sie."	„Füge Dich der Entscheidung."
Appell-Ohr	„Stell mehr Geld zur Verfügung."	„Ich soll mich fügen."

Fortsetzung von Fallbeispiel 14

Sachseite:
Die Sachseite ist für Sender und die beiden Empfänger Vorstand und Pressesprecher klar – es gibt zwei Entscheidungsalternativen.

Beziehungsseite:
Eigentlich will Bob dem Chef die Entscheidung überlassen, um klar zu machen, dass er nun mal der Entscheider ist. Aus Sicht des Empfängers seiner Nachricht – also des Chefs – kann er sich jedoch auch Missverständnisse vorstellen.

Selbstoffenbarungsseite:
Bob will dem Chef zeigen, dass er sich an den Risikomanagementprozess hält und vor dem Pressesprecher gut dastehen, weil er

> sein Problem auf die Chef-Agenda setzt. Auch hier merkt er, dass
> es zu Missverständnissen kommen kann.
>
> **Appellseite:**
> Auf der Appellseite bemerkt Bob, dass der Chef ihn so missverstehen könnte, dass es doch nur eine Alternative gibt: Mehr Geld.
>
> Bob hat also mit einer kurzen Überlegung einige Schwierigkeiten ausgemacht, auf die er im Gespräch mit beiden Zuhörern besonders eingehen wird um Missverständnissen vorzubeugen.

6.5 Zusammenfassung

Risikokommunikation sollte sich vor allem mit den Menschen beschäftigen, die als Sender und Empfänger eine gewichtige Rolle dabei spielen, wie die Nachricht verstanden wird. Gerade beim Thema Risiken reicht es nicht aus sich nur auf den Sachinhalt zu verlassen, weil er an sich bereits mit zu vielen Unsicherheiten behaftet ist. *(Der Mensch steht im Mittelpunkt)*

Wir haben in diesem Kapitel eine Möglichkeit kennengelernt, mit der man Nachrichten auf versteckte Botschaften untersuchen kann, bevor man sie unüberlegt an Mitarbeiter, Kollegen und Manager kommuniziert. *(Vier Aspekte)*

Ebenso wie jede Nachricht aus Sicht des Senders vier Seiten hat, so kann man sie auch als Empfänger mit vier Ohren wahrnehmen und so nach den entscheidenden Zwischentönen filtern. *(Vier Ohren)*

Die Nachrichten, die im Risikomanagementprozess fließen, müssen zwischen Menschen wirken und nicht von Aktenschrank zu Aktenschrank wandern. Selbst, wenn dann formal alles richtig ist und man nach einem Sicherheitsvorfall jemanden zur Rechenschaft ziehen kann – das Ziel den Sicherheitsvorfall zu verhindern, hat man trotzdem verfehlt. Daher setzt dieses Kapitel auch einen klaren Schwerpunkt auf die menschliche Komponente der Risikokommunikation und beschreibt keine komplizierten Kommunikationsprozesse zwischen den Aktenschränken der Abteilungen.

7 Wirtschaftlichkeitsbetrachtung

*„Ein Schiff, das im Hafen liegt, ist sicher. Aber dafür
werden Schiffe nicht gebaut."*
Seemannsweisheit

Selbst wenn man es geschafft hat sich voll und ganz auf die sichere Seite durchzuschlagen, kommt am Ende eines jeden Jahres die Frage nach dem wirtschaftlichen Erfolg eines Unternehmens auf den Tisch. Das Prinzip der Gewinnmaximierung treibt Unternehmen und Entscheider durchs Geschäftsjahr. Sicherheitsentscheidungen sind in der überwiegenden Anzahl der Fälle Investitionsentscheidungen – Sicherheit zum Nulltarif gibt es nicht[33].

Sicherheit als Investitionsentscheidung

---

[33] Kapitel 7 basiert auf einem Artikel, den ich 2009 in der Zeitschrift <kes> veröffentlicht habe [3]. Er wurde für dieses Buch überarbeitet und um weitere Aspekte und Methoden erweitert.

Unwägbarkeiten	Entscheider sind in der Regel darauf fixiert Kosten und Nutzen gegeneinander abzuwägen – bei Sicherheitsinvestitionen im wörtlichen Sinn eine Unwägbarkeit. Man kann zwar ermitteln, wie viel ein Wiederanlauf eines Rechenzentrums kosten würde. Was jedoch in den Sternen steht ist, wie oft eine Maßnahme einen solchen Ausfall verhindern konnte. Selbst wenn man belastbare Zahlen aus der Vergangenheit vorweisen kann: Hilft es zu wissen, welchen Schaden ein Virus in der Vergangenheit angerichtet hat, wenn man zukünftige Sicherheitsmaßnahmen plant? Sicherheitsvorfälle sind meist nicht miteinander zu vergleichen.
Business Case Information Security	Unwägbar oder nicht: je nach Größe und Organisation des Unternehmens kann ohne einen fundiert ausgearbeiteten Business Case möglicherweise gar keine Entscheidung herbeigeführt werden. Da das Budget für Informationssicherheit, mit den anderen Budgets um begrenzte Ressourcen konkurriert ist der Wunsch umso verständlicher, sich der richtigen Sicherheitsarchitektur auf Grundlage wirtschaftlicher Betrachtungen zu nähern.
In Euro und Cent	Im Rahmen einer 2009 durchgeführten Online-Umfrage [3] äußerte sich der IT-Sicherheitsbeauftragte eines Mittelständlers mit etwa 2000 Mitarbeitern wie folgt:

> "Als junges Unternehmen (...) war unser primäres Ziel an dem Erreichen grundlegender Standards ausgerichtet. Wir haben uns hierbei zunächst am BSI Grundschutz orientiert. Hierbei war das Minimalprinzip maßgeblich. (...) Für alle Maßnahmen, die diesen Standard übersteigen, (...) wenden wir das Kosten/Nutzenprinzip an."

Für einen Berater bei einem der größten Anbieter von Informations- und Kommunikationstechnik stellt sich das Problem dabei wie folgt dar:

> "Gerade Minimierungs-/Maximierungs-Prinzip sind meines Erachtens nach für eine Entscheidungsfindung (...) unverzichtbar, wobei gerade Manager voll auf Kosten-Nutzen-Analysen abheben. Gerade diese Diskussion ist oft schwer in Euro und Cent zu führen."

Wir wollen in diesem Kapitel einen Blick auf die einzelnen Modelle werfen und erarbeiten, was sie leisten und wo ihre Grenzen liegen.

7.1 Pacta sunt servanda

Der denkbar einfachste Fall liegt vor, wenn Ihnen die Entscheidung für oder gegen eine Sicherheitsmaßnahme durch vertragliche Vereinbarungen abgenommen wird, wie das beispielsweise im Fall der Auftragsdatenverarbeitung gemäß §11 Bundesdatenschutzgesetz der Fall ist. Hier ist es Aufgabe des Auftraggebers genaue Anforderungen an die zu treffenden Sicherheitsmaßnahmen zu stellen. Auch konzernweite Sicherheitsvorgaben fallen in diese Kategorie. Die Frage, ob die geforderten Maßnahmen umzusetzen sind oder nicht, wurde bei Vertragsunterzeichnung beantwortet.
Vertragliche Verpflichtungen

Auch gesetzliche Vorgaben, wie §4 ff Signaturgesetz unterstützen unter Umständen die Entscheidungsfindung. Welche Signaturen ein ausreichendes Maß an Sicherheit liefern, liegt also nicht ausschließlich im Ermessensspielraum eines Unternehmens.
Gesetzliche Verpflichtungen

Es gibt jedoch auch bei vertraglichen Verpflichtungen Konkurrenzsituationen, in denen Budgetgrenzen oder Sparmaßnahmen die Einhaltung von Verträgen gefährden. In diesem Fall ist die Höhe von eventuellen Vertragsstrafen natürlich mit in Betracht zu ziehen.
Vertragsstrafen

Ähnliches gilt auch für gesetzliche Verpflichtungen. Auch hier kann es zu Situationen kommen, in denen man insbesondere Ordnungswidrigkeiten in Kauf nehmen muss. Das Äquivalent zu den Vertragsstrafen sind in diesem Fall die angedrohten Bußgelder. Vertragsstrafen und Bußgelder sind als Rechengröße in allen weiteren Modellen zu berücksichtigen.
Bußgelder

Wenn es derartige Vorgaben nicht gibt, müssen andere Modelle herangezogen werden. Dabei stehen zwei zentrale W-Fragen im Vordergrund:
W-Fragen

⇒ Was soll erreicht werden (Programmentscheidung) und
⇒ wie soll es erreicht werden (Wahlentscheidung)?

Wie entscheidet man jedoch richtig, wenn es kein Gesetz oder keinen Vertrag gibt, der die Entscheidung erleichtert?

7.2 Wirtschaftlichkeitsprinzipien

Minimal, maximal, extrem

Eine erste Annäherung an eine wirtschaftlich durchdachte Entscheidung bilden die allgemein bekannten Wirtschaftlichkeitsprinzipien: Minimierungs-, Maximierungs- und Extremumsprinzip. Im ersten Fall wird angestrebt, mit minimalem Aufwand ein vorgegebenes Ziel zu erreichen. Im zweiten Fall gilt es, bei gegebenem Mittelaufwand das maximal Mögliche zu erreichen. Beim Extremumsprinzip schließlich wird die Optimierung von Aufwand und Zielerreichung angestrebt.

Die Investition als Maßnahmenpaket

Das Ziel einer Sicherheitsinvestition als konkretes Maßnahmenpaket ist in erster Linie das Risiko zu reduzieren. Ein solches Maßnahmenpaket lässt sich als ein Intervall der x-Achse darstellen. Innerhalb dieses Intervalls sinkt das Risiko um einen Wert y während die Kosten um einen Wert x steigen (siehe Abbildung 26).

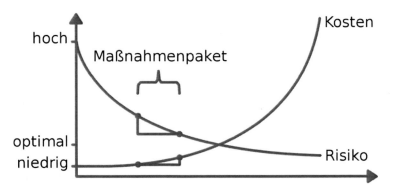

Abbildung 26: Vordergründiger Zusammenhang von Kosten und Risiken bei der Betrachtung nach Wirtschaftlichkeitsprinzipien

Die Krux...

Das nicht ganz offensichtliche Problem liegt dabei nicht in der Kostenschätzung oder der – aufgrund mangelnder empirischer Grundlage – schon nicht mehr ganz so trivialen Risikoermittlung. Die Schwierigkeit liegt darin, dass Sicherheitsmaßnahmen sich nicht ohne weiteres linear summieren lassen. Im Gegenteil: Unter Umständen stehen Sie in Wechselwirkung, überschneiden sich oder schließen sich sogar gegenseitig aus. Das Risiko könnte unter Umständen sogar sinken, ohne das Kosten entstehen. Das hängt vom betrachteten Risiko ab.

7.2 Wirtschaftlichkeitsprinzipien

Die Planung und Implementierung von Sicherheitsmaßnahmen erfordert ein kompliziertes und voneinander abhängiges Architekturmodell mit komplexer Statik. Weglassen und hinzufügen von Maßnahmen hat fast immer Auswirkungen auf die Gesamtstatik. Bildlich gesprochen: Man kann in einem Haus nicht einfach eines der Treppenhäuser weglassen ohne die Frage zu stellen, ob das die Gesamtstatik beeinflusst?

...mit den Wechselwirkungen

Aus Verfügbarkeitsgründen werden in Rechenzentren Komponenten redundant ausgelegt: Statt eines Switches werden zum Beispiel mehrere eingesetzt. Damit ein Produktions- oder Softwarefehler nicht beide Geräte betrifft, werden zwei Geräte verschiedener Hersteller eingesetzt. Sinkt das Risiko durch diese Investition? „Ja", lautet die spontane Antwort. Für die Verfügbarkeit ist das auch richtig. Was die Vertraulichkeit angeht stellen zwei Geräte jedoch eine doppelt so große Angriffsfläche dar, als nur eines. Die Wahrscheinlichkeit für Fehlkonfigurationen, unzureichende Dokumentation etc. steigt. Das Risiko für die Vertraulichkeit steigt durch die Maßnahme also ebenfalls.

Ein Beispiel

Stellen Sie sich vor, man würde auf das im Diagramm eingezeichnete Maßnahmenpaket verzichten. Welchen Einfluss hätte das auf die Kurvenverläufe? Wäre der Verzicht überhaupt möglich? Oder würde das die Wirksamkeit anderer Maßnahmen in Frage stellen? Ein komplex verknüpftes Maßnahmenportfolio kann in dieser Form nicht auf der x-Achse abgetragen werden, weil die Einzelmaßnahmen keine Ordnung haben: es gibt keine erste und keine letzte Maßnahme.

Maßnahmen weglassen

Die Abzeichnung der Maßnahmen auf der x-Achse des Diagramms ist wegen der fehlenden Ordnung und Linearität falsch und bestenfalls für einen ersten Einstieg in die Komplexität des Themas geeignet. Auch die eindimensionale Darstellung des Risikos funktioniert natürlich nur für eine erste Veranschaulichung. Rechnen lässt sich so jedenfalls nicht.

Mit Kurven löst man das Problem nicht

Es wird einzig der angenommene Zusammenhang aufgezeigt, dass jede weitere Risikoreduzierung zu immer höheren Kosten führt. Aber Vorsicht: dadurch wird auch impliziert, dass ein hohes Sicherheitsbudget zu geringerem Risiko führt – der logische Tod jeder seriösen Sicherheitsanalyse.

Der logische Tod

Die drei Wirtschaftlichkeitsprinzipien können für eine Analyse nur herangezogen werden, wenn die Kosten, das Risiko und deren Zusammenhang mit den betrachteten Sicherheitsmaßnahmen

Eher ungeeignet

bekannt sind. Nur wenn diese Grunddaten hinreichend quantifiziert werden können, lassen sich aus einer Analyse anhand der Wirtschaftlichkeitsprinzipien stichhaltige Empfehlungen ableiten.

7.3 Kosten-Nutzen-Analysen

Unklarheiten ausgeschlossen

Der Ansatz der Kosten-Nutzen-Analyse ist in vielen Punkten verwandt mit den Wirtschaftlichkeitsprinzipien. Insbesondere was die negativen Punkte angeht. Sicher: Kosten-Nutzen-Analysen sind schön griffig. Mit dem Begriff kann jeder was anfangen – Unklarheiten ausgeschlossen. Wer wissen will, ob sich eine Investition lohnt, der vergleicht einfach die Kosten mit dem Nutzen. Ist der Nutzen größer als die Kosten, so hat man schon die halbe Miete. Der Frage, um wie viel sich ein Risiko minimieren lässt, wenn ein Betrag x investiert wird, sollte sich aber aus den bereits genannten Gründen mit äußerster Vorsicht genähert werden.

Konkurrenzsituation

Insbesondere sollte man nicht unterschätzen, dass es in jedem funktionierenden Unternehmen hundert andere Möglichkeiten gibt, bei gleichen Kosten mehr Nutzen zu erwirtschaften, als mit einer Security-Investition. Wer sich auf die Konkurrenz um begrenzte Ressourcen einlässt, zieht mit ziemlicher Wahrscheinlichkeit den Kürzeren. Kosten-Nutzen-Analysen leisten jedoch auch unter diesem Gesichtspunkt in manchen Situationen ganz hervorragende Dienste.

Zum Beispiel bei der Auftragsdatenverarbeitung gemäß Bundesdatenschutzgesetz (BDSG). Der Auftragnehmer muss hier nicht über zu treffende Maßnahmen entscheiden, sondern einfach die nach den gesetzlichen Bestimmungen geeigneten umsetzen. Die zu treffenden Schutzmaßnahmen und Verfahrensweisen sind hier durch den Auftraggeber vorzugeben. Die Maßnahmen stehen also fest; die Verantwortung für ihre Wirksamkeit verbleibt beim Auftraggeber. Die durch den Vertrag entstehenden Kosten können so mit der im Vertrag vereinbarten Vergütung verrechnet werden. Die Analyse lässt sich also anhand klar ermittelbarer Größen durchführen und eignet sich sehr gut um abzuschätzen, ob sich der Auftrag lohnt oder nicht. Ist die Entscheidung gefallen geht es nur noch darum im Sinne des Minimierungsprinzips das gesetzte Ziel mit dem geringsten Mitteleinsatz zu erreichen.

Bereits bei diesem einfachen Beispiel zeigt sich, dass ein gutes Ergebnis von der richtigen Mischung der verschiedenen Modelle abhängig ist.

Die Mischung macht's

7.4 Pareto-Prinzip

Eine Wirtschaftlichkeitsbetrachtung im Rahmen der Informationssicherheit fällt leichter, wenn sie so weit gebracht werden kann, dass sie nach dem Minimierungsprinzip weitergerechnet werden kann. Wenn es also aus investitionstheoretischer Sicht nicht mehr um eine Programmentscheidung sondern um eine Wahlentscheidung geht. Die Frage lautet dann nicht mehr *was*, sondern nur noch *wie*. Die Datenverarbeitung im Auftrag nach BDSG ist für den Auftragnehmer ein solcher Spezialfall. In der Realität wird der Auftraggeber jedoch auf die Empfehlungen des Dienstleisters zurückgreifen, welche Maßnahmen zum Schutz der Daten umzusetzen sind und diese dann vertraglich als verbindlich für den Auftragnehmer umsetzen.

Der Weg zur Wahlentscheidung

Wie sollte also das gegebene Ziel aussehen? Eine Möglichkeit diese Frage zu beantworten, bieten anerkannte Standards, was sicher einer der Gründe ist, warum auch Sie sich mit der ISO 27000 Familie beschäftigen. Hat man sich auf einen Standard festgelegt, geht es darum, ihn zu minimalen Kosten umzusetzen.

https://psi2.de/RM-ITGS-Webseite
(Webseite des BSI zum IT-Grundschutz)

Das Bundesamt für Sicherheit in der Informationstechnik (BSI) hat mit den BSI-Standards das Ziel verfolgt, dass ohne die Notwendigkeit einer umfangreichen Risikobetrachtung *„ein vernünftiger Informationsschutz ebenso wie eine Grundsicherung der IT schon mit verhältnismäßig geringen Mitteln zu erreichen"* ist [21].

80% vs. 20%

Das BSI folgt damit nach eigenen Angaben dem Pareto-Prinzip, das in diesem Fall sagt, dass 80% des Schutzbedarfs mit 20% des Aufwands zu erreichen sind (Abbildung 27). Nur für spezielle Einsatzszenarien ist eine nähere Risikoanalyse erforderlich, aus der für hohen und sehr hohen Schutzbedarf gegebenenfalls zusätzliche Individualmaßnahmen erwachsen.

Abbildung 27:
Das Pareto-Prinzip im IT-Grundschutz

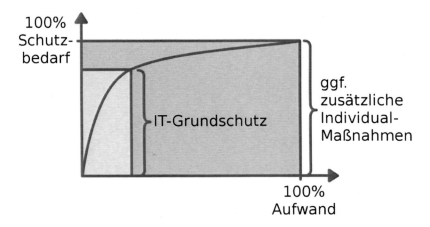

Wenn man sich für ein Vorgehen nach diesem Modell entschieden hat, sind umfangreiche Wirtschaftlichkeitsbetrachtungen auf Grundlage von Risikoerwägungen nur für diese zusätzlichen Individualmaßnahmen durchzuführen. Für die Maßnahmen aus den Grundschutzkatalogen geht das Modell ja per se davon aus, dass sie sich im Verhältnis zum entstehenden Schutz leicht umsetzen lassen.

Wirklich nur das Nötigste?

Ist der IT-Grundschutz des BSI also Sicherheit zum Schnäppchenpreis? Mitnichten! Der Aufwand für eine Zertifizierung nach ISO 27001 auf Basis von IT-Grundschutz wird im Allgemeinen deutlich umfangreicher sein als eine normale ISO 27001 Zertifizierung. Im Gegensatz zur Zertifizierung nach dem reinen ISO-Standard wird die Umsetzung konkreter Maßnahmen verlangt und Ausnahmen müssen aufwändig begründet werden; nicht gegenüber dem Management, sondern gegenüber dem BSI.

Der Begriff IT-Grundschutz ist hier in der Wortwahl etwas missverständlich, da die Entscheidung für den IT-Grundschutz von sich aus sehr kostenintensiv ist. Man sollte sich also von der an BSI-Standard 100-2 angelehnten Abbildung 27 nicht zu der Illusion hinreißen lassen, man bekäme hier 80% Sicherheit für 20% des Aufwands.

Ist die Entscheidung für einen Standard jedoch erst einmal gefällt, kann man in der Folge nach dem Minimierungsprinzip vorgehen. Nur für die zusätzlichen Individualmaßnahmen bei hohem und sehr hohem Schutzbedarf sind genauere Betrachtungen und gegebenenfalls Folgeinvestitionen nötig.

Für den IT-Grundschutz sprach bisher immer, dass er mit den Grundschutzkatalogen mehr oder weniger klare Handlungsanweisungen gibt. Dadurch ist es erst möglich, mit einer einzigen Managemententscheidung eine sehr große Anzahl an Sicherheitsmaßnahmen auf den Weg zu bringen. Die ISO 27000 Familie konnte diese Hilfestellung in der Vergangenheit noch nicht bieten. Wie wir bereits in Abschnitt 2.5 gesehen haben, sind eine ganze Reihe von Standards in Arbeit, die diese Lücke schließen werden. Will man wirklich nach dem Pareto-Prinzip vorgehen, geht es wohl eher um die Frage, dass man 80% der Grundschutz-Maßnahmen mit 20% des Aufwands erreicht und für die weiteren 20% der Maßnahmen 80% des Aufwands anfallen. Wirklich weiter hilft das nicht.

Was ist denn nun mit Pareto?

7.5 Total Cost/ Benefit of Ownership (TCO/ TBO)

Eine Google-Suche zum Begriff *„Total Cost of Ownership"* liefert 1,6 Millionen Treffer. Unter der Bezeichnung TCO wurde das Abrechnungsmodell 1987 von der Unternehmensberatung Gartner Inc. entwickelt und vorgestellt.

Total Cost of Ownership (TCO)

https://psi2.de/RM-Gartner-Webseite
(Gartner Webseite)

Es soll dabei helfen, alle anfallenden Kosten einer Investition zu berücksichtigen. Diese können die reinen Anschaffungskosten unter Umständen deutlich übersteigen. Die TCO unterstützt die Entscheidungsfindung dahingehend, dass sie Klarheit über alle mit der Investition verbundenen Kosten verschaffen soll.

Mit der Anwendung des Modells werden alle Kosten erfasst, die während der Dauer einer Investition durch Beschaffung und Betrieb entstehen. Dabei beruht die TCO nur zu etwa 20% auf dem Vermögen an IT-Infrastrukturbestandteilen, zu 17% auf technischem Support und zu 13% auf der Verwaltung der IT-Infrastruktur (Abbildung 28). 50% der Kosten bestehen aus den originären Aufgaben einer EDV-Abteilung, die jedoch durch Endanwender erledigt werden und Downtime.

Abbildung 28: Zusammensetzung der TCO nach Gartner

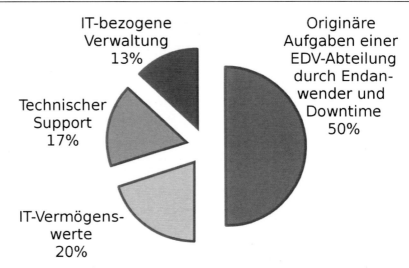

Wackliges Zahlenspiel	Die Zusammensetzung schwankt jedoch von Anwendungsfall zu Anwendungsfall und muss für Sicherheitsinvestitionen neu ermittelt werden. Und nicht nur das. Neben dem TCO-Modell von Gartner wurden durch die META-Group (Real Cost of Ownership (RCO) [34]) und Forrester Research jeweils eigene TCO-Modelle entwickelt, die im Ergebnis durchaus unterschiedliche Ergebnisse liefern. So wurde durch Gartner die TCO für einen LAN-PC mit 9000$ bis 12000$ und durch Forrester mit 8200$ beziffert. Für die RCO wurden durch die META Group 2800$ ermittelt [35].
Hoher Grad an Ungewissheit	Damit ist es nicht nur schwierig, ein Risiko in Zahlen zu fassen (Schadenshöhe × Eintrittswahrscheinlichkeit); es scheint ebenso schwierig zu sein, die Kosten einer Investition genau zu bestimmen um zu bewerten, ob sie sich lohnt. Das macht eine Kosten-Nutzen Analyse nahezu unmöglich. Schlichtes Schätzen könnte der Realität schnell näher kommen als langwierige Berechnungen.
Äpfel und Birnen	Da die TCO in der wissenschaftlichen Literatur bereits ausgiebig erörtert wurde und auch in der Praxis des IT-Managements ein durchaus gängiges Instrument ist, existieren bereits zahlreiche Modellrechnungen für spezielle Einsatzumgebungen und Infrastrukturen. Bei deren Betrachtung und Vergleich muss jedoch das zugrundeliegende TCO-Modell berücksichtigt werden, damit man nicht Gefahr läuft, Äpfel mit Birnen zu vergleichen.
TCO-Tool	Durch die relative Verbreitung des TCO-Modells wurden bereits mehrere Softwaretools entwickelt, die dabei unterstützen, die TCO

7.5 Total Cost/ Benefit of Ownership (TCO/ TBO)

für Investitionsentscheidungen zu ermitteln. Zum Beispiel das TCO-Tool:

https://psi2.de/RM-TCO-Tool-Webseite
(Webseite zur Software TCO-Tool)

Im Auftrag des Informatikstrategieorgans Bund (ISB) der schweizerischen Bundesverwaltung, wurde die Java-basierte Open-Source-Software TCO-Tool entwickelt, mit der sich TCO-Berechnungen durchführen lassen. Die Software stützt sich ausdrücklich nicht auf ein bestimmtes TCO-Modell und bleibt dadurch weitestgehend flexibel.

Zu dem Suchbegriff „*Total Benefit of Ownership*" liefert Goggle schon nur noch ca. 30.000 Treffer. Der TBO ist eng mit der TCO verwandt und kann als Reaktion auf die Kritik gesehen werden, dass alle bisherigen TCO-Modelle nur auf der Kostenseite Klarheit verschaffen können und möglicherweise vorhandene Mittelzuflüsse unberücksichtigt lassen. Die TCO-Modelle machen also die gleiche unverständliche Einschränkung wie ISO/IEC 27005. Auch dort werden Mittelzuflüsse nicht berücksichtigt. Der Ansatz des TBO ist daher dem des TCO ähnlich, nur werden beim TBO alle anfallenden Erträge einer Investition beleuchtet. Auf diese Art können bestehende Berechnungen zum TCO ergänzt werden und erscheinen unter Umständen in ganz neuem Licht. — Total Benefit of Ownership (TBO)

Ein diesbezüglich weiterentwickeltes TCO-Modell ist das durch die Forrester-Tochter Giga Information Group entwickelte Modell des Total Economic Impact (TEI) [34]. Es berücksichtigt neben TCO und TBO auch einen durch die Investition längerfristig zu erreichenden Flexibilitätsgewinn und dass damit verbundene Risiko[34]. Als Ergebnis steht ein Return on Investment (ROI). Im Falle des TEI-Modells als Total Economic Impact bezeichnet (Abbildung 29). Hier liefert Google mehr als 130.000 Treffer, darunter zahlreiche Modellrechnungen. — Total Economic Impact (TEI)

---

[34] Hier ist nicht das Investitionsrisiko gemeint, nicht das Informationssicherheitsrisiko, dass ja Ausgangspunkt unserer Betrachtungen ist.

Abbildung 29: Zusammensetzung des Total Economic Impact

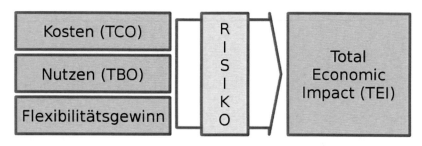

Weder TCO noch TBO liefern exakt auf die Bedürfnisse der Informationssicherheit zugeschnittene Kennzahlen. Einzig im TEI-Model findet das mit der Investition verbundene Risiko eine Berücksichtigung. Die mit ihr verbundene Minimierung von Sicherheitsrisiken für das Unternehmen bleibt jedoch auch im Modell der Giga Information Group unberücksichtigt. Die drei im Folgenden betrachteten Modelle dagegen wurden speziell für die Bedürfnisse der Informationssicherheit entwickelt.

7.6 Return on Security Investment (ROSI)

Das ROSI-Modell geht von der Idee aus, dass eine Sicherheitsinvestition die Eintrittswahrscheinlichkeit eines Schadensereignisses mindert [36]. Auf einen längeren Zeitraum gerechnet entsteht so ein errechenbarer Return. Dieser ist als Minimierung zukünftiger Schäden aufgrund mangelnder Sicherheitsmaßnahmen zu verstehen, also nicht als absolute Erfolgsgröße.

Annual Loss Expectancy

Die erste zu berechnende Größe ist die Annual Loss Expectancy (ALE), die ebenso wie der Return selbst je nach Autor unterschiedlich definiert wird:

```
ALE  = (Schadenshöhe - Schadenseinsparung)
       + Security Invest

ROSI = Schadenshöhe - ALE
```

Oder:

```
ALE  = Schadenshöhe × Eintrittswahrscheinlichkeit

ROSI = ALEvorher - ALEnachher
       - Security Invest

     = Schadenseinsparung - Security Invest
```

7.7 Stochastischer ROSI

Der zweite Ansatz bringt dabei deutlicher zum Ausdruck, dass man bei Sicherheitsinvestition den Zustand vor der Investition mit dem Zustand nach der Investition vergleicht. Dass beide Formeln zum selben Ergebnis kommen, kann man durch Einsetzen und Umformen der ersten beiden Therme erkennen[35]:

```
ROSI = Schadenshöhe
       - ((Schadenshöhe - Schadenseinsparung) + SI)

     = Schadenshöhe
       - (Schadenshöhe - Schadenseinsparung) - SI

     = Schadenshöhe
       -   Schadenshöhe + Schadenseinsparung   - SI

     =                   Schadenseinsparung    - SI
```

Der so berechnete Return baut jedoch in beiden Fällen auf Mutmaßungen über Eintrittswahrscheinlichkeiten auf. Selbst wenn für ein Szenario belastbare statistische Daten vorliegen, sind diese insbesondere für kleine und mittlere Unternehmen nur bedingt anzuwenden. Die Ungewissheit bleibt: Wie genau können Wahrscheinlichkeiten bestimmt werden und wie genau die Kosten einer Investition? In beiden Fällen haben wir wiederholt gesehen, wie weit die Zahlen auseinander liegen können.

Und wieder: hoher Grad an Ungewissheit

7.7 Stochastischer ROSI

Die größte Schwierigkeit bei den Methoden zur Wirtschaftlichkeitsbetrachtung ist der Mangel an genauen Daten zu Sicherheitsvorfällen. Ein Ansatz, der sich mit dieser Schwierigkeit auseinandersetzt ist der des Return on Security Invest unter Abstützung auf stochastische Verfahren [15].

Auch hier spielt die ALE eine wichtige Rolle. Über sie bestimmt sich der Bruttonutzen einer Investition. Die vorgebrachte Kritik lautet nun, dass sich aufgrund eines Bruttonutzens keine Investitionsentscheidungen begründen lassen. Der stochastische ROSI ist daher ein Verfahren zum Vergleich mehrerer Maßnahmenbündel auf deren Nettonutzen hin, unabhängig von deren Zusatznutzen. Während der Nettonutzen sich anhand ermittelbarer Werte

Bruttonutzen, Nettonutzen, Zusatznutzen

---

[35] *Security Invest* im Folgenden abgekürzt als SI

festmacht, geht es beim Zusatznutzen um die schwer bestimmbaren Nutzenanteile wie Imagegewinn oder Kundenbindung aufgrund guter Sicherheitsstandards.

Die bisher vorgestellten Methoden begnügen sich mit den vier Grundrechenarten, was sie für viele Zeitgenossen sicher interessanter macht als eine Methode, die bereits ihrem Namen nach mehr abverlangt. Wir können jedoch einen Blick wagen, ohne dabei Formeln und Fachbegriffe zu verwenden:

Werteverteilung Das Problem bei der Berechnung der ALE war, dass diese sich immer auf eine konkrete Zahl für Schadenshöhe und Schadenseinsparung stützt. Dadurch ist es zwar möglich, sehr einfach zu verstehende Rechnungen durchzuspielen, in vielen Fällen hat diese Methode jedoch den Nachteil, dass die Zahlen einer großen Unsicherheit unterliegen. Die Idee hinter dem stochastischen Ansatz ist es nun, keine konkreten Werte zu verwenden, sondern eine ganze Reihe von konkreten Werten oder besser gesagt eine Werteverteilung.

Beispiel: Verkehrsunfall Warum soll eine Werteverteilung besser sein? Ein Beispiel: Nehmen wir an, man wird in einem von zehn Fällen überfahren, wenn man eine Straße überquert, ohne vorher nach links und rechts zu sehen. Nun kann man dabei unterschiedlich stark verletzt werden. Man kann sich Blaue Flecken holen, sich Knochen brechen oder gar Schlimmeres. Was hat man also in einem von zehn Fällen zu erwarten? Den minimalen Schaden oder den maximalen Schaden? Oder gibt es vielleicht sogar einen wahrscheinlichsten Schaden? Wenn die Unfallstatistik uns sagt, dass man sich in solchen Fällen am wahrscheinlichsten „*nur*" Blaue Flecke zuzieht – was wissen wir dann über die anderen möglichen Unfälle? Wenn Blaue Flecke am wahrscheinlichsten sind – was ist mit all den anderen Verletzungsmöglichkeiten? Sind sie fast genauso wahrscheinlich oder ganz unwahrscheinlich?

Dreiecksverteilung Es ist also sicherlich nicht verkehrt, sich Gedanken darüber zu machen, wie stark man mindestens verletzt wird, wie stark das maximal der Fall sein wird und welche Verletzung am wahrscheinlichsten ist. In der Statistik werden solche Probleme häufig mit der Dreiecksverteilung beschrieben. Das Dreieck (Abbildung 30) besteht dabei aus Minimum (linke Ecke), Maximum (rechte Ecke) und wahrscheinlichstem Fall (Spitze):

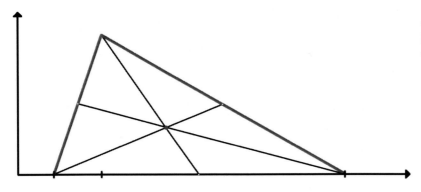

Abbildung 30:
Die Dreiecksverteilung

Wenn wir uns in Abbildung 30 nun das Beispiel mit dem Verkehrsunfall vorstellen, dann sind die Blauen Flecken (Spitze des Dreiecks) deutlich weniger interessant, wie der weitaus größte Teil des Dreiecks, der „weiter rechts" von den Blauen Flecken liegt. Uns interessiert vor allem der Schwerpunkt des Dreiecks, der beim Schnittpunkt der Seitenhalbierenden liegt und damit irgendwo in der Nähe von gebrochenen Rippen, Armen und Beinen.

Nach demselben Muster funktioniert der Vergleich von Schadenshöhen von Sicherheitsinvestitionen. Auch hier ist weniger interessant, ob man am wahrscheinlichsten mit dem sprichwörtlichen blauen Auge davonkommt (Spitze des Dreiecks). Die Frage nach dem sogenannten Erwartungswert (Schwerpunkt des Dreiecks) ist unter Umständen viel aussagekräftiger. Aus diesem Grund wird beim stochastischen ROSI die ALE über die Erwartungswerte berechnet und nicht über den wahrscheinlichsten Wert.

Sollten Sie nun doch Lust auf Formeln und Rechenbeispiele bekommen haben, möchte ich Ihnen das folgende PDF-Dokument ans Herz legen, in dem Sie auch zwei Fallbeispiele aus der Realität finden. Das erste beschäftigt sich mit der Investition in ein Notfallrechenzentrum und das zweite mit einem BSI IT-Grundschutzprojekt:

Doch noch Lust auf Formeln?

https://psi2.de/RM-PDF-SROSI
(Verfahren zur Wirtschaftlichkeitsanalyse
von IT-Sicherheitsinvestitionen; pdf-Datei [15])

7.8 Return on Information Security Invest (ROISI)

Nach den bisherigen Ergebnissen fällt es schwer, die Hoffnung auf adäquate Aussagen einer Wirtschaftlichkeitsbetrachtung nicht aufzugeben. Ein Versuch sich von diesem Problem zu lösen stellt der Return on Information Security Invest (ROISI) dar.

https://psi2.de/RM-ROSI
(Umfangreiche Informationen zum ROISI)

Wie viel kostet der Angriff?

Adrian Mizzi hat das Modell im Rahmen einer Master-Thesis vorgestellt. Es liefert eine Empfehlung für die maximal sinnvollen Ausgaben für Informationssicherheit. Dazu hinterfragt sein Modell, wie viel ein Angreifer bereit sein wird, für den Einbruch in ein System zu investieren. Das Ziel jeder Sicherheitsbetrachtung muss es ihm zufolge sein, die Information Assets auf dieser Grundlage wirtschaftlich zu schützen.

Return ≠ Return

Aus diesen Grundlagen ergeben sich mehrere Ungleichungen, die in Wechselwirkung zueinander stehen. Diese Wechselwirkungen bezeichnet Mizzi als Return. Mit Return ist als keine tatsächliche Summe Geld gemeint, die man nach einer Sicherheitsinvestition durch einen Sicherheitsgewinn Rückvergütet bekommt.

Bevor wir die Ungleichungen unter die Lupe nehmen und uns den einzelnen Größen im Detail widmen, wollen wir uns mit Abbildung 31 einen Überblick verschaffen und die Bedeutung der Variablen klären:

```
CTB   > B + F               (Höhe der Sicherheitsausgaben)
B + F < R + L               (Maß der Wirtschaftlichkeit)
R + L > CTB bzw. L > CTB    (Angriffsmotivation)

T     = Thread
      = Bedrohung
D     = Defense Mechanisms
      = Verteidigungsmechanismen
V     = Vulnerabilities
      = Schwachstellen
CTB   = Cost to Break
      = Angriffskosten
B     = Cost to Build
      = Kosten der Implementierung
```

7.8 Return on Information Security Invest (ROISI)

```
F   = Cost to Fix Vulnerabilities
    = Kosten der Absicherung
R   = Cost to Rebuild
    = Wiederherstellungskosten
L   = Loss of Immediate Revenue
    = Unmittelbarer Ertragsverlust
CIA = Confidentiality Integrity Availability
    = Vertraulichkeit, Integrität, Verfügbarkeit
```

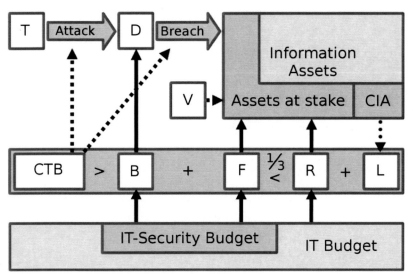

Abbildung 31: ROISI: Ungleichungen und Variablen im Zusammenhang (nach [37])

Wie auch innerhalb der ISO 27000 Familie müssen hier zuerst die Information Assets, also die Informationen von Wert bestimmt werden, von denen jedoch nur ein Teil für einen Angreifer interessant ist (Assets at stake) und von Schwachstellen [V] bedroht wird. Die Behebung dieser Schwachstellen verursacht laufende Kosten [F]. Aus diesen und den Kosten zur Implementierung von Verteidigungsmechanismen [B] setzt sich das IT-Security Budget zusammen. Werden die Informationen angegriffen, entstehen einerseits Kosten aus der Wiederherstellung [R] und andererseits Ertragsverluste [L], die unmittelbar aus dem Verlust von Vertraulichkeit, Integrität und Verfügbarkeit [CIA] entstehen.

Information Assets und Verteilung der Kosten

Die erste Ungleichung	Die Kosten für den Schutz eines Systems [B+F] müssen nach Mizzi substanziell kleiner sein, als der zu erwartende Schaden [R+L]. In keinem Fall jedoch mehr als ein Drittel:

```
3 × (B + F) < R + L
```

Die zweite Ungleichung	Als Qualitätskriterium für ein gutes Sicherheitssystem sieht das Modell vor, dass es den Angreifer immer mehr kosten muss das System zu überwinden [CTB], als es kostet es zu implementieren und zu betreiben [B+F]:

```
CTB > B + F
```

Die dritte Ungleichung	Ausgangspunkt jedes Angriffs ist die Motivation eines Angreifers und die Frage, wie viel dieser bereit ist in Angriff (Attack) und Einbruch (Breach) zu investieren. Mizzi geht davon aus, dass die Motivation zum Angriff frühestens dann gegeben ist, wenn der zu erwartende Schaden [R+L] größer ist als die Kosten des Angriffs [CTB]. Spätestens jedoch, wenn der durch den Informationsverlust [L] entstandene Schaden größer ist als die Kosten des Angriffs [CTB]:

```
R + L > CTB     beziehungsweise:    L > CTB
```

Der Kreis schließt sich	Mit den genannten Ungleichungen lassen sich mit vorhandenen Planungszahlen recht präzise Aussagen treffen, ob man schon genug, oder schon zu viel für Informationssicherheit veranschlagt hat. Die von Mizzi vorgeschlagenen Ungleichungen sind damit das erste vorgestellte Modell, das eine Antwort auf diese bisher unbeantwortete Frage liefern kann.
	Das ROISI-Modell ist insgesamt umfangreicher, als der hier vorgestellte Teil und betrachtet noch eine ganze Reihe anderer Größen und Zusammenhänge, die jedoch den Rahmen sprengen würden.

Auch wenn in Mizzis Modell nirgendwo Wahrscheinlichkeiten auftauchen, so werden sie doch durch die erste Ungleichung impliziert, die fordert, dass die Sicherheitskosten substanziell kleiner sein sollen, als der zu erwartende Schaden. In keinem Fall sollen sie jedoch mehr als ein Drittel betragen. Das heißt, dass Mizzis Modell pauschal davon ausgeht, dass pro Investition [B+F] nur ⅓ Schadensereignis [R+L] kommen darf.

Wahrscheinlichkeiten

7.9 Zusammenfassung

Mit den vorgestellten Hilfsmitteln können für den zugrundeliegenden Business Case eine ganze Reihe Kennzahlen und Eckwerte berechnet werden um die Investition zahlenmäßig zu erfassen. So lässt sich die Entscheidungsvorbereitung klar strukturieren.

Das Problem an allen Methoden ist die Unsicherheit bezüglich der Wahrscheinlichkeiten. Keines liefert eine wirklich zufriedenstellende Lösung. Zusammen mit den Unsicherheiten bezüglich der Kosten einer IT-Investition, den aufgezeigten Wechselwirkungen zwischen Sicherheitsmaßnahmen und der Unsicherheit bezüglich eines angenommenen Nutzens trägt die Wirtschaftlichkeitsanalyse zu einer gegebenen Sicherheitsinvestition beinahe esoterische Züge. Sollte man also lieber gleich die Flinte ins Korn werfen und das Horoskop befragen? Natürlich nicht.

Das zentrale Problem sind die Wahrscheinlichkeiten

Das einzige, wovon man sich verabschieden muss, ist die Vorstellung, eine Wirtschaftlichkeitsanalyse könne einem die Entscheidung abnehmen. Sie kann höchstens eine Richtung aufzeigen und vor Investitionen bewahren, für die sich einfach kein Nutzen berechnen lässt – mit keinem der vorgestellten Modelle.

Hilfestellung

Im einfachsten Fall handelt es sich um gesetzliche oder vertragliche Vorgaben die eingehalten werden müssen. Steht man jedoch vor der Qual der Wahl, geht es darum, die anstehenden Entscheidungen so gut wie möglich vorzubereiten. Kosten-Nutzen-Analysen, der Rückgriff auf Standards wie die IT-Grundschutzkataloge oder Kennzahlen wie TCO, TBO, TEI und ROSI liefern jeweils wichtige Entscheidungshilfen. Wegen der aufgezeigten Schwächen der einzelnen Modelle sollte man sich in keinem Fall nur auf ein Modell verlassen. Die nötige Sorgfalt vorausgesetzt, kann unter diesen Voraussetzungen am Ende der Arbeit eine fundierte Entscheidung stehen.

Die Mischung macht's

Weitere Punkte	Darüber hinaus sollten die folgenden Punkte nicht außer Acht gelassen werden und zusätzliche Berücksichtigung finden:

⇒ Mögliche Alternativen
⇒ Verschiedenen Szenarien, sind einzeln durchzurechnen
⇒ Separat mögliche Entscheidungen sind auch in der Analyse klar zu trennen
⇒ Zeitpunkt der Geld-Zu- oder -Abflüsse
⇒ Nicht-monetäre Vorteile wie Brandhärtung, Synergien etc. sind mit anzugeben

Entscheidungs-korridor	Durch die Erarbeitung von Entscheidungsmatrizen (siehe Abschnitt 5.22) lassen sich zusätzlich Empfehlungen bei unterschiedlicher Risikobereitschaft aussprechen, welche die Entscheidungsgrundlage weiter verbessern. Es geht also nicht darum mit präzisen Zahlen zu arbeiten, sondern mit Korridoren, in denen man sich aller Wahrscheinlichkeit nach bewegt.

8. Kapitel

8 Die 10 wichtigsten Tipps

„Sicher ist, dass nichts sicher ist. Selbst das nicht."
Joachim Ringelnatz

Am Ende dieses Buchs stellt sich vielleicht die Frage, was aus Sicht des Autors die wichtigsten Punkte sind. Worauf sollte man besonderen Wert legen? Ich habe dazu zehn Tipps zusammengestellt, die zum Nachdenken anregen sollen und die ich für besonders wichtig halte Sie alle haben eine Sache gemein: Sie haben nur am Rande mit Risikomanagement zu tun. Warum?

Ein Problem, mit dem Sicherheitsprofis zu kämpfen haben ist, dass man sie zwar einstellt und ihnen Arbeitsplatzbeschreibungen erstellt, im Grunde aber eigentlich gar nichts von ihnen wissen will. Wer sich also beruflich mit Risikomanagement auseinandersetzen muss wird es selten erleben, dass man ihm die Arbeitsergebnisse aus den Händen reißt. Man muss sich stets um das Gehör von Mitarbeitern Kollegen und Führungskräften bemühen. Dabei ist es kein großes Geheimnis: je plumper man sich beim Bemühen um andere Menschen anstellt, je erfolgloser ist man. Insbesondere dann, wenn man ein Anliegen hat, für das man zunächst noch werben muss. Das einem also nicht von selbst aus den Händen gerissen wird.

8.1 Hören Sie aufmerksam zu

Wichtig sind die Ziele der anderen

Der erste Tipp zielt daher auch in Richtung der Mitarbeitern Kollegen und Führungskräfte, die man erreichen möchte. Ihnen gilt es aufmerksam zuzuhören, insbesondere den Sorgen und Nöten des Managements. Nur wer weiß, welche Ziele das Management verfolgt, kann die eigenen Ziele so formulieren, dass sie den Managementzielen nicht entgegenstehen. Das gilt natürlich auch für Mitarbeiter und Kollegen.

8.2 Achten Sie auf die Usability

Jede Sicherheitsmaßnahme braucht einen Nutzwert

Sicherheitsmaßnahmen dürfen der Usability niemals entgegenstehen. Zumindest muss dies das erklärte Ziel sein. Auf Dauer werden sich unpraktikable Sicherheitsmaßnahmen nicht durchsetzen. Türen ohne automatischen Türschließer werden einfach immer offen stehen und selbst mit Türschließer wird das regelmäßig der Fall sein. Wenn man jedoch der Zielgruppe zuhört und auf Usability achtet, dann spart man sich den Türschließer am besten ganz und baut einen automatischen Türöffner ein. Dass der Türöffner die Tür natürlich auch wieder automatisch schließt wird keinen stören.

8.3 Reden Sie nicht nur von Risiken

Klar, wenn der Sicherheitsbeauftragte spricht, spricht er von Risiken. Das wollen aber die wenigsten hören. Von Kindesbeinen an lernen wir wegzuhören, wenn wir über die Risiken dieser Welt aufgeklärt werden: „*Fass das nicht an, es ist heiß!" Fahr nicht mit dem Roller den Berg runter, er ist zu steil." „Trink nicht so viel, du wirst dich morgen schrecklich fühlen."*

Risiken sind toll

Wir sind geradezu darauf konditioniert Risiken einzugehen und uns dabei sogar noch wohl zu fühlen – wenn es dann doch schief geht, dann war das eben Pech und wer jammert ist ein Weichei. Die, die immer einen Schritt weiter gegangen sind, die gerne Dinge gewagt haben, die andere für unmöglich hielten sitzen heute in Führungspositionen und das ist auch ganz gut so. Wenn man jedoch so denkt, dann sieht man in einer Sicherheitsinvestition nicht die Möglichkeit ein Risiko zu reduzieren, sondern man sieht in dem Risiko die Chance die Sicherheitsinvestition zu sparen.

8.4 Denken Sie wirtschaftlich

Ob in wirtschaftlich guten oder schlechten Zeiten: Ideen, die Geld sparen kommen immer gut an. Daher darf man keine Chance ungenutzt lassen Sicherheitsmaßnahmen wirtschaftlich zu denken, auch wenn ISO/IEC 27005 Sicherheitsmaßnahmen mit Gewinnmöglichkeit per Definition ausschließt. Man bekommt sein ISO-Zertifikat sicher nicht aberkannt, wenn man das Gegenteil beweist. Und selbst wenn – seien Sie beruhigt – Ihrem Chef wird der Gewinn wichtiger sein als das aberkannte Zertifikat.

Vergessen Sie nicht den Sinn eines Unternehmens

In Behörden und Unternehmen ohne Gewinnerzielungsabsicht ist das sicher ein wenig anders zu beurteilen als in Unternehmen mit. Aber auch hier gibt es das Problem, dass man jeden Euro nur einmal ausgeben kann. Niemand wird es Ihnen verübeln wirtschaftlich zu denken.[36]

8.5 Der Weg ist das Ziel

Das Ziel des Risikomanagements ist nicht etwa ein funktionierendes Sicherheitskonzept. Das kann es gar nicht sein, weil Sicherheitskonzepte immer so lange funktionieren, bis ein Angreifer oder ein Zwischenfall das Gegenteil beweist. Wie wir wissen, gehört ja auch das Akzeptieren eines Risikos zu einem funktionierenden Sicherheitskonzept.

Ziel des Risikomanagements ist der Risikomanagementprozess. Der Weg ist das Ziel und nur wer ihn selbst beschreitet kommt darauf weiter. Es gibt kein ISO/IEC-27000 out of the Box. Man muss sich den Weg zum eigenen ISMS selbst erarbeiten, da man ihn im Rahmen des PDZA-Zyklus immer wieder beschreiten wird. Dazu gehört es, schon im Bereich der Beschreibung des Kontexts und der Risikoidentifikation selbst ans Werk zu gehen, statt aus leblosen Listen abzuschreiben.

Nur wer selber schreibt wird schlau

---

[36] Nach 13 Jahren im Staatsdienst habe ich da allerdings auch schon andere Erfahrungen gesammelt.

8.6 Schauen Sie über den Tellerrand

Raus aus dem Rechenzentrum

Eine der wichtigsten Aufgaben von Sicherheitsprofis wird es in den nächsten Jahren sein über den Tellerrand zu blicken. Die Evolution von Security Professionals schreitet von Jahr zu Jahr voran und der Weg führt aus den Rechenzentren hinaus hin zu einem ganzheitlichen Sicherheitsmanagement. Wer sich dieser Herausforderung stellen will, muss einiges an zusätzlichem Know-How mitbringen, um sich auf allen Unternehmensebenen gekonnt bewegen zu können. Dazu gehört ein tiefgreifendes Verständnis der Sorgen und Nöte innerhalb der Fachabteilungen.

8.7 Übernehmen Sie Verantwortung

Risiken benennen

In den meisten Fällen obliegt der erste Schritt zum Abstellen eines Risikos dem Risikomanager selbst. Wenn nicht ein Vorfall einen Schwachpunkt offenbart, liegt es in der Verantwortung der Securityprofis, welches Risiko auf die Agenda gesetzt wird und welches noch unbehandelt bleibt. Nur Risiken die angesprochen werden können im Risikomanagementprozess bearbeitet und abgesichert werden. Gleichzeitig steht man dann in der Pflicht etwas zu tun und auf die Bedrohung zu reagieren.

8.8 Geben Sie Verantwortung ab

Risiken kommunizieren

Wenn die Risiken erst einmal benannt sind sollte man die Verantwortung die man damit auf sich geladen hat so schnell wie möglich auf möglichst viele Schultern verteilen. Der Risikomanagementprozess kommt nicht in Gang, wenn der Sicherheitsbeauftragte selbst der einzige ist, der von den Risiken Bescheid weiß. Dadurch kann man einen Teil der Verantwortung wieder abgeben, die man sich durch das schlichte Benennen eines Risikos aufgeladen hat. Am wichtigsten ist es dabei, dass Management mitzunehmen, aber nicht nur das. Auch für jeden einzelnen Mitarbeiter muss klar sein, welchen Risiken ein Unternehmen oder eine Behörde ausgesetzt ist und an welchen Stellen seine individuelle Verantwortung für die Sicherheit der zu schützenden Informationen zum Tragen kommt.

8.9 Der Empfänger macht die Nachricht

Denken Sie immer daran, dass andere Menschen andere Schwerpunkte setzen und der Empfänger einer Nachricht deren Inhalt nach seinen eigenen Zwängen, Zielen und Prioritäten beurteilt. Wer sich von Anfang an in der Risikokommunikation auf das Publikum konzentriert, wird sich inhaltlich leichter durchsetzen. Die Frage ist immer, warum man sich aus Sicht eines Mitarbeiters oder des Managements für eine Sicherheitsmaßnahme entscheiden soll und nicht, warum das aus Sicht des Risikomanagements zu tun wäre.

Sender, Nachricht, Empfänger

8.10 Verbeißen Sie sich nicht ;-)

Zuletzt gilt, dass man sich in Sicherheitsfragen nicht verbeißen sollte. Sicherheit ist ein wichtiges Unternehmensziel – nicht das wichtigste. Wer für mehr Aufmerksamkeit beim Thema Sicherheit kämpft, wird mit ständigen Wiederholungen wenig erreichen. Stetes Wasser höhlt den Stein? In diesem Fall leider nicht. Hier verhält es sich eher wie mit dem begrenzten Repertoire eines Leierkastens, dass man nicht mehr hören kann und genervt über die immer gleiche Leier flucht.

Themenwechsel erlaubt

Interessante Tools und Frameworks

*„Ein Mann, der recht zu wirken denkt, muss auf das
beste Werkzeug halten."*
Johann Wolfgang von Goethe, Faust I

In diesem Kapitel werden wir exemplarisch einen Blick auf einige Tools und Frameworks werfen, die den Risikomanagement-Prozess erleichtern sollen. Dabei gilt es, den Blick für die Möglichkeiten zu öffnen. Ein vollständiger oder gar abschließender Überblick ist in einem Buch weder sinnvoll noch möglich – der technische Fortschritt nagt zu schnell am Inhalt. Eine umfangreichere Liste mit Tools und Frameworks finden Sie daher im Forum zu diesem Buch.

Werkzeuge

Das folgende Kapitel wird nur wenige Produkte exemplarisch herausgreifen und ähnlich wie in Kapitel 5 als Steckbrief mit den wichtigsten Eckdaten vorstellen. Während der Recherche zu diesem Buch ist die Liste mit Tools und Frameworks, die interessant sein könnten so lang geworden, dass eine vollständige Behandlung den Rahmen gesprengt hatte. Viele Tools sind in ihrer

Nutzbarkeit darüber hinaus so eingeschränkt, dass es wenig erbaulich ist sie hier im Buch vorzustellen.

Eine vollständige Liste finden Sie in der Rubrik *„Tools und Software"*, die Sie im Anwenderforum zum Buch finden:

https://psi2.de/Risikomanagement-das-Buch
(Webseite mit Anwenderforum zum Buch)

Neben Beiträgen zu den hier vorgestellten Methoden finden Sie ebenso Informationen zu den Tools, die hier nicht zum Zuge gekommen sind. Sollten Sie ein Tool kennen, dass dort noch nicht aufgeführt ist, sind Sie herzlich eingeladen, Ihr Wissen mit den anderen Forenteilnehmern zu teilen.

Steckbriefe

Verschaffen Sie sich den Überblick

Die Steckbriefe sollen Ihnen als Nachschlagemöglichkeit und Ideengeber dienen und Sie dabei unterstützen sich einen ersten Überblick zu verschaffen. Im Folgenden sind die vorgestellten Tools daher jeweils auf einem zweiseitigen Steckbrief beschrieben. Es wird jeweils angegeben, bei welchen Schritten des Risikomanagementprozesses das Tool Sie unterstützt. Sie erhalten jeweils Informationen zu Lizenz, Hersteller und Systemvoraussetzungen. Zu jedem Tool folgt schließlich ein Web-Tipp – wie gewohnt mit einem QR-Code über den Sie mit Ihrem Smart-Phone direkt auf die verlinkte Webseite gelangen (siehe die Hinweise in Abschnitt 1.4). Die Links führen jeweils zum passenden Beitrag auf der Webseite zum Buch, wo sie auch eine aktuelle Link-Liste finden. So gelangen Sie jeweils zügig zu den Webseiten mit den aktuellsten Informationen und können sich mit anderen Usern austauschen.

Auswahl des richtigen Tools

Welches Tool oder Framework für Sie und die Situation in Ihrer Firma oder Behörde das richtige ist, hängt von den unterschiedlichsten Faktoren ab, die nicht unbedingt nur etwas mit dem Risikomanagementprozess zu tun haben. Persönliche Vorlieben und Abneigungen sind hier ebenso zulässig, wie bereits gemachte Erfahrungen mit einer Software. In manchen Unternehmen sind Checklisten das Mittel der Wahl.

Übersicht

m Folgenden betrachten wir einige ausgewählte Tools, die jeweils als Beispiel für einzelne Abschnitte in diesem Buch stehen. Alle Tools unterstützen natürlich bei den genannten Phasen des Risikomanagementprozesses.

Security Risk Management Guide (SRMG)

Der Security Risk Management Guide ist ein Leitfaden, der mehrere Tools beinhaltet. Sie stehen exemplarisch für die Assessment-Methoden:

- ⇒ 5.20 Risikoindizes
- ⇒ 5.21 Auswirkungs-Wahrscheinlichkeits-Matrix

Security Assessment Tool (MSAT)

Das Security Assessment Tool hilft bei vielen Phasen des Risiko-Assessments. Es dient als Beispiel für die folgenden Abschnitte im Buch:

- ⇒ Fallbeispiel 4: High-Level Risiko-Assessment
- ⇒ 5.5 Strukturierte und semistrukturierte Interviews

Common Vulnerability Scoring System (CVSS)

Das Common Vulnerability Scoring System dient der systematischen Bewertung von Schwachstellen und ist ein Beispiel für Abschnitt

- ⇒ 5.20 Risikoindizes.

Risk Management Framework (chaRMe)

Das Risk Management Framework chaRMe dient der Implementierung eines ISMS nach ISO/IEC 27001 und unterstützt bei der Durchführung eines Risiko-Assessments. Es dient als Beispiel für die Integration der IT-Grundschutzkataloge. Vergleiche hierzu:

- ⇒ Kapitel 4 ISO 27005 und BSI IT-Grundschutz

Weitere Tools

Neben diesen Tools werden einige weitere kommerzielle Risiko-Management-Tools genannt und jeweils kurz vorgestellt. Weitere aktuelle Informationen finden Sie jeweils auf der Webseite zum Buch.

Security Risk Management Guide (SRMG)

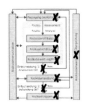

Unterstützt bei:
Festlegung des Kontexts, Risikoanalyse (Risikoidentifikation, Risikoabschätzung), Risikobewertung/Priorisierung, Entscheidung 1, Risikobehandlung, Entscheidung 2, Risikoakzeptanz, Überwachung und Überprüfung

Version und Hersteller:
- ✓ SRMG Version 1.2
- ✓ Microsoft

Lizenz:
- ✓ Creative Commons Attribution-NonCommercial 2.5 Generic

Systemvoraussetzungen:
- ✓ Windows 2000 Service Pack 4, Windows Server 2003 oder Windows XP
- ✓ Microsoft Office 2003 (Word, Excel)

Web-Tipp:
https://psi2.de/RM-SRMG
(SRMG im Forum zum Buch)

Vertiefungslektüre

Wie der Name schon sagt handelt es sich beim SRMG in erster Linie um ein Handbuch zum Risikomanagement aus Microsoft-Sicht. Es stellt also im Grunde einen ganz eigenen Standard dar, wie man sich mit Risikomanagement befassen kann. Auf ca. 130 Seiten befasst sich der Guide selbst mit fast allen Punkten, die wir auch in diesem Buch besprochen haben. Es handelt sich daher um eine exzellente Vertiefungslektüre die viele zusätzliche Anregungen und Beispiele bietet.

Der SRMG liefert vier Office-Tools mit, mit deren Hilfe man sich durch den Risikomanagementprozess arbeiten kann: **Tools**

- ⇒ Tool 1 – Vorlage zur Datensammlung
- ⇒ Tool 2 – Risiko Level Zusammenfassung
- ⇒ Tool 3 - Detailed Level Risk Prioritization
- ⇒ Tool 4 – Projektplan

Das *Data Gathering Template* (SRMGTool1-Data Gathering Tool.doc) unterstützt insbesondere bei der Festlegung des Kontexts. **Tool 1**

In der Phase des Risiko-Assessments unterstützt das *Summary Level Risk Analysis Worksheet* (SRMGTool2-Summary Risk Level.xls) bei der ersten Iteration des Risikomanagementprozesses. **Tool 2**

Das *Detail Level Risk Analysis Worksheet* (SRMGTool3-Detailed Level Risk Prioritization.xls) liefert eine detaillierte Systematik Abschätzung und Priorisierung der Risiken und passt gut zu den in Kapitel 5 vorgestellten Methoden (unter Anderem 5.20 Risikoindizes und 5.21 Auswirkungs-Wahrscheinlichkeits-Matrix). **Tool 3**

Schließlich liefert der *Sample Project Schedule* (SRMGTool4-Sample Project Schedule.xls) einen rudimentären Projektplan. **Tool 4**

Der SRMG liefert für interessierte Leser vor allem weitere Inputs und zusätzliche Anwendungsbeispiele, wie man Risikomanagement umsetzen kann. Ebenso sind einige Listen mit beispielhaften Bedrohungen, Schwachstellen und Assets enthalten. **Weitere Inputs**

In Chapter 5 widmet sich der SRMG ausführlich dem Thema Entscheidungsvorbereitung, das in die folgenden sechs Phasen aufgeteilt wird: **Entscheidungsvorbereitung**

- ⇒ Funktionale Anforderungen definieren
- ⇒ Maßnahmen auswählen
- ⇒ Maßnahmen und Anforderungen gegenüberstellen
- ⇒ Abschätzen der Risikoreduktion
- ⇒ Abschätzen der Kosten
- ⇒ Festlegung der Risikostrategie

Während dieser Phasen sammelt das Risikomanagement-Team alle für eine Entscheidung wichtigen Informationen zu den betrachteten Risiken und gibt eine Empfehlung zur Risikobehandlung ab. Insbesondere In Chapter 5 liefert der SRMG Lösungsansätze, die über die aus ISO/IEC 27005 hinausgehen.

Security Assessment Tool (MSAT)

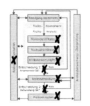

Unterstützt bei:
Risikoanalyse (Risikoidentifikation, Risikoabschätzung), Risikobewertung/Priorisierung, Entscheidung 1, Risikobehandlung, Entscheidung 2, Risikoakzeptanz, Risikokommunikation

Version und Hersteller:
- ✓ MSAT Version 4.0
- ✓ Microsoft

Lizenz:
- ✓ Microsoft Lizenz (kostenlos)

Systemvoraussetzungen:
- ✓ Microsoft Windows ab Windows 2000/XP
- ✓ .NET Framework Version 3.5

Web-Tipp:
https://psi2.de/RM-MSAT
(MSAT im Forum zum Buch)

Unterstützung fürs Assessment	Das Microsoft Security Assessment Tool soll Organisationen darin unterstützen, Schwachstellen in der aktuellen IT-Sicherheitsumgebung zu bewerten. Auch wenn für Deutschland keine Unterstützung mehr für das Tool gibt und die Microsoft Webseite behauptet, das Microsoft Security Assessment Tool würde in Deutschland für Kunden in Deutschland keine Auswertung mehr liefern: Wer des Englischen mächtig ist, bekommt auch hierzulande einen Bericht.

MSAT ist eine Assessment-Methode die auf Fragebögen setzt und damit zu den Interview-Methoden zählt (siehe 5.5). MSAT umfasst mehr als 200 Fragen zu Infrastruktur, Anwendungen, Betrieb und Mitarbeitern. MSAT beleuchtet in den Fragen die folgenden Themengebiete: *Mehr als 200 Fragen*

⇒ Infrastruktur
⇒ Anwendungen
⇒ Betrieb
⇒ Mitarbeiter

Nach der Beantwortung der Fragen liefert das Tool in den Berichten unter anderem die zwei Risikoindizes (siehe 5.20): *Risikoindizes*

⇒ Business Risk Profile, BRP
⇒ Defense-in-Depth-Index (DiDI)

Mit dem BRP wird das geschäftliche Risiko ermittelt; Der Defense-in-Depth-Index bewertet, wie ausgereift die Sicherheitsarchitektur des betrachteten Unternehmens ist.

Darüber hinaus beinhaltet ein Bericht eine ganze Reihe von grafischen Übersichten, Best Practices und Handlungsempfehlungen zu den zuvor abgefragten Themengebieten. Am Ende des Berichts steht eine Liste priorisierter Maßnahmen, die für die betrachtete Organisation in Zukunft am wichtigsten sind. *Übersichten, Tipps und Prioritätenliste*

MSAT deckt potenzielle Risikobereiche großflächig ab, statt ins Detail zu gehen. Der Ergebnisbericht soll als vorläufiger Leitfaden dienen, um zu ermitteln, welche Bereiche in Zukunft einer besonderen Aufmerksamkeit bedürfen.

Common Vulnerability Scoring System (CVSS)

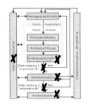

Unterstützt bei:
Risikobewertung/Priorisierung, Entscheidung 1,
Risikobehandlung, Entscheidung 2, Risikoakzeptanz,
Risikokommunikation

Version und Hersteller:
✓ *CVSS v2*
✓ *Forum of Incident Response and Security Teams (FIRST)*

Lizenz:
✓ *Offenes Framework*
✓ *CVSS-Rechner mit unterschiedlichen Lizenzen erhältlich*

Systemvoraussetzungen:
CVSS-Rechner sind für unterschiedliche Plattformen und als Web-Anwendung erhältlich

Web-Tipp:
https://psi2.de/RM-CVSS
(CVSS im Forum zum Buch)

Risikoindex

Mit CVSS-Scores werden üblicherweise Soft- oder Hardware-Schwachstellen bewertet. CVSS-Scores gehören zu den Risikoindizes, wie wir sie in Steckbrief 5.20 kennengelernt haben. Das Common Vulnerability Scoring System (CVSS) ist ein offenes Framework, das Schwachstellen aus verschiedenen Perspektiven mit einem standardisierten Wert einordnet. Dieser setzt sich aus mehreren anderen Werten (Subscores) zusammen, die drei Gruppen angehören: Base, Temporal und Environmental – also Basis, Temporär und Umgebung. Der CVSS-Score selbst ist dann eine Zahl zwischen 0 und 10. Die drei Subscores werden als Zahlwert oder als Vektor dargestellt.

Mit den Base Score Metrics wird bewertet, wie leicht oder schwer ein Angriff auf eine Schwachstelle durchzuführen ist und welchen Schaden man dadurch anrichten kann. — Base Score Metrics

Die Environmental Score Metrics berücksichtigen, inwieweit ein Unternehmen oder eine Behörde einem Angriff ausgeliefert ist und welchen Schutzbedarf es hat. — Environmental Score Metrics

Die Temporal Score Metrics schließlich bewerten, ob eine Schwachstelle bereits gepatcht ist oder nicht. Handelt es sich nur um eine Idee für einen Angriff oder wurde schon bewiesen dass der Angriff funktioniert? — Temporal Score Metrics

Mit CVSS-Scores kann man Entscheidungen bezüglich der Priorisierung von Schwachstellen transparent machen. — Transparenz

Damit die Arbeit mit den Vektoren leichter fällt, gibt es eine ganze Reihe von Tools, mit denen man schnell produktiv werden kann. — CVSS-Rechner

Mein Favorit ist der Plattform unabhängige CVSS-Calculator von Goebel Consult. Für private Nutzung und für die Nutzung in Unternehmen bis 49 Mitarbeitern ist das Tool kostenlos und es kann CVSS-Vektoren mit cut-and-paste verarbeiten. — Fazit

Risk Management Framework chaRMe

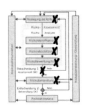

Unterstützt bei:
Festlegung des Kontexts, Risikoanalyse, Risikobewertung/Priorisierung, Entscheidung 1 und Risikobehandlung

Version und Hersteller:
- ✓ chaRMe Version 0.7
- ✓ secopan UG (haftungsbeschränkt)

Lizenz:
- ✓ GNU Affero General Public License (AGPL) Version 3

Besondere Systemvoraussetzungen:
chaRMe läuft in einer eigenen virtuellen Maschine und benötigt daher eine VMware Virtualisierungsumgebung. Das Tool kann als Online-Demo ausprobiert werden.

Web-Tipp:
https://psi2.de/RM-chaRMe
(chaRMe im Forum zum Buch)

Online-Demo	chaRMe ist ein Open Source Framework, das bei der Implementierung eines ISMS nach ISO/IEC 27001 unterstützt. In der aktuellsten Version 0.7.1 es auch als Online-Demo verfügbar.
Anmeldung	Wer das Tool ausprobieren möchte, muss sich registrieren. Hat man diesen Schritt hinter sich, kann man sich am System anmelden und landet direkt im Hauptmenü.
Der erste Eindruck	Das Hauptmenü ist aufgeräumt und übersichtlich. Es dient hauptsächlich dazu, Assessments anzulegen und zu verwalten.

Daneben stehen die Menüpunkte Gefährdungen, Maßnahmen und Assets zur Verfügung.

Hinter der Schaltfläche Gefährdungen verbirgt sich eine Teilmenge der Gefährdungen aus den BSI IT-Grundschutzkatalogen. Damit geht das Tool einen ähnlichen Weg, wie er auch in Kapitel 4 vorgeschlagen wurde.

Gefährdungen

Als Maßnahmen wurden die Controls der ISO/IEC 27002 erfasst. Darüber hinaus können jederzeit zusätzliche Maßnahmen definiert werden, die sich aus dem Risikomanagementprozess ergeben.

Maßnahmen

In der Ansicht Assets schließlich können die Assets definiert und mit den Gefährdungen verknüpft werden.

Assets

Herzstück von chaRMe ist die Durchführung von Assessments. Von der Festlegung des Kontexts bis zur Risikobehandlung wird der Risikomanagementprozess nachgebildet:

Assessment

⇒ Definition des Geltungsbereichs
⇒ Compliance Anforderung definieren
⇒ Inventar erfassen
⇒ Risikoanalyse
⇒ Globale Maßnahmen festlegen
⇒ Weitere Maßnahmen
⇒ Risikobehandlung
⇒ Dokumentation

chaRMe ist bereits in seiner Version 0.7 eine echte Unterstützung fürs Risikomanagement und wird bereits erfolgreich in mehreren deutschen Unternehmen eingesetzt und ist auf dem besten Weg in Richtung einer Version 1.0.

Fazit

Weitere Tools

Im Folgenden finden Sie eine Übersicht über weitere Risikomanagement-Tools. Es handelt sich dabei überwiegend um kostspielige Enterprise-Lösungen, deren Kauf für den Einzelfall genau abzuwägen ist.

Kleine Marktübersicht

Mehr als eine kleine Marktübersicht kann diese Auflistung allerdings nicht sein. In der Vergangenheit hat sich leider gezeigt, dass auch vielversprechende Lösungen im Sande verlaufen sind und von neuen verdrängt wurden. Bisher hat sich kein Produkt so positionieren können, dass man nicht daran vorbei käme. Aus diesem Grund findet sich der aktuelle Abschnitt auch im Anhang. Es handelt sich damit nicht um ein Kapitel im eigentlichen Sinne, sondern um zusätzliche Informationen.

Secricon Risk Management Software

Hersteller:
Secricon GmbH

Es handelt sich bei der Secricon Risk Management Software streng genommen um mehrere Tools: Entweder als webbasierte Datenbank-Lösung oder in Excel-Form. Die Software ist dabei Teil einer Beratungsleistung.

Web-Tipp:
https://psi2.de/RM-Secricon
(Weitere Informationen im Forum zum Buch)

Lumension Risk Manager

Hersteller:
Lumension INC.

Lumension Risk Manager ist eine Software, die Unternehmen dabei unterstützt ihre Prozesse bei Audit und Risikomanagement zu organisieren.

Web-Tipp:
https://psi2.de/RM-Lumension
(Weitere Informationen im Forum zum Buch)

Proteus

Hersteller:
Infogov Ltd

Proteus ist eine webbasierte Software für Information Risk Management, Compliance und Security. Sie unterstützt bei Compliance und Business Impact Analysen, Risk Assessment, Business Continuity und Incident Management.

Web-Tipp:
https://psi2.de/RM-Proteus
(Weitere Informationen im Forum zum Buch)

Modulo Risk Manager (NG)

Hersteller:
Modulo

Der Risk Manager (Next Generation) ist eine Plattform zur Konsolidierung und Verbesserung der Prozesse zu IT-Governance, Risikomanagement und Compliance.

Web-Tipp:
https://psi2.de/RM-Modulo
(Weitere Informationen im Forum zum Buch)

STEAM

Hersteller:
Acuity Risk Management

Die Risikomanagement Software STEAM ist als leistungsfähige Mehrbenutzerversion erhältlich, kann jedoch auch für kleinere Organisationen als Single-User-Version erworben werden. STEAM bietet Risk Management, Compliance Management, Events Management und Metrics Management unter einem Dach und unterstützt damit das gesamte Risiko-Assessment.

Web-Tipp:
https://psi2.de/RM-STEAM
(Weitere Informationen im Forum zum Buch)

risk2value

Hersteller:
avedos business solutions GmbH

„Integriertes Governance-, Risiko- und Compliance-Management statt zahlreicher Insellösungen", das verspricht das Management-System aus dem Hause avedos.

Web-Tipp:
https://psi2.de/RM-risk2value
(Weitere Informationen im Forum zum Buch)

BPSResolver ERM

Hersteller:
BPSResolver

Das Enterprise Risk Management von BPSResolver unterstützt bei der Identifikation, Analyse und Behandlung von Risiken. Die Software kann „out of the box" erworben werden oder als angepasste Unternehmenslösung inklusive Produktschulung. ERM ist Teil einer modular aufgebauten Produktreihe für Governance, Risk und Compliance.

Web-Tipp:
https://psi2.de/RM-BPSResolver
(Weitere Informationen im Forum zum Buch)

Risk Watch

Hersteller:
Riskwatch International

Im September 2010 hat Riskwatch die neue Version seiner Software für Security Risk-Assessment und Risikoanalyse vorgestellt.

Web-Tipp:
https://psi2.de/RM-Riskwatch
(Weitere Informationen im Forum zum Buch)

Risk Management Studio

Hersteller:
Stiki Information Security

Risk Management Studio ist für Unternehmen und Behörden, die Unterstützung bei Asset Management und Risk-Assessment benötigen. Das Risk Management Studio enthält darüber hinaus Tools, die beim Projektmanagement, bei Audit und Reporting helfen.

Web-Tipp:
https://psi2.de/RM-Studio
(Weitere Informationen im Forum zum Buch)

RA2 Art of Risk

Hersteller:
ÆXIS Security Consultants

RA2 art of risk ist ein einfaches Risikomanagement Tool, das bei der Implementierung eines ISMS mit Risikomanagementsystem unterstützt.

Web-Tipp:
https://psi2.de/RM-
(Weitere Informationen im Forum zum Buch)

OCTAVE

Hersteller:
Carnegie Mellon Universität in Zusammenarbeit mit CERT/CC

OCTAVE ist eine Methode zur Evaluation der IT-Sicherheit von Organisationen. Sie liefert als Ergebnis eine strategische Beurteilung und Planung für Informationssicherheit. Basis der Beurteilung ist eine Risikoanalyse, für deren Durchführung das DFN-CERT Formulare zur Verfügung stellt.

Web-Tipp:
https://psi2.de/RM-OCTAVE
(Weitere Informationen im Forum zum Buch)

Zusammenfassung

Gratwanderung

Eine Marktübersicht im Bereich von Risikomanagement-Software unterliegt einem Problem: Keines der Tools kann man uneingeschränkt empfehlen – schon gar nicht generell. Dazu sind die Anforderungen in Unternehmen und Behörden zu unterschiedlich. Was für das eine Unternehmen die perfekte Software ist, kann im anderen Unternehmen zu Frust und Enttäuschung führen. Daher sind Empfehlungen in diesem Fall schwer vorstellbar und müssen auf den Einzelfall beschränkt bleiben. Trotz allem gehört es zu der Beschäftigung mit Information Security Risk Management dazu, dass man sich mit den Möglichkeiten der Softwareunterstützung beschäftigt. Dieser Anhang besteht dabei aus zwei Anteilen: vier konkrete Beispiele und elf Anregungen:

4 Beispiele

Die ersten vier vorgestellten Tools dienen als konkrete Beispiele für einige Abschnitte des Buchs. Daher wurden sie etwas genauer beschrieben. Insbesondere sind sie frei verfügbar[37].

11 Anregungen

Die darüber hinaus kurz vorgestellten Tools sollen Ihnen einen ersten Anhaltspunkt geben, was der Markt sonst noch zu bieten hat. Mit den Beiträgen aus dem Forum zum Buch können Sie sich weitere Informationen zu den Tools heranziehen. Sie finden dort auch Hinweise auf weitere Softwareprodukte.

Markt in Bewegung

Die Europäische Agentur für Netzwerk- und Informationssicherheit (ENISA) stellt seit einigen Jahren eine Übersicht über Risikomanagement-Tools zur Verfügung, die einen Markt in Bewegung dokumentiert. Viele der dort aufgeführten Tools sind bereits vom Markt verschwunden oder werden bereits seit Jahren nicht mehr gepflegt. Diesem Änderungsdruck kann ein gedrucktes Buch nicht standhalten. Nutzen Sie daher zur weiteren Recherche das Forum zum Buch als erste Anlaufstelle für zusätzliche und vor allem aktuelle Informationen.

---

[37] Details siehe Lizenzbestimmungen der Hersteller.

Sachwortverzeichnis

"Einmal ausgesprochen, fliegt ein Wort unwiderruflich davon."
Horaz

Mit einem Sachwortverzeichnis kann man verschiedene Ziele verfolgen. Ein Hauptziel ist es, ein Nachschlagen von Sachwörtern zu ermöglichen. Damit soll verhindert werden, dass die Prophezeiung von Horaz auch für geschriebene Worte in Erfüllung geht. Ein anderes Ziel kann es sein, Lust zu machen, an einer bestimmten Stelle nachzuschlagen, ein weiteres, eine Stelle wiederzufinden, an die man sich nicht mehr richtig erinnern kann. Neben vielen anderen Verweisen enthält es auch die Stichworte, die im gesamten Buch jeweils am Seitenrand enthalten sind. So finden Sie schnell, was Sie suchen.

27000 39
27001 39, 63
27002 40
27003 40
27004 40
27005 40, 63

27006 40
27007 40
27008 41
27010 41
27011 41
27031 41
27032 41
27033 42
27034 42
27035 42
27036 43
27037 43
27038 43
31000 31
31010 35
73 31

A

Abkürzungen 28
Act (PDCA) 30
ALE 182
Alice 55
Änderungsbezogen 33
Annual Loss Expectancy 182
Ansatz der ISO 26
Anwendungsbereich 67
Appellaspekt 157, 163, 164
Appell-Ohr 159
Assets 16, 72
Auditing 40
Auswirkung 19
Auswirkungsanalyse 138

Auswirkungs-Wahrscheinlichkeits-Matrix 150
Authentizität 16
Availability 16

B

Basiskriterien 68, 78, 94, 148
Bauchgefühl 2
Bausteine 103, 105
Bedeutungsbezogen 33
Bedrohungen 19, 47, 74
Begriffe 10, 14
Besonderheiten der Übersetzung 14
Beziehungsaspekt 157, 162, 164
Beziehungs-Ohr 159
BIA 134
Bidirektional 91
Black-Box 4
Bob 55
Bow Tie Methode 144
BPSResolver ERM 211
Brainstorming 114
BRP 203
BSI-Standard 100-3 102
Büroprozesse 90
Business Case 172
Business Impact Analyse 134
Business Risk Profile 203
Bußgelder 173

C

chaRMe 199, 206
Check (PDCA) 30

Checklisten 120
Common Vulnerability Scoring System 199, 204
Confidentiality 16
Context Establishment 22
Control 18
Countermeasure 18
CVSS 199, 204
CVSS-Calculator 205
CVSS-Scores 148

D
Dave 55
Defense-in-Depth-Index 203
Delphi-Methode 118
Der Weg ist das Ziel 23
DiDI 203
Do (PDCA) 30
Dokumentation 83, 85, 90
Dritte 19
drive-by-Risikoanalyse 2

E
Effects and Criticality Analysis 138
Einsatzszenarien 103
Einzelunternehmer 59
Empfänger 158
Entscheidung 1 81
Entscheidungsbezogen 32
Entscheidungsmatrizen 152
Entscheidungspunkte 96
Entwicklung 26
Ereignis 16

Ereignisbaumanalyse 141
Ergebnisbezogen 33
ETA 140
Event 16
Event Tree Analysis 141
ExAmple AG 55
Extremumsprinzip 174

F
Failure Mode and Effects Analysis 138
Fault Tree Analysis 140
Fehlerbaumanalyse 140
Filterfunktion 167
Fischgrätendiagramm 143
FMEA 138
FMECA 138
Frameworks 198
FTA 140

G
Gefährdungen 105
Gefährdungen, zusätzliche 104
Gefährdungsbewertung 104
Gefährdungskataloge 106
Gefährdungsübersicht 104
Geschwister 43
Gewichtung der Standards 5
Grauzonen 85
Grenzen 67
Grundriss 4, 22, 64
Guideline 19

H
HACCP-Konzept 128

Hand in Hand 5
Hazard Analysis and Critical Control Points 128
Hazard and Operability 124
HAZOP-Studie 124
Höhere Gewalt 48
HRA 146
Human Reliability Analysis 146

I

Icons 9
Impact 19
Incident 17
Information Processing Facilities 19
Information Security 16
Information Security Risk 20
Informationsbezogen 33
Informationssicherheit 16
Informationssicherheitsrisiko 20
Informationsverarbeitungseinrichtung 19
Integrität 17
Integrity 17
Interviews 116
Investitionsentscheidung 171
ISMS 3, 17
ISO-Netzwerk 28
Iteration 52, 65, 71
IT-Grundschutz 43, 99, 178
IT-Grundschutz-Kataloge 45

K

Kommunikation 92, 156
Kommunikationskonzept 155
Kommunikationsmatrix 156, 165
Komplexität 111
Komplexitätsreduktion 51
Konfliktmanagement 15
Konfliktpotential 164
Konsolidierung 105
Kontakt V
Kontext 22, 66, 94
Kosten-Nutzen-Analyse 176
Kreuzreferenztabellen 106
Kriterien-Workshop 69, 70
Kulturbezogen 33

L

Laplace-Regel 153
Lebenszyklusphasen 37
Leitlinie 19
Likelihood 20
Listen 79
Lumension Risk Manager 209

M

Masse statt Klasse 26
Maßnahmen 3, 18, 74, 105
Maßnahmenkataloge 107
Maximax-Regel 153
Maximierungsprinzip 174
Maximin-Regel 153
Measure 18
Mechanismenstärke 74
Mensch IV
Messer 89
Methoden 36
Methodik 23

Mindmap 21, 34, 38
Minimierungsprinip 174
Modulo Risk Manager (NG) 210
Motivation III
MSAT 199, 202

N

Nebentätigkeit 60
Nichtabstreitbarkeit 16
Notizen 9

O

OCTAVE 213
Offizielle Übersetzung 15

P

Pareto-Prinzip 177
PDCA-Zyklus 29
Pfade, eingetretene V
PHA 122
Plan (PDCA) 30
Planlose Manager 47
Policy 19
Preliminary Hazard Analysis 122
Presseportal 87, 90, 167
Prinzipien 31
Probability 20
Projekte 23
Projektplan 24
Proteus 209
Prozessbezogen 32
Prozesse 24, 72

Q

QR-Codes 10

Qualitativ 36, 76, 112
Qualitätssicherung 94
Quantitativ 36, 76, 112
Quellenangaben 10

R

RA2 Art of Risk 213
RCA 136
Regel des kleinsten Nutzenverlusts 153
Residual Risk 17
Ressourcen 111
Restrisiko 17
Return on Information Security Invest 186
Return on Security Investment 182
Review 23
Revision 85
Richtigkeit 74
Richtlinien 19
Risiko 19
Risikoabschätzung 20, 76
Risikoakzeptanz 17, 89
Risikoanalyse 17, 36, 101
Risiko-Assessment 70, 109
Risiko-Assessment, High-Level 80
Risikobehandlung 18, 81, 82, 104
Risikobewertung/ Priorisierung 18, 36, 78
Risikofaktor Nummer eins 48
Risikoidentifikation 20, 35, 72
Risikoindizes 148

Risikokommunikation 20, 65, 71, 90, 161
Risiko-Level 77
Risikomanagement 18, 46, 63
Risikomanagementprozess 4, 24, 65, 97, 164
Risikoreduktion 20, 83
Risikotransfer 20, 86
Risikoübernahme 20, 85
Risikoüberprüfung 23
Risikoüberwachung/-überprüfung 93
Risikovermeidung 20, 86
Risk 19
Risk Acceptance 17
Risk Analysis 17
Risk Assessment 17
Risk Avoidance 20
Risk Communication 20
Risk Estimation 20
Risk Evaluation 18
Risk Identification 20
Risk Management 18
Risk Management Studio 212
Risk Monitoring 23
Risk Reduction 20
Risk Retention 20
Risk Transfer 20
Risk Treatment 18
Risk Watch 212
risk2value 211
Risko-Assessment 17
Risokoüberwachung 23
ROISI 186

Rollen 68
Root Cause Analysis 136
ROSI 182
ROSI, stochastischer 32, 183
RSS-Feed 28

S

Sachaspekt 156, 162, 164
Sach-Ohr 159
Sachwortverzeichnis 215
Safeguard 18
SANS Risikoliste 53
Schadensauswirkungen 75, 77
Scherbenhaufen 161
Schutzbedarf 103
Schwachstelle 19
Schwachstellen 50, 74
Sechs Stufen 26
Secricon Risk Management Software 208
Securitas 14
Security Assessment Tool 199, 202
Security Risk Management Guide 199, 200
Selbstoffenbarungsaspekt 156, 162, 164
Selbstoffenbarungs-Ohr 159
Semiquantitativ 36
Sender 158
Situationsbezogen 33
Sprachgebrauch 10, 14
SRMG 199, 200
Statement of Applicability 18
STEAM 210

Stichworte 9
Structured "What if" 130
SWIFT-Technik 130
System, automatisches 2
System, reflektierendes 3
Szenario-Analysen 132

T

Tailoring 66
TBO 181
TCO 179
Technical Management Board 31
TEI 181
Terroristen 48
Third Party 19
Threat 19
Tipps zum Sparen 58
Tools 198
Top Risiken 53
Total Benefit of Ownership 181
Total Cost of Ownership 179
Total Economic Impact 181

U

Umfrage 2
Unbedroht 75
Unsicherheit 78, 111
Unternehmensgröße 59
Unwahrscheinlich 75
Ursache 35, 51
Ursachenanalyse 136
Ursachenszenarien 51
Ursache-Wirkungsanalyse 142

V

Verantwortlichkeiten 68
Verfügbarkeit 16
Verlässlichkeit 16
Verpflichtungen, gesetzliche 173
Verpflichtungen, vertragliche 173
Vertraulichkeit 16
Vollständigkeit 74
Voraussetzungen 13
Vorfall 17
Vorläufige Sicherheitsanalyse 122
Vulnerability 19

W

Wahrscheinlichkeiten 77, 189
Wahrscheinlichkeitsbezogen 33
Webseite zum Buch 11
Wechselwirkungen 82, 175
Wertbezogen 32
Werte 16
Wirksamkeit 74
Wirkung 35, 51
Wirkungsszenarien 51
Wirtschaftlichkeitsprinzipien 174

Z

Zertifizierung 40
Zukunftsbezogen 34
Zurechenbarkeit 16
Zuverlässigkeit 74
Zuverlässigkeitsanalyse 146

Abkürzungsverzeichnis

„Die Jüngeren rennen zwar schneller, aber die Älteren kennen die Abkürzung."
Ursula von der Leyen

A

AG
  Aktiengesellschaft

ALARP
  As low as reasonably practicable

ALE
  Annual Loss Expectancy

B

BDSG
  Bundesdatenschutzgesetz

BIA
  Business Impact Analysis

BSI
  Bundesamt für Sicherheit in der Informationstechnik

BRP
  Business Risk Profile

C

CD
  Committee Draft

chaRMe
  --

CISO
  Chief Information Security Officer

CCP
Critical Control Points

CVSS
Common Vulnerability Scoring System

D

DiDI
Defense-in-Depth-Index

DIS
Draft International Standard

E

ETA
Event Tree Analysis

F

FCD
Final Committee Draft

FDIS
Final Draft International Standard

FMEA
Failure Mode and Effects Analysis

FMECA
Failure Mode Effects and Criticality Analysis

FN
Frequency, N

FTA
Fault Tree Analysis

G

GNU
GNU is not UNIX

H

HACCP
Hazard Analysis and Critical Control Points

HAZOP
Hazard and Operability

HRA
Human Reliability Analysis

I

ICT
Information and Communications Technology

IRBC
Information and Communications TechnologyReadiness for Business Continuity

ISMS
Information Security Management System

ISO
International Organization for Standardization

IEC
International Electrotechnical Commission

ITIL
Information Technology Infrastructure Library

L

LOPA
Layer of Protection Analysis

M

MSAT
Microsoft Security Assessment Tool

N

NASA
National Aeronautics and Space Administration

NP
New Project

O

OSSIEM
Open Source Security Information and Event Management

P

PDCA
Plan Do Check Act

PDF
Portable Ducument Format

PHA
Preliminary Hazard Analysis

Q

QR
Quick Response

R

RCA
Root Cause Analysis

RCM
Reliability Centered Maintenance

RCO
Real Cost of Ownership

ROISI
Return on Information Security Investment

ROSI
Return on Security Investment

RZ
Rechenzentrum

S

SA
Sneak Analysis

SANS
System Administrator, Networking and Security

SCI
Sneak Circuit Analysis

SIEM
Security Information and Event Management

SPAM
Spiced Pork and Meat

SRM
Security Risk Management

SRMG
Security Risk Management Guide

SWIFT
Structured what if

T

TAM
Threat Analysis & Modeling

TBO
Total Benefit of Ownership

TEI
Total Economic Impact

TCO
Total Cost of Ownership

U

URL
Uniform Resource Locator

W

WD
Working Document

WLAN
Wireless Local Area Network

Literaturverzeichnis

„Von den meisten Büchern bleiben nur Zitate übrig. Warum nicht gleich nur Zitate schreiben?"
Stanisław Jerzy Lec

1. **Klipper, Sebastian.** *Konfliktmanagement für Sicherheitsprofis.* Wiesbaden : Vieweg+Teubner, 2010.

2. **Thaler, Richard H. und Sunstein, Cass R.** *Nudge - Wie man kluge Entscheidungen anstößt.* Berlin : Econ, 2009.

3. **Klipper, Sebastian.** Business-Case Information-Security. <kes> Die Zeitschrift für Informations-Sicherheit. 2009, Ausgabe Nr. 3.

4. **(ISO), International Organization for Standardization.** *International Standard ISO/IEC 27001:2005(E) – Information technology; Security techniques; Information security management systems; Requirements.* 2005.

5. —. *International Standard ISO/IEC 27005:2008(E) – Information technology; Security techniques; Information security risk management.* 2008.

6. —. *International Standard ISO/IEC 27000:2009(E) – Information technology; Security techniques; Information security managementsystems; Overview and vocabulary.* 2009.

7. —. *International Standard ISO/IEC 13335-1:2004 – Information technology; Security techniques; Management of information and communications tchnology security - Part 1.* 2004.

8. —. *International Standard ISO/IEC 27002:2005(E) – Information technology; Security techniques; Code of practice for information security management.* 2005.

9. —. *International Standard ISO/IEC TR 18044:2004 – Information technology; Security techniques; Information security incident management.* 2004.

10. —. *ISO Guide 73:2009 – Risk management Vocabulary.* 2009.

11. —. *ISO Guide 2:2004 – Standardization and related activities; General vocabulary.* 2004.

12. —. *International Standard ISO 20000: – Information technology; Service management.* 2005-2010.

13. —. *International Standard ISO 31000:2009 – Risk management; Principles and guidelines.* 2009.

14. —. *International Standard ISO/IEC 31010:2009 – Risk management; Risk assessment techniques.* 2009.

15. **Rumpel, Rainer und Glanze, Richard.** e-Journal of Practical Business Research. *Verfahren zur Wirtschaftlichkeitsanalyse von IT Sicherheitsinvestitionen.* [Online] 2008. http://www.e-journal-of-pbr.de/downloads/wirtschaftlichkeititsecurityrumpelglanze.pdf.

16. **Institute, SANS.** The Top Cyber Security Risks. [Online] 2009. http://www.sans.org/top-cyber-security-risks/?ref=top20.

17. —. Top 20 Internet Security Problems, Threats and Risks. [Online] 2001-2007. http://www.sans.org/top20/2007/.

18. —. Top Ten Cyber Security Menaces for 2008. [Online] 2008. http://www.sans.org/press/top10menaces08.php.

19. **(BSI), Bundesamt für Sicherheit in der Informationstechnik.** *BSI-Standard 100-1, Managementsysteme für Informationssicherheit (ISMS), Version 1.5.* 2008.

20. —. *BSI-Standard 100-2, IT-Grundschutz Vorgehensweise, Version 2.0.* 2008.

21. —. *BSI-Standard 100-3, Risikoanalyse auf der Basis von IT-Grundschutz, Version 2.5.* 2008.

22. **Alle, Bianca.** *Effektivität von Brainstorming-Gruppen.* München : GRIN Verlag, 2010.

23. **Mayer, Horst O.** *Interview und schriftliche Befragung: Entwicklung, Durchführung und Auswertung.* München : Oldenbourg, 2009.

24. **Bogner, Alexander, Littig, Beate und Menz, Wolfgang.** *Experteninterviews: Theorien, Methoden, Anwendungsfelder.* Wiesbaden : VS Verlag, 2009.

25. **(IEC), International Electrotechnical Commission.** *Hazard and operability studies (HAZOP studies) - Application guide.* 2001.

26. **Müller, Klaus-Rainer.** *IT-Sicherheit mit System.* Wiesbaden : Vieweg+Teubner, 2008.

27. **Junginger, Markus.** *Wertorientierte Steuerung von Risiken im Informationsmanagement.* Wiesbaden : DUV Verlag, 2005.

28. **Hachtel, Günter und Holzbaur, Ulrich.** *Management für Ingenieure.* Wiesbaden : Vieweg+Teubner, 2010.

29. **Talbot, Julian.** *Security Risk Management: Body of Knowledge.* s.l. : John Wiley and Sons Ltd., 2009.

30. **Ewert, Bernd.** Der Weg zur Risikolandkarte. *<kes> Die Zeitschrift für Informations-Sicherheit.* 2009, Ausgabe Nr. 3.

31. **Homburg, Christian.** *Quantitative Betriebswirtschaftslehre: Entscheidungsunterstützung durch Modelle.* s.l. : Gabler, 2000.

32. **Schulz von Thun, Friedemann.** *Miteinander reden 1 - Störungen und Klärungen.* Reinbek : rororo, 2009.

33. **Michael, Helisch und Dietmar, Pokoyski.** *Security Awareness.* Wiesbaden : Vieweg+Teubner, 2009.

34. **Schwan, Robert.** *Das Konzept des Total Cost of Ownership(tco) in der IT.* s.l. : GRIN Verlag, 2007.

35. **Wild, Martin und Herges, Sascha.** Total Cost of Ownership (TCO) – Ein Überblick, , Seite 7. *Arbeitspapiere WI - Universität Mainz.* 2000, Nr. 1/2000.

36. **Tipton, Harold F. und Krause, Micki.** *Information Security Management Handbook.* s.l. : CRC Press, 2004.

37. **Mizzi, Adrian.** *Return on Information Security Investment, MBA Dissertation.* s.l. : Bezug über www.lulu.com/content/809262.

38. **Microsoft.** TechNet. *Leitfaden zum Sicherheitsrisikomanagement.* [Online] Dezember 2004.

39. **Kossakowski, Klaus-Peter.** Aktion und Reaktion: Das Risiko-Thermostat. <kes> *Die Zeitschrift für Informations-Sicherheit.* 2009, Ausgabe Nr. 1.

40. **Haas, Marcus und Schreck, Jörg.** Kriterien für IT-Compliance-Tools. <kes> *Die Zeitschrift für Informations-Sicherheit.* 2009, Ausgabe Nr. 3.

41. **Kossakowski, Klaus-Peter.** Top-Ten reichen nicht. <kes> *Die Zeitschrift für Informations-Sicherheit.* 2008, Ausgabe Nr.4.

GNU General Public License

Die im Buch verwendeten Graphiken 🔧, 🖥, 🖵, 🗔, 🕛 und 🏠 stammen aus der Software Wordpress 2.9 und stehen unter der GNU General Public License (GPL). Das Symbol 🗎 wurde auch in der veränderten Form 🗎 mit einem §-Symbol verwendet.

http://fsf.org
(Webseite der Free Software Foundation)

Version 2, June 1991
Copyright (C) 1989, 1991 Free Software Foundation, Inc.
51 Franklin St, Fifth Floor, Boston, MA 02110, USA
Everyone is permitted to copy and distribute verbatim copies of this license document, but changing it is not allowed.

Preamble
The licenses for most software are designed to take away your freedom to share and change it. By contrast, the GNU General Public License is intended to guarantee your freedom to share and change free software — to make sure the software is free for all its users. This General Public License applies to most of the Free Software Foundation's software and to any other program whose authors commit to using it. (Some other Free Software Foundation software is

covered by the GNU Library General Public License instead.) You can apply it to your programs, too.

When we speak of free software, we are referring to freedom, not price. Our General Public Licenses are designed to make sure that you have the freedom to distribute copies of free software (and charge for this service if you wish), that you receive source code or can get it if you want it, that you can change the software or use pieces of it in new free programs; and that you know you can do these things.

To protect your rights, we need to make restrictions that forbid anyone to deny you these rights or to ask you to surrender the rights. These restrictions translate to certain responsibilities for you if you distribute copies of the software, or if you modify it.

For example, if you distribute copies of such a program, whether gratis or for a fee, you must give the recipients all the rights that you have. You must make sure that they, too, receive or can get the source code. And you must show them these terms so they know their rights.

We protect your rights with two steps: (1) copyright the software, and (2) offer you this license which gives you legal permission to copy, distribute and/or modify the software.

Also, for each author's protection and ours, we want to make certain that everyone understands that there is no warranty for this free software. If the software is modified by someone else and passed on, we want its recipients to know that what they have is not the original, so that any problems introduced by others will not reflect on the original authors' reputations.

Finally, any free program is threatened constantly by software patents. We wish to avoid the danger that redistributors of a free program will individually obtain patent licenses, in effect making the program proprietary. To prevent this, we have made it clear that any patent must be licensed for everyone's free use or not licensed at all.

The precise terms and conditions for copying, distribution and modification follow.

GNU General Public License Terms and Conditions for Copying, Distribution, and Modification

0.

This License applies to any program or other work which contains a notice placed by the copyright holder saying it may be distributed under the terms of this General Public License. The "Program", below, refers to any such program or work, and a "work based on the Program" means either the Program or any derivative work under copyright law: that is to say, a work containing the Program or a portion of it, either verbatim or with modifications and/or translated into another language. (Hereinafter, translation is included without limitation in the term "modification".) Each licensee is addressed as "you". Activities other than copying, distribution and modification are not covered by this License; they are outside its scope. The act of running the Program is not restricted, and the output from the Program is covered only if its contents constitute a work based on the Program (independent of having been made by running the Program). Whether that is true depends on what the Program does.

1.

You may copy and distribute verbatim copies of the Program's source code as you receive it, in any medium, provided that you conspicuously and appropriately publish on each copy an appropriate copyright notice and disclaimer of warranty; keep intact all the notices that refer to this License and to the absence of any warranty; and give any other recipients of the Program a copy of this License along with the Program. You may charge a fee for the physical act of transferring a copy, and you may at your option offer warranty protection in exchange for a fee.

2.

You may modify your copy or copies of the Program or any portion of it, thus forming a work based on the Program, and copy and distribute such modifications or work under the terms of Section 1 above, provided that you also meet all of these conditions:

    1. You must cause the modified files to carry prominent notices stating that you changed the files and the date of any change.

    2. You must cause any work that you distribute or publish, that in whole or in part contains or is derived from the Program or any part thereof, to be licensed as a whole at no charge to all third parties under the terms of this License.

    3. If the modified program normally reads commands interactively when run, you must cause it, when started running for such interactive use in the most ordinary way, to print or display an announcement including an appropriate copyright notice and a notice that there is no warranty (or else, saying that you provide a warranty) and that users may redistribute the program under these conditions, and telling the user how to view a copy of this License. (Exception: if the Program itself is interactive but does not normally print such an announcement, your work based on the Program is not required to print an announcement.)

These requirements apply to the modified work as a whole. If identifiable sections of that work

Anhang

are not derived from the Program, and can be reasonably considered independent and separate works in themselves, then this License, and its terms, do not apply to those sections when you distribute them as separate works. But when you distribute the same sections as part of a whole which is a work based on the Program, the distribution of the whole must be on the terms of this License, whose permissions for other licensees extend to the entire whole, and thus to each and every part regardless of who wrote it. Thus, it is not the intent of this section to claim rights or contest your rights to work written entirely by you; rather, the intent is to exercise the right to control the distribution of derivative or collective works based on the Program. In addition, mere aggregation of another work not based on the Program with the Program (or with a work based on the Program) on a volume of a storage or distribution medium does not bring the other work under the scope of this License.

3.

You may copy and distribute the Program (or a work based on it, under Section 2) in object code or executable form under the terms of Sections 1 and 2 above provided that you also do one of the following:

    1. Accompany it with the complete corresponding machine-readable source code, which must be distributed under the terms of Sections 1 and 2 above on a medium customarily used for software interchange; or,

    2. Accompany it with a written offer, valid for at least three years, to give any third party, for a charge no more than your cost of physically performing source distribution, a complete machine-readable copy of the corresponding source code, to be distributed under the terms of Sections 1 and 2 above on a medium customarily used for software interchange; or,

    3. Accompany it with the information you received as to the offer to distribute corresponding source code. (This alternative is allowed only for noncommercial distribution and only if you received the program in object code or executable form with such an offer, in accord with Subsection b above.) The source code for a work means the preferred form of the work for making modifications to it. For an executable work, complete source code means all the source code for all modules it contains, plus any associated interface definition files, plus the scripts used to control compilation and installation of the executable. However, as a special exception, the source code distributed need not include anything that is normally distributed (in either source or binary form) with the major components (compiler, kernel, and so on) of the operating system on which the executable runs, unless that component itself accompanies the executable. If distribution of executable or object code is made by offering access to copy from a designated place, then offering equivalent access to copy the source code from the same place counts as distribution of the source code, even though third parties are not compelled to copy the source along with the object code.

4.

You may not copy, modify, sublicense, or distribute the Program except as expressly provided under this License. Any attempt otherwise to copy, modify, sublicense or distribute the Program is void, and will automatically terminate your rights under this License. However, parties who have received copies, or rights, from you under this License will not have their licenses terminated so long as such parties remain in full compliance.

5.

You are not required to accept this License, since you have not signed it. However, nothing else grants you permission to modify or distribute the Program or its derivative works. These actions are prohibited by law if you do not accept this License. Therefore, by modifying or distributing the Program (or any work based on the Program), you indicate your acceptance of this License to do so, and all its terms and conditions for copying, distributing or modifying the Program or works based on it.

6.

Each time you redistribute the Program (or any work based on the Program), the recipient automatically receives a license from the original licensor to copy, distribute or modify the Program subject to these terms and conditions. You may not impose any further restrictions on the recipients' exercise of the rights granted herein. You are not responsible for enforcing compliance by third parties to this License.

7.

If, as a consequence of a court judgment or allegation of patent infringement or for any other reason (not limited to patent issues), conditions are imposed on you (whether by court order, agreement or otherwise) that contradict the conditions of this License, they do not excuse you from the conditions of this License. If you cannot distribute so as to satisfy simultaneously your obligations under this License and any other pertinent obligations, then as a consequence you may not distribute the Program at all. For example, if a patent license would not permit royalty-free redistribution of the Program by all those who receive copies directly or indirectly through you, then the only way you could satisfy both it and this License would be to refrain entirely from distribution of the Program. If any portion of this section is held invalid or unenforceable under any particular circumstance, the balance of the section is intended to apply and the section as a whole is intended to apply in other circumstances. It is not the purpose of this section to induce you to infringe any patents or other property right claims or to contest validity of any such claims; this section has the sole purpose of protecting the integrity of the free software distribution system, which is implemented by public license practices. Many people have made generous contributions to the wide range of software distributed through that system in reliance on consistent application of that system; it is up to the author/donor to decide if he or she is willing to distribute software through any other system and a licensee cannot impose that choice. This section is intended to make thoroughly clear what is believed to be a consequence of the rest of this License.

8.

If the distribution and/or use of the Program is restricted in certain countries either by patents or by copyrighted interfaces, the original copyright holder who places the Program under this License may add an explicit geographical distribution limitation excluding those countries, so that distribution is permitted only in or among countries not thus excluded. In such case, this License incorporates the limitation as if written in the body of this License.

9.

The Free Software Foundation may publish revised and/or new versions of the General Public License from time to time. Such new versions will be similar in spirit to the present version, but may differ in detail to address new problems or concerns. Each version is given a distinguishing version number. If the Program specifies a version number of this License which applies to it and "any later version", you have the option of following the terms and conditions either of that version or of any later version published by the Free Software Foundation. If the Program does not specify a version number of this License, you may choose any version ever published by the Free Software Foundation.

10.

If you wish to incorporate parts of the Program into other free programs whose distribution conditions are different, write to the author to ask for permission. For software which is copyrighted by the Free Software Foundation, write to the Free Software Foundation; we sometimes make exceptions for this. Our decision will be guided by the two goals of preserving the free status of all derivatives of our free software and of promoting the sharing and reuse of software generally.

11.

BECAUSE THE PROGRAM IS LICENSED FREE OF CHARGE, THERE IS NO WARRANTY FOR THE PROGRAM, TO THE EXTENT PERMITTED BY APPLICABLE LAW. EXCEPT WHEN OTHERWISE STATED IN WRITING THE COPYRIGHT HOLDERS AND/OR OTHER PARTIES PROVIDE THE PROGRAM "AS IS" WITHOUT WARRANTY OF ANY KIND, EITHER EXPRESSED OR IMPLIED, INCLUDING, BUT NOT LIMITED TO, THE IMPLIED WARRANTIES OF MERCHANTABILITY AND FITNESS FOR A PARTICULAR PURPOSE. THE ENTIRE RISK AS TO THE QUALITY AND PERFORMANCE OF THE PROGRAM IS WITH YOU. SHOULD THE PROGRAM PROVE DEFECTIVE, YOU ASSUME THE COST OF ALL NECESSARY SERVICING, REPAIR OR CORRECTION.

12.

IN NO EVENT UNLESS REQUIRED BY APPLICABLE LAW OR AGREED TO IN WRITING WILL ANY COPYRIGHT HOLDER, OR ANY OTHER PARTY WHO MAY MODIFY AND/OR REDISTRIBUTE THE PROGRAM AS PERMITTED ABOVE, BE LIABLE TO YOU FOR DAMAGES, INCLUDING ANY GENERAL, SPECIAL, INCIDENTAL OR CONSEQUENTIAL DAMAGES ARISING OUT OF THE USE OR INABILITY TO USE THE PROGRAM (INCLUDING BUT NOT LIMITED TO LOSS OF DATA OR DATA BEING RENDERED INACCURATE OR LOSSES SUSTAINED BY YOU OR THIRD PARTIES OR A FAILURE OF THE PROGRAM TO OPERATE WITH ANY OTHER PROGRAMS), EVEN IF SUCH HOLDER OR OTHER PARTY HAS BEEN ADVISED OF THE POSSIBILITY OF SUCH DAMAGES.

IT-Management und -Anwendungen

Mario Crameri / Uwe Heck (Hrsg.)
Erfolgreiches IT-Management in der Praxis
Ein CIO-Leitfaden
2010. VIII, 274 S. mit 81 Abb. und 11 Tab. Br. EUR 49,95

ISBN 978-3-8348-0845-5

Jürgen Hofmann / Werner Schmidt (Hrsg.)
Masterkurs IT-Management
Grundlagen, Umsetzung und erfolgreiche Praxis für Studenten und Praktiker
2., akt. und erw. Aufl. 2010. XIV, 408 S. mit 105 Abb. und Online-Service.
Br. EUR 34,95   ISBN 978-3-8348-0842-4

Knut Hildebrand | Marcus Gebauer | Holger Hinrichs | Michael Mielke (Hrsg.)
Daten- und Informationsqualität
Auf dem Weg zur Information Excellence
2008. X, 415 S. mit 108 Abb.
Br. EUR 41,90   ISBN 978-3-8348-0321-4

Helmut Schlegel (Hrsg.)
Steuerung der IT im Klinikmanagement
Methoden und Verfahren
2010. VIII, 298 S. mit 60 Abb. und Online-Service. (Edition CIO)
Br. EUR 49,95   ISBN 978-3-8348-0882-0

**VIEWEG+
TEUBNER**

Abraham-Lincoln-Straße 46
65189 Wiesbaden
Fax 0611.7878-400
www.viewegteubner.de

Stand Juli 2010.
Änderungen vorbehalten.
Erhältlich im Buchhandel oder im Verlag.

IT-Sicherheit und Datenschutz

■ Hans-Peter Königs
IT-Risiko-Management mit System
Von den Grundlagen bis zur Realisierung - Ein praxisorientierter Leitfaden
3., überarb. und erw. Aufl. 2009. XVI, 360 S. mit 88 Abb. und Online-Service.
Geb. EUR 54,90   ISBN 978-3-8348-0359-7

■ Sebastian Klipper
Konfliktmanagement für Sicherheitsprofis
Auswege aus der "Buhmann-Falle" für IT-Sicherheitsbeauftragte, Datenschützer und Co
2010. XII, 193 S. mit 63 Abb. und 25 Tab. und Online-Service. (Edition <kes>)
Br. EUR 39,95   ISBN 978-3-8348-1010-6

■ Heinrich Kersten | Jürgen Reuter | Klaus-Werner Schröder,
IT-Sicherheitsmanagement nach ISO 27001 und Grundschutz
Der Weg zur Zertifizierung
2., akt. und erw. Aufl. 2009. XIV, 299 S. mit 2 Abb. und Online-Service
Br. EUR 49,90   ISBN 978-3-8348-0605-5

■ Bernhard C. Witt
Datenschutz kompakt und verständlich
Eine praxisorientierte Einführung
2., akt. und erg. Aufl. 2010. XII, 246 S. mit 61 Abb. und Online-Service.
(Edition <kes>) Br. EUR 23,95   ISBN 978-3-8348-1225-4

VIEWEG+ TEUBNER

Abraham-Lincoln-Straße 46
65189 Wiesbaden
Fax 0611.7878-400
www.viewegteubner.de

Stand Juli 2010.
Änderungen vorbehalten.
Erhältlich im Buchhandel oder im Verlag.